THINKING · EXPLORATION · CREATIVITY

Study on the Development and Construction
Strategy of Country Park

思考·探索·创造

郊野公园发展与营造策略研究

李雄　李方正　王鑫　著

中国建筑工业出版社

图书在版编目（CIP）数据

郊野公园发展与营造策略研究＝ Study on the Development and Construction Strategy of Country Park/ 李雄，李方正，王鑫著．—北京：中国建筑工业出版社，2021.3
（思考·探索·创造）
ISBN 978-7-112-25818-5

Ⅰ. ①郊… Ⅱ. ①李… ②李… ③王… Ⅲ. ①公园－管理－研究 Ⅳ. ① G246

中国版本图书馆 CIP 数据核字 (2021) 第 005506 号

责任编辑：杜　洁　李玲洁
责任校对：王　烨

思考·探索·创造
Thinking · Exploration · Creativity

郊野公园发展与营造策略研究
Study on the Development and Construction
Strategy of Country Park

李雄　李方正　王鑫　著

＊

中国建筑工业出版社出版、发行（北京海淀三里河路 9 号）
各地新华书店、建筑书店经销
北京方舟正佳图文设计有限公司制版
临西县阅读时光印刷有限公司印刷

＊

开本：880 毫米 ×1230 毫米　1 / 16　印张：14½　字数：594 千字
2022 年 1 月第一版　2022 年 1 月第一次印刷
定价：**188.00** 元
ISBN 978-7-112-25818-5
　　　　　（37007）

序

王向荣
北京林业大学园林学院教授

教与思

　　北京林业大学风景园林学科建立 60 余年以来，以风景园林规划与设计和园林植物两大领域为核心，贯彻科学技术和人文艺术高度融合的教育理念，致力于通过设计实践，综合系统全面地培养学生。园林学院的研究生园林设计课程一直以来都是锻炼学生理论研究能力和规划设计能力的重要途径之一。课程设计主题往往都具有综合性、敏感性和前沿性的特点，要完成好设计，学生们必须进行深入的理论研究和思考，这会拓展学生的视野，激励学生自发性地探索风景园林学科的深度与广度，全面培养学生综合解决复杂问题的能力。另外，研究生园林设计课程成果，以学生组队的形式完成，课程设计也为同学们提供了团队合作的机会，培养了学生的团队协作精神。

　　公园是人类社会和自然世界和谐相处的重要空间模式，在生态文明建设成为时代主题的今天，公园也从城市逐渐走向郊野，结合山地、林地、湿地及水域等良好自然生态环境，为人类提供休闲游憩和科普文教等活动空间，缓解城市发展的压力。郊野公园既是城市化发展的产物，也是实现公园城市理念和建设美丽中国的重要内容。因此，对于郊野公园发展和营造策略的研究是风景园林学科的研究热点之一，也成为研究生园林设计课程的选题之一。

　　李雄教授是北京林业大学园林学院的优秀教师，执教 30 余年来，言传身教，为风景园林学界、行业培养了大量高素质人才。以李雄教授为首的园林学院优秀教师团队从课程选题、规划设计推进到图纸表达等各个步骤为学生提供了悉心指导，充分引导和激励学生。教师们的辛勤启迪和谆谆教诲不仅成就了学生们充满创造力的规划设计成果，提升了学生们的理论研究能力和规划设计能力，更充分展现了园林学院深厚的学科积淀。

　　这本《郊野公园发展与营造策略研究》不仅总结了李雄教授对于国内外郊野公园体系的建设现状和建设经验的深入研究，更凝结了北京林业大学园林学院师生基于研究生园林设计课程，对北京郊野公园体系规划和不同郊野公园设计模式的深入思考，是北京林业大学园林学院风景园林学科教育教学优秀成果的重要展示和阶段性总结。本书的出版不仅可以在研究思路、研究方法和研究成果的应用实践等方面为相关学者提供重要参考，更有助于社会公众更为全面、客观地认识郊野公园的发展历程与营造。为此，特执笔作序，对本书的出版发行表达诚挚的祝贺和期待。

2020 年 4 月

张树林
中国风景园林学会女风景园林师分会会长

历史 现状 未来

　　郊野公园是城镇化进程发展到一定阶段的产物，是城市发展的现实性选择，同时也是人们理性复归自然的一个途径。相比城市公园，郊野公园在区域特征、景观特色、功能特点三个方面具有较大的异质性和差异性，已经成为战略上保存城市重要绿色空间和为城区居民提供休闲娱乐的重要载体。

　　我国郊野公园的建设起步较晚，在规划建设和运营管理等方面均显薄弱，要构建健康可持续发展的郊野公园体系，应该充分学习国外的成功经验，及时总结国内的建设成果。作者系统梳理总结了国内外十大城市的郊野公园体系，分析其规划背景、发展历程、建设特色等，挖掘了可借鉴可学习之处。

　　李雄教授团队重点研究了北京市郊野公园不同地形地貌区域的选址布局、规划方法和运营管理，并基于城市亟需解决的问题提出郊野公园不同的主导功能和设计模式，为未来北京市郊野公园的规划建设提供了科学依据，全方位为读者提供了郊野公园的现实借鉴和创新模式。本书应用大数据等新思路、新方法，研究郊野公园建成后的使用情况与商业设施、人口密度和交通便利度之间的关系，对郊野公园游人的行为作出了科学的分析和梳理，最终提出构建郊野公园绿色综合体的新思想，为推动郊野公园智慧管理和发展作出了重要贡献，值得充分肯定。

　　本著作是郊野公园规划建设发展的重要研究性新成果，我多年从事北京市园林绿化建设管理工作，深知该书的出版对于郊野公园建设发展的重要意义。值此李雄教授编著的《郊野公园发展与营造策略研究》付梓发行之际，我向致力于本书编写的全体工作人员致以诚挚的祝贺和感谢！

　　　　　　　　　　　　　　　　　　　　　　　　　　　张树林

　　　　　　　　　　　　　　　　　　　　　　　　　　　2020 年 4 月

李雄
北京林业大学教授

脚步

　　"郊野公园"一词起源于英国 20 世纪 70 年代《英国乡村法》(Countryside Act 1968) 一书，是指位于城市近郊、具有良好的自然景观、郊野植被和田园风貌，并且以休闲娱乐为目的的公园。

　　在我国最早的郊野公园概念和实践起源于香港，2000 年以后，内地一些城市也陆续开展郊野公园体系规划与建设。2007 年北京市政府提出郊野公园建设，十年后的 2017 年，北京明确提出"二道绿隔郊野公园环"建设计划，郊野公园作为北京重要的生态储存资源库、绿色游憩空间的重要作用逐渐被人们所重视，更是掀开了郊野公园建设的新篇章。

　　我作为风景园林教育工作者及实践者，真真切切地参与并经历了中国内地郊野公园建设的全历程。近二十年来，北京林业大学风景园林学科积极参与国家郊野公园体系规划研究、规划建设、实践应用的过程中，与中国城市规划设计研究院、中国建筑设计研究院、北京市规划设计研究院联动协同，基于高校规划研究的视角，推动了包括北京二道绿隔郊野公园、河北省石家庄郊野公园等一系列课题研究与项目实践，有过艰难的尝试学习阶段，也有过获得成果、完成建设的收获与喜悦。

　　本书收录的是我这二十年来指导或参与的郊野公园研究或实践的成果，包括对国内外郊野公园体系研究的综述分析；北京市二道绿隔郊野公园体系的规划选址研究分析；从蓝绿协同、生境营建、生态协同、观光游憩、森林康养等不同视角出发，进行的北京郊野公园规划设计途径探索；郊野公园建成后的评价与评估等。内容以研究论文的形式展现，全面展示了郊野公园体系构建方方面面的规划理念、设计思路和核心成果，希望对郊野公园的规划建设有所裨益。

　　在此，我要由衷地感谢陈俊愉院士、孟兆祯院士等老一辈先生们对我的悉心指导和关怀，感谢我的导师郦芷若先生、苏雪痕先生，感谢各位老师对我的培养与支持，更感谢先生们作为风景园林先行者与探索者，为我们积累的学识财富，还要感谢北林园林学院各位同仁的帮助，正是因为你们的大力支持才有了这本书的出现。

　　郊野公园的研究仍在发展，风景园林事业欣欣向荣！

2020 年 4 月

目录

1 国外郊野公园体系研究

郊野公园(Country Park)的名称源于英国。1929年，英国国家公园委员会提出了一种不同于传统国家公园的新型公园构想，标志着郊野公园理念的诞生。此后，苏联、法国、美国等多个国家也在郊野公园的规划建设方面进行了实践探索，郊野公园在世界范围内逐步成为绿地建设的一种新类型，为国内郊野公园的规划建设和研究提供了重要的借鉴。

本章旨在对国外郊野公园体系进行系统性的阐释与总结。

1.1 伦敦地区绿带圈郊野公园体系

1 背景与概述

（1）工业发展与经济变革背景下的英国郊野公园产生历程

英国郊野公园建设是世界郊野公园建设的先驱。早在 1929 年英国阿狄森（Addison）委员会就已经开始郊野公园建设。可惜在之后的 20 年中，郊野公园项目建设力度和推进并没有实质性的进展。

直到 1966 年《乡村地区的休闲》一书中，明确提出郊野公园的概念，并将郊野公园提上建设议程，才直接影响了首个郊野公园的建立。城市发展大量侵占英国的乡村面积，自然资源被不断占用，两年后出版的《乡村建设》再次提出要注重郊野公园与居民的关系。

20 世纪 70 年代，英国工业革命促进了交通行业的发展，自驾游提升了郊野公园的游憩便利程度。

自那时起直至 1995 年，英国政府充分利用国内丰富的自然资源，如山林草地、荒野丘陵、湖泊河岸等，在全英建立了超过 250 个郊野公园，凭借着生态游憩、环境保护、科普教育等重要功能，每年吸引 3000 多万的游客。

然而，20 世纪 80 年代开始的全球经济危机造成了全球性经济萧条，直接影响到城市绿地的建设。由于政府资金的短缺，出现了建设的停滞和管理上的无序。2000 年，郊野公园的建设发生了转机。《乡村白皮书》（Our Countryside: A future）提出郊野公园的振兴计划和目标，推动郊野公园的建设进入新篇章。这是英国郊野公园建设历程中首次将郊野公园纳入长期规划，并明确乡村机构作为公园建设的支持与保障，通过责任主体、功能需求、风格定位，为郊野公园的建设提供了有益支撑。

受到英国郊野公园项目的启发，其他国家如德国、美国、加拿大等也展开了郊野公园的发展规划，德国将大量的野营地向公众开放，美国、加拿大等国家将远郊的原始生态绿地发展为郊野公园并建立环境保护体系。其郊野公园建设与其国家公园体系相结合，将郊野公园建设于城市隔离地区，防止城市进一步扩张。

（2）伦敦绿带圈郊野公园概述

作为世界上最早建设的环城绿带，伦敦绿带圈是推动世界建设城市环城绿带的成功典范。从空间形态来看，伦敦绿带圈将中心城区和外围新城分隔，具有一定的规模。绿带宽度占据中心城区直径的 1/3 左右。绿带面积从之前规划的 2000km^2 扩大到 5129km^2，最大宽度达到 30km。在 2011 年，大伦敦境内的绿带面积为 351.9km^2，约占伦敦市总面积的 22.3%。绿带主要由河流、森林、公用草地和农场等自然区域和大型公共绿地等游憩空间组成。

2 发展历程

（1）城市扩张驱动下的英国城市公园建设

1760 年开始的英国工业革命，在 1840 年前后达到顶峰，在资本的推动下，新兴工业城市飞速发展、人口剧增。以利物浦为例，仅仅伯肯海德区从 1820～1841 年人口增长了近 80 倍，居住环境快速恶化，社会矛盾尖锐。在资本的推动下，1843 年市议员霍尔姆斯（Holmes）提出用征得的政府税收在城市中建设公园，作为一项公共政策建议，实现公园建设的可持续性。政府用税收购买 74.9hm^2 土地中 33% 的土地用于住宅开发，作为出让土地的收益用来补贴公园建设，政策实施后从住宅建设中获得的利润超过了原来的土地购买费用和公园建设费用，周边的土地也因为公园建设获得了巨大的土地增值，这次尝试为建设城市公共空间提供了巨大动力，既改善了日益恶化的城市居住环境，又让城市土地获得了增值。作为世界园林历史

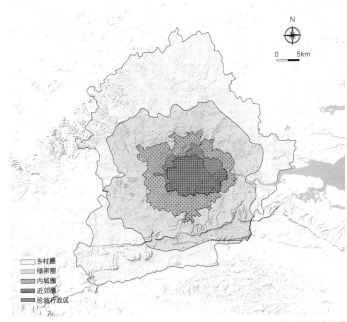

图 1-1 1944 年大伦敦规划中的绿带选址图
(改绘自 张京祥 西方城市规划思想史 [M]. 东南大学出版社, 2005)

上第一个真正意义的城市公园,伯肯海德公园体现了城市空间资本化为城市面貌带来的极大改善,并成为一种可复制的模式。

英国的城市公园建设,显示出了资本作为新力量对城市空间的大规模改造,一方面是在新兴的工业城市通过土地购置和资本运作建设全新的城市公园,另一方面是逼迫英国王室作出让步,将皇家园林逐步向大众开放。1851 年海德公园举办万国博览会,使大英帝国在全世界的影响力达到巅峰。英国政府将这种资本运作模式通过万国博览会的形式向全世界推销,对城市风景资源的占有由皇权向资本易手。

(2)"绿带"理念影响下的英国城市近郊郊野公园群建设

在英国,绿带理念是作为一种控制城市扩张的政策手段,用来保护城市外围的农田、森林以及风景优美的地区。

伦敦的环城绿带规划设想最早可以追溯到 16 世纪。1580 年英国女王伊丽莎白为了防止伦敦市的扩张,阻止疫病蔓延,下令在伦敦市以外 4.8km 宽的地区禁止修建建筑物,1657 年又将禁建区的宽度扩大到 16km。1901 年英国国会议员威廉·布尔(William Bull)建议将伦敦外围 0.8km 宽的地带与已建成的大公园连接起来形成绿带,其主要目的是为了保护植被。

1935 年伦敦区域规划委员会提出了《大都市区绿带规划》。1944 年帕特里克·艾伯克隆比爵士(Sir Patrick Abercrombie)主持《大伦敦规划》(The Greater London Plan),在霍华德"花园城市"的理念基础上提出在伦敦周围建设巨型绿带,以伦敦为中心规划了 4 个圈层:城市内圈、近郊圈、绿带圈及外围乡村。艾伯克·隆比爵士主张限制绿带内的建设规划,并将有公共服务性质的土地资源通过收买进行征用(图 1-1)。

1947 年通过的《城乡规划法案》(Town and Country Planning Act)准许地方政府在发展规划中实施绿带方案。

1963 年伦敦绿带的宽度确定在 16km 以上,面积达到 5180km²,其中有 60% 是农业用地。

1995 年,英国政府颁布《规划政策导则 2:绿带(1995 ~ 2012 年)》(简称《导则》)。《导则》继续强化了原有绿带政策中的保护性措施,重申绿带政策是符合国家可持续发展的目标,肯定了绿带在规划中的特殊地位。

2012 年,由英国政府颁布的《国家规划政策框架》取代了《导则》,对绿带的功能有了新的定义:

· 管制不受控制的高密度城市扩张;

· 防止相邻组团连结为一体;

· 促进形成预防乡村用地被侵占的屏障;

· 保护历史文化古镇的特质;

· 通过对城市废弃地的再生促进城市复兴。

对绿带的用地特点和优势做了如下确定:

· 为城市居民提供了接触乡村优美自然风景的途径;

· 在临近城市地区提供了游憩休闲以及户外运动的场所;

· 保留在城市附近的有价值的景观区域,优化景观视觉效果;

· 利用和改造城市周围废弃地;

· 保护自然生态区域;

· 保留农业、林业用地和相关的其他用地。

图 1-2 2019 年伦敦绿带用地提取图
（改绘自 London Datastore.Area of Designated Green Belt
Land[EB/OL].
https://data.london.gov.uk/dataset/area-designated-green-belt-land,
2019-11）

3 特色与启示

（1）多类用地结合纳入绿带选址

伦敦地区近郊郊野公园群主要分布在伦敦绿带范围内，主要以公共开敞空间（public open space），自然保护地（natural area），修复后的受损、废弃、污染地（damaged,derelict and contaminated land），农业用地（farmland）为主。形成以绿带为核心，通过绿色走廊（green corridors）连接城市的基本结构。

公共开敞空间包括为市民提供用于休闲游憩、运动活动、观光游览等一系列活动的场所和设施，公共开敞空间与历史风貌区、考古区域、自然保护区域相互协调，这些区域不限制公众进入，可进行各种活动。

自然保护地是不受土地开发影响的用地，是为当地野生动植物生存所保留的空间，具有生态价值，这些生态敏感性较高的地区是禁止开发的，分为市级、区级、社区级三个层级。

受损、废弃、污染地是受到采矿、垃圾填埋等活动影响的用地，其植被受到了损害引起土地退化，通过对自然生境的恢复和一段时间的自然演替，形成丰富的植物群落，为野生动物生存创造新的空间，相比自然保护地，人的活动在这些区域并不受限。

农业用地主要分布在绿带区域，也是重点保护和控制的区域。随着伦敦的城市发展，农业用地面积逐年减小，功能也转换为高尔夫球场等开放空间，农业用地是乡村风景的基础，对农业用地的保护是伦敦城市近郊郊野公园群建设的重要关注点。

绿色廊道是沿着公路、铁路、河流形成的开放空间，它可以将绿带与城市空间连接起来，穿越高密度的城市地区，形成"绿链"（green chains），使人们可以通过非机动交通的方式进入自然，感受自然（图1-2）。

（2）各类空间的职能赋予及体系搭建

伦敦地区近郊郊野公园群规划具有系统性和多样性，通过不同层级的公共开放空间，将自然保护地、恢复的废弃地，农业用地与绿廊共同构成完整的绿地系统。从城市和区域视角出发，对近郊郊野公园群进行整体布局，对每一种用地都进行功能定位，各自承担不同的角色，在规划中强调将破碎的绿地斑块连接成片，能有效阻隔城市高密度地区的蔓延，确保农业景观和历史文化村镇的空间骨架不受到影响。

伦敦近郊郊野公园群规划建设一方面要保护和恢复生态环境，产生巨大的生态效益，另一方面要建设一定的基础设施，通过徒步道、观景平台、亲水平台、自行车道等活动场地提供游憩服务。在保护自然环境的同时还注重恢复和改造原有的城市废弃地，增加野生动植物的栖息地。另外，在雨洪管理方面提供用地保障，降低城市受雨洪灾害的风险，提升城市泄洪能力。对具有特殊属性的用地，如沼泽湿地、森林等用地要对其开发强度进行控制，针对其特性进行相应的保护。规划前期通过对场地进行深入的调研，对场地内的自然资源和人文资源进行充分评估，评估这些用地的可达性和景观视觉效果，依据研究结果进行合理的景观构建，通过一系列细致的工作最大限度地发挥用地的生态功能。

伦敦地区近郊郊野公园群空间根据规模尺度和从居住地到开放空间

的距离来划分公园类别，其中一个重要的类型是区域公园。区域公园是面积超过 400hm²，从居住地到公园距离为 3.2～8km 的公园类型，主要以自然丘陵、风景林地、生态走廊及自然保护地为建设用地，为城市居民提供更为接近自然的空间。

（3）英国郊野公园建设的启示与意义

英国的郊野公园共有大约 267 个，其中官方认证的达到 80%，总面积超过了 31980km²，每年的游客量高达 7000 万人以上。英国郊野公园的成功之处，正是我们在郊野公园的建设上应当借鉴之处。

1）改造恶劣的场地条件

郊野公园通常都拥有相当优厚的自然资源条件，例如起伏蜿蜒的地表地形、优美宁静的自然景观、郁郁葱葱的山野林地以及丰富多变的水系形态等。然而由于农业生产和城市建设等诸多人为因素，大量良好的自然资源已消耗殆尽，因而郊野公园的建设更多地利用了城市棕地改造。

2）丰富的公园游憩活动

英国郊野公园类型丰富，并且每个郊野公园都是将多种功能相互融合，且各具特色，以满足人们不同的游憩活动需求，且都配以相当完善的游憩设施。

3）重视游客的参与活动

英国郊野公园注重通过宣传教育来获得游客的支持和认可。政府和管理部门高度重视公园的环境容量和游客的心理容量，通过研究和对游客的全面调查获得其需求的信息，来营造宜人的休闲娱乐环境，并鼓励游憩者参与互动、寓教于乐，从中受到教育和启发，同时也可以为周边居民创造就业机会，完善郊野公园的经营和管理。

4）政府财政的大力支持

在英国的郊野公园建设和管理中，当地的政府负责其配套设施、安全防护建设和公园管理等事务，必要时还要高额补贴其投资及运营成本。英国的郊野公园允许设置一些营利性游憩设施来平衡高额的经营成本，但投资一律需要公共部门的批准支持。

（4）伦敦绿带圈的启示

伦敦环城绿带以公共开放空间、自然保护地、废弃污染地和农业用地为主。其中为城市居民提供休闲游憩等活动的设施和场所的郊野公园是公共开放空间的主要形式。这些郊野公园通过使用自然材料最大程度营造出生态环境良好、郊野气息浓厚的游憩环境，同时通过设置步道和观景台等人性化的活动场所加强游憩者间互动和交流，使人们在此有自由度较高的游憩社交体验，满足群体活动和个人活动的游憩需求。

伦敦环城绿带建设对于郊野公园的布局选址有以下借鉴要点：

·考虑公园的可达性，郊野公园的选址应位于方便附近居民使用的区域，居民无需长途跋涉就能充分感受到自然野趣。

·相对较远和静谧的选址有助于游人放松身心，以舒缓压力。

·充分发挥"以人为本"的理念，同时考虑城市居民的游憩需求和当地周边社区民众的生产生活需求，为当地周边社区的发展提供良好的机会，减少市民因漫无目的地驾车而污染乡村环境的风险。

1.2 大巴黎区域郊野公园体系

1 背景与概述

（1）人口剧增背景下的巴黎城市改造

法国是欧洲大陆受王权影响最大的国家，1789 年的法国大革命虽然摧毁了王权统治，使得资本主义在法国得到蓬勃发展。政治上拿破仑通过发动"雾月政变"建立政府，并于 1804 年称帝，建立法兰西第一帝国，1814 年，波旁王朝复辟，1830 年，法国爆发"七月革命"，资产阶级与王权妥协，建立奥尔良王朝。1848 年法国爆发"二月革命"，建立第二共和国，在英国流亡的拿破仑侄子路易·波拿巴（Louis Bonaparte, 1808 ~ 1873 年）执掌政权，成为拿破仑三世（NapoleonIII），此时巴黎人口快速增长，受到工业革命和资本的影响，1835 ~ 1844 年间巴黎人口增长率高达 33.5%。"1848 年，巴黎变得越来越不适宜人类居住，人们挤在那些恶臭的、狭窄的街道，让人无法呼吸。"此时，古老的巴黎城市结构已经不能满足生产发展的需求，于是在拿破仑三世的大力支持下，乔治·欧仁纳·奥斯曼男爵（Georges Eugene Baron Haussma nn,1809 ~ 1891 年）开始了大刀阔斧的城市改造项目。巴黎城市改造项目的核心是对城市公共设施的改造，其中最重要的部分就是建设城市开放空间，拿破仑三世计划建立一个共享的、多层次的开放空间系统，在改善城市面貌的同时缓解严重的城市环境问题，并调整城市结构。拿破仑三世在被流放期间曾经考察过英国城市公园的建设，1852 年，在他实地考察了布劳涅森林（BoisdeBoulogne）之后，他说"这里要建设一条河流，像海德公园那样让人们有休闲的地方。"1853 年 6 月 29 日，拿破仑三世任命乔治·欧仁纳·奥斯曼男爵为塞纳省省长，主持巴黎改造项目。其中，开放空间改造分为三级，首先是对位于城市郊区的森林进行改造，将森林转变为具有郊野游憩服务性质的林苑，第二级则是对位于巴黎市区内的城市公园进行改造，第三级是建设城市的"林荫大道"体系，通过道路绿化串联广场、庭院和

台地，为市民提供休闲散步的空间，如香榭丽舍（Champs Elysees）、皇宫广场（Palais-royal）、皇家庭院（La Reine）。通过对原有各尺度皇家园林空间的改造，使之转变为为大众服务为根本目的的城市开放空间，并通过购置土地对现有城市开放空间进行补充。

（2）自然空间保护背景下的大巴黎区域规划

随着巴黎的城市发展，外围农业区受到很大破坏。同时生活节奏和生活方式的飞速改变使得城市居民对环境质量的要求越来越高。巴黎区域规划以保护自然空间不受侵蚀作为城市空间布局的前提条件，整个规划经历 3 个阶段共 6 次规划调整，最终形成城市中心（城区环）、过渡区（游憩绿环）、农业区与自然保护区（农业自然环）三个城市圈层，同时通过河谷、道路等线性空间将其衔接连通，最终形成多中心点、多轴线放射、环状面域的规划结构模式。

（3）巴黎郊野公园的建设目的

巴黎郊野公园规划建设的目的主要包括：

· 控制城市边界，限制巴黎城区蔓延性扩张。

· 为城市居民提供多样化的游憩场所。

· 维持城市近郊的农业生产功能。

· 促进城郊家庭园艺业的发展。

· 通过对城市绿地、城郊游憩绿地和农业生产用地的空间整合，整体上形成城乡协调互补的区域绿色空间体系。

2 发展历程

（1）PROST 规划（巴黎国土开发计划）中的近郊郊野公园群规划（1934 ~ 1956年）

随着奥斯曼改造的顺利完成和法国工业化的飞速发展，巴黎地区城市规模逐渐扩大，城市建设用地开始蔓延至周边的森林地区，同时也给周边地区环境带来压力，法国政府开始将城市与其近郊地区作为整体进行规划。1934 年划定以巴黎圣母院为中心，周边 35km 为半径的区域，编制 PROST 规划方案。该规划方案的中心目的是通过重新调整区域内的各行政区划，实行统一规划，按照规划区域路网、划定保护森林、划定城市建设区及非建设区的方式进行建设。首先通过规划近郊地区路网增强近郊地区与中心区域的交通联系；其次是划定近郊地区重要森林和历史文化保护区的保护范围，并通过基础设施建设增强近郊地区的游憩服务功能。最后是将近郊地区的用地划分成建设用地和非建设用地以控制近郊地区的蔓延。PROST 规划方案以富有远见的方式保留了城市近郊地区的大量森林和非建设用地，这些开放空间成为未来建设大型郊野公园的基址，为巴黎绿地

发展打下基础，同时明确了城市和近郊地区的关系，保护了近郊地区的自然环境，促进城市与近郊地区和谐发展，由此构成区域有序发展的基础（图1-3）。

（2）PARP规划（巴黎地区国土开发计划）中的近郊郊野公园群规划（1956～1960年）

从第二次世界大战到1956年，经过10年的生产恢复，巴黎中心城区人口快速增长，城市扩张速度加快，规划提出在巴黎周边地区建设新城，并严格控制已有的城市建设区范围。并在新城的建设过程中提出建设绿带来隔离新城与中心城区，新城与新城之间，通过公路、铁路等交通线加强新城与新城之间的联系。PARP规划使得新城与中心城区之间形成若干以森林和农业用地为主的大型绿地，通过延续PROST规划，严格保护区域内自然景观和历史文化景观，促进了区域人文、自然的协调发展，以及地区农业经济的发展。

（3）PADOG规划（巴黎地区国土开发与空间组织总体计划）中的近郊郊野公园群规划（1960～1965年）

1960年前后，法国城市化比率超过50%。随着城市化过程的逐渐完成，区域内城市建设区和近郊地区的形态基本确定，之前规划所保留的大型绿地斑块边界也逐渐稳定。随着巴黎主城区范围的确定，新城建设只能疏散到近郊地区，新的产业并在此集聚，巴黎多中心模式的城市格局开始形成。

（4）SDAURP规划[巴黎地区国土开发与城市规划指导纲要（1965～2000年）]中的近郊郊野公园群规划（1965～1976年）

1964年，巴黎地区颁布了区域国土开发指导纲要，明确了未来几十年土地利用的发展方向，该规划简称SDAURP规划，该规划强调沿主要交通线建设新城，通过鼓励新城建设完善巴黎城市多中心的空间结构。规划中严格保护城市近郊绿地等开放空间，不允许在这些区域进行城市建设，将生态环境保护放到首位进行考虑，城市建设要服从环境保护的要求。同时要求近郊郊野公园群建设要通过交通干线向城市中心地区深入，为城市中心区居民提供绿色空间（图1-4）。

（5）SDAURIF规划[法兰西之岛地区国土开发与城市规划指导纲要（1975～2000年）]中的近郊郊野公园群规划（1976～1994年）

20世纪70年代，西方社会进入经济低速增长期，法国向后工业社会转型。SDAURIF规划将保护城市近郊地区的自然环境作为体现社会公平的重要方面，并对城市结构进行重新调整使其维持多中心的城市空间格局，强调区域协同发展。划定近郊地区乡村环境边界，对于具有重要的生态

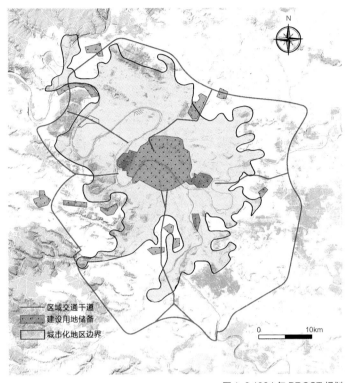

区域交通干道
建设用地储备
城市化地区边界

0　　　　　10km

图1-3 1934年PROST规划
（改绘自 刘健. 基于区域整体的郊区发展 [M]. 南京: 东南大学出版社）

现状城市化地区
新城市化地区
远期城市化地区
林地、绿地、游憩林带
○ 新城市中心
□ 次级城市中心

0　　　　10km

图1-4 1965年SDAURP规划
（改绘自 刘健. 基于区域整体的郊区发展 [M]. 南京: 东南大学出版社）

价值开放空间进行严格保护, 利用建设绿色通道的方式连接区域重要的农田、水域、森林等生态斑块, 形成区域生态网络结构。SDAURIF 规划面对城市发展的新问题, 在延续过去规划成果的基础上, 提出了近郊郊野公园群建设的新思路。

(6) SDRIF规划[法兰西之岛地区发展指导纲要(1990～2015年)]中的近郊郊野公园群规划(1994～2015年)

20 世纪 80 年代, 随着新城的发展, 巴黎城区内旧产业区逐渐衰退, 1994 年法国政府编制了 SDRIF 规划, 提出控制城市的增长速度, 从调整城市结构、追求平衡发展入手, 提高城市生活质量。在近郊郊野公园群建设方面, 以巴黎中心城区为核心由内向外划定了三个环带, 最内层环带覆盖范围为 10km, 中间环带的覆盖范围为 10～30km, 最外层环带的覆盖范围为 30km 之外的地区, 包括整个近郊郊野公园群系统。多年之后, 法国政府在巴黎近郊北部建设了特里斯福瑞特公园; 东北部建设了鲍勒斯·马尼拉奎公园; 东南部建设了加迪奈公园; 西南部建设了谢椹勒斯·豪特瓦力公园; 西北部建设了温辛森林等大型绿地, 并注重历史文化遗产的保护以及游憩活动的开展。近郊郊野公园群是综合了自然价值和人文价值的空间系统。1995 年法国政府又制定了基于生态网络发展的区域绿色规划, 建设联系城市和乡村地区的生态网络, 将近郊郊野公园群建设作为土地利用结构调整的手段, 保护近郊农业用地和森林, 规划形成乡村景观系统, 促进城市和乡村的协调发展(图 1-5)。

3 特色与启示

(1) 环状空间结构的分层次体系化

巴黎近郊郊野公园群具有独特的空间结构, 结合巴黎城市独特的历史文化价值, 以及周边区域优良的生态条件, 根据城市发展需要及区域环境差异划定近郊郊野公园群的建设范围和建设方式, 巴黎城市规划将巴黎地区划为 3 个环形区域。内环区域为以巴黎中心区为核心半径 10km 的区域, 中环区域为覆盖半径 10～30km 的区域, 外环区域为覆盖半径 30km 之外的区域, 其中外环区域是近郊郊野公园群的主体, 以农业生产用地为主, 同时还包括

广大的森林地区, 具有极高的生态价值, 应连片保护, 且在城市建设过程中严格控制。中环区域的主要功能是限制城市扩张, 主要是通过建设具有游憩设施的绿化隔离带, 以及控制非建设用地的使用限制巴黎城区的蔓延。内环区域处在巴黎中心地区, 分布大量的皇家宫苑、公园、私家花园、城市广场等面状绿化空间以及沿道路和河流的绿化带形成的线性绿化空间, 主要为城市居民服务。巴黎近郊郊野公园群的空间结构使得巴黎没有出现向某个方向上不断蔓延发展的情况, 形成了近郊郊野公园群与城市融合发展的形态, 保护了区域中具有重要生态价值和文化价值的景观。这些预先保留的近郊郊野公园群的地位随着社会发展逐步得到重视, 并逐渐体现其效益。

(2) 巴黎郊野公园的借鉴要点

从郊野公园的选址角度来看, 巴黎规划的绿环郊野公园中用地类型包括:

· 已经对公众开放的绿地 (如公共森林、公园以及对公众开放的大型游乐场所)。

· 现有绿地或近期将要开放的绿地。

· 由受城市化威胁极大的树林、荒地、农田和废弃的采石场等组成的新建绿地。

· 私有的旷地, 包括农业用地、私人树林公园及家庭花园。

· 公园面积或绿地面积比例较高的各种公共活动场所附属用地。

· 其他大面积绿化的场所, 包括体育场、公墓、学校、医院、退休所、野营基地等。

· 经重新整治的采石场和垃圾堆填埋场等。

从区域发展的角度来看, 绿环规划注重:

· 巴黎中心地区与周围地区的联系, 以及维持整个国家的区域平衡。

· 在近郊绿色空间规划中加强对历史文化遗产的保护以及游憩活动的开展。

· 通过建设快速高效的高密度交通网络, 把市中心和郊区新城紧密联系在一起, 实现区域内协调发展。

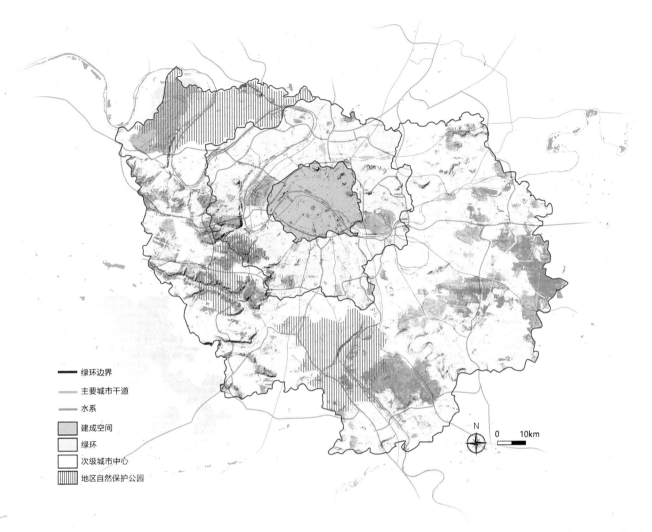

图例：

- 绿环边界
- 主要城市干道
- 水系
- 建成空间
- 绿环
- 次级城市中心
- 地区自然保护公园

N

0 10km

图 1-5 巴黎自然空间保护体系下的内环—中环—外环郊野公园群
（改绘自 刘健 . 基于区域整体的郊区发展 [M]. 南京 : 东南大学出版社）

1.3 东京环城绿带郊野公园体系

1 背景与概述

（1）城市扩张背景下的东京都市圈城市规划

日本首都东京市是亚洲第一大城市、世界第二大城市，位于日本的本州岛关中地区南部，是全球最大的经济中心之一，其连续城市区域是目前全球规模最大的都市圈，在文化、经济、教育、交通等方面拥有强大实力，是日本各项领域的中心枢纽。

东京的历史可追溯至 600 年前。1457 年，一位名叫太田道灌的武将在此构筑了江户城，1603 年，日本在此建立了中央集权德川幕府，来自日本各地的人士前来定居，江户城迅速发展成为全国的政治中心。到 19 世纪初，江户城已经成为拥有超过百万人口的大城市，至 1868 年，日本首都由京都迁至此地，才改称东京。由于受到第二次世界大战的冲击，东京曾一度成为废墟，随后进行大规模战后城市建设，使得人口急剧集中，地域范围也不断扩大，冲破了原有的东京城市界限。1943 年，日本政府颁布法令，将东京市改为东京都，扩大管辖范围，东京市连同周边县共同组成了东京大都市圈。

由于都市圈过大，以单极为中心的城市结构在运行时会出现一系列问题。于是，东京大都市圈在构建时提出了建立区域多中心城市复合体的设想，将城市诸多功能分开放置到不同区域中去，将"一极集中"转变为"多心多核"，从而形成一种"多心多核"的城市圈结构。1998 年，这个想法被付诸实践，东京出台了《展都》和首都功能迁移方案，将城市中心的诸多功能分散到包括神奈川、千叶、埼玉和茨城等 7 个县内。现在，东京大都市圈由 23 个特别行政区和 26 个市、5 个町、8 个村所组成，人口超过 3800 万人，面积约为 2188km²。

（2）城市总体规划影响下的东京环城绿带

东京环城绿带建设两次受到城市总体规划布局政策的理念影响。第一次绿带规划建设又分为战前建设和战后恢复两部分。在第一次半径为 15km 的近郊环中心城绿带建设停止后，第二次规划在"多心多核"的新型城市圈结构下规划距市中心 50～60km 的大城市圈绿带，与圈内自然保护区共同构成了东京城市边缘区的绿色空间系统。

（3）东京环城绿带的建设目的

东京环城绿带因其规划建设时间跨度较长，宜分为战时目的和一般目的两部分进行各自解析。

战时规划主要目的在于构建纵横交错的绿色廊道，以满足市民面对突发灾害时的避难逃生需求。

一般规划目的包括：

· 限制城市建设无序扩张。

· 在都市区外围形成景园地、自然公园等游憩开放空间。

· 连接城市内外各绿色开放空间。

· 保护和复原城市周边自然资源。

2 发展历程

1939 年，《东京绿色空间规划》（Tokyo Green Space Plan）首次提出在东京隔离区边界建设环状绿带，以限制人口密集的城区无序扩张。绿带整体呈环状圈层的布局结构（图 1-6），距城市中心平均半径约 15km，总面积 136km²，主要由农田和灌木丛组成，沿河流沟壑进入市中心形成径向绿色走廊。大东京地区不同尺度的公园和开放空间均在规划考虑范围内，其中都市区外围绿带中的景园地、自然公园等绿色开放空间同时具有健身游憩以及保护自然林地的双重功能。

为了满足战时防空需求，东京在 1943 年实施新的开放空间计划。该计划的概念是建立城市开放区域，以阻止轰炸造成的火势蔓延，并为居民提供避难场所和逃生路线，因此规划重点是创建城市绿色廊道。在之前绿带规划的基础上，通过在距离城市中心 10km 的范围内新建一条环绕城市的环形绿带连接 1939 年建设的主要城市公园。规划通过沿河绿廊连接内外两个绿带形成东京城市周边双层绿带结构。1947 年战后恢复时期开放空间规划重点则是重建了双层绿带和其间起连接作用的绿廊。

1955 年，东京借鉴大伦敦规划的思想，采用圈层结构制定首都圈规划。东京首都圈规划分为三个主要圈层：规划以通勤一小时的距离为半径划定内圈市区地带，疏解非首都密切相关的人口和产业；规划将内圈地带向外延伸 5～10km 宽，且以绿地规划为主的区域划定为近郊地带，限制内圈市区的建设扩张；规划将近郊地带外围距离市区中心 25km 以上的区域划定

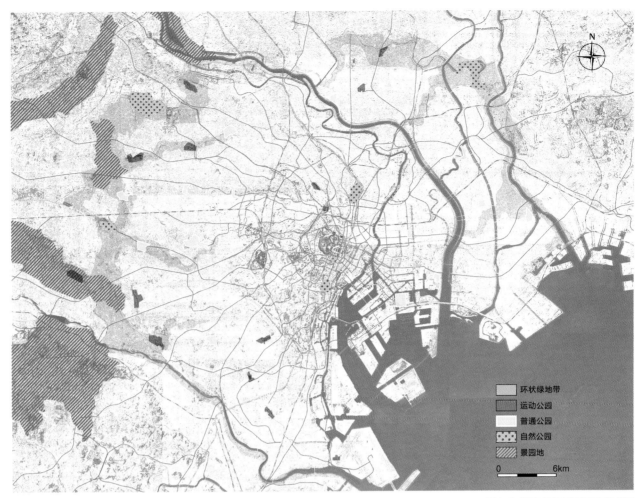

图 1-6 1939 年东京绿色空间规划图
[改绘自 Yokohari M . Beyond greenbelts and zoning [J]. Landscape & Urban Planning, 2008, 47（3–4）:159-171]

图例：
- 环状绿地带
- 运动公园
- 普通公园
- 自然公园
- 景园地

0　6km

为卫星城圈层。

1958 年，由于土地所有制的限制和利益集团的联合反对，东京城市经济发展与绿带规划的矛盾日益加剧，已建设完成的绿带用地不断被市区建设侵占。同时外围卫星城建设的"卧城化"也加剧了绿带规划的压力。1965 年东京政府被迫放弃绿带计划，最终建成了以自然公园为主的开放空间斑块，布局较为破碎，且没有形成体系。1968 年颁布的《新城市规划法》完全放弃以绿带控制城市扩张的做法，此时绿带面积仅剩余约 90km²。

通过对绿带规划失败经验的反省，20 世纪 80 年代东京提出建立"多心多核"的东京大城市圈结构。在此背景下，规划将绿化隔离地区设置在距市中心 50～60km 的地方，同时在东京大城市圈内划定了 9 个保护区，共同构成了东京城市边缘区的绿色空间系统，最终促成人工与自然空间的融合，实现了城市与外围地区的可持续发展。

2011 年 12 月发布《东京 2020 年远景规划》（Tokyo 2020），规划公布了 12 个项目，希望通过这些项目"推动变革，向世界展示最好的日本"，其中第 6 项的"水和绿色网络建设"为围绕都市外围，通过公园绿带将中心区北侧的荒川河与南部的多摩川河连接起来，再结合东京湾滨海休闲带形成一个完整的游憩空间环带；西侧与石神井川、保谷河衔接，设置 5 处大型公园，包括部分东京 2020 年奥运会需要使用的体育设施。

3 特色与启示

东京环城绿带借鉴要点

虽然最终被城市侵蚀而未形成完整的环状圈层结构，但东京绿带为之后的环城绿带建设提供了几点重要的启示：

1）环城绿带的开发需要切实考虑利益相关人群的实际使用需求。环城绿带较好地响应了战时东京市民的防空和避难需求。同样，在当前时代下，健康安全是城市居民面临的新需求，环城绿带的开发应对卫生防护、健康运动等功能进行新思考。2）都市的疏解功能会对绿带空间结构产生重要影响。功能疏解会使得城市功能和人群置换，导致与之相关的土地和利益受到影响，矛盾与反对力量由此凸显，绿带空间常常遭受挤压和调换。3）绿带的各项功能的实现都需要一定空间从而影响绿带空间结构的生成。环城绿带中不同的功能板块应与其空间布局相耦合。4）绿色空间规划需要政策制度和法规强有力保障。总体来看，东京的环城绿带建设不能算得上很成功，功能与利益和需求的不匹配是绿色空间遭到蚕食的诱发因素，而缺乏强有力的政策和法律则是环城绿带建设失控的根本原因。在未来的郊野公园环建设中，有必要设立相应的政策法规来确保规划的可实施性。

化等。市内绿化用地在公共景观层面可规划为分区花园、居住区花园、林荫道、街心花园。在城市职能层面可规划为居住用地、学校、儿童机构、公共建筑、体育设施和保健机构用地。在特殊功能层面可规划为街道、植物园、动物园和展览用地等。

苏联城市郊区绿化按照生活居住用地以外的标准进行设计，主要是依托被保护和经过修复的现有自然风景资源，如自然森林、河岸、海岸、湖岸、高地等，将它们有机纳入规划结构，制定保护和改造措施，将与城市生活居住用地衔接的森林地带，加以调整、改造，使之成为森林公园。通过林荫大道将市区绿地和郊区森林公园有机连接，组成既有森林又有公园的绿带网。郊区边缘绿化用地在公共景观层面可作为城市森林公园、草地公园、郊区公园、森林区。在城市职能层面可作为工业绿地，郊区休养设施用地（休养所、少先队夏令营营地）、郊区居民点用地、职工团体的果园。在特殊功能层面可作为公墓陵园、苗圃、对外运输和仓库用地绿化；铁路和公路排水地带的卫生防护区和排水区，改善土壤区、城市防护区和农田防护区绿化；以及在郊区经营的果园、观赏苗圃和森林苗圃；禁区、历史古迹区的绿化。

1.4 莫斯科郊野森林公园群体系

1 背景与概述

（1）苏联社会主义建设背景下的城市绿化建设

工业革命之后英国、德国、法国工人数量激增，出现了资产阶级和无产阶级。1848 年马克思发表《共产党宣言》，1871 年 3 月 18 日，巴黎工人起义成立"巴黎公社"，5 月 21 日遭到镇压。1917 年俄国十月革命一声炮响，宣告了罗曼诺夫王朝的垮台，人类社会由此开始尝试一种新的模式——由马克思在19世纪中叶描绘的社会主义图卷徐徐展开，列宁红色革命政府以罗曼诺夫王朝时期各皇家园林为基础，建设具有社会主义特色的城市公共空间，苏联建设城市绿化空间存在两条路径：一条是对王朝时期的皇室园林直接利用，如东宫、克里姆林宫、别洛韦日森林；另一方面是基于社会主义建设理念，采用以技术主义为主导的量化手段调查现有可供绿化的用地以支撑建设苏联公园体系。

（2）技术主义理念背景下的城市绿化系统建设

苏联在建设城市绿化系统过程中，依据现状影响因素，进行合理设计，影响因素包括：地方气候条件（温度、降水量、风速、风向、日照）；现有自然景观条件（现有植被状况、地形条件、土壤条件、水体分布）；以及城市规模和国民经济状况。

苏联在建设城市绿化系统过程中，采取市内绿化和郊区边缘地区绿化两种建设方式，建设目的是改善居民日常休息条件和城市小气候，并将自然风景因素纳入到城市中去。通过建设宽度大于 0.5km 的各种绿带将城市街区进一步划分为面积为 500 ～ 1000hm² 不等的区域。

市内绿化按照生活居住用地标准修建，按照用地不同功能进行绿化，如加强居住区用地绿化、工业用地绿化、公共事业用地绿化、交通用地绿

（3）土地利用优化背景下的苏联城市郊区绿地建设

苏联在建设城市绿化系统的过程中，对于城郊地带，特别是特大城市和大城市市郊地带，一方面，根据其用地多功能、性质复杂的特点，充分利用城郊土地，组织自然风景，为企业活动和居民提供多样的休憩活动场所，另一方面注重保护郊区独特的自然风景和历史文物古迹。

通过实施多种措施，保证城市郊区用地各种文化景观和自然风景互相结合。针对游憩资源丰富的城市，对自然景观进行修复、改善和改造，并建立人工景观以保证游憩空间的完整。

苏联根据森林覆盖率和城市规模提出城郊森林公园用地建设指标，将城市郊区绿地分为近郊郊野公园群和远郊绿地，近郊郊野公园群包括森林公园、国家公园、工程构筑物和引水构筑物的保护区，远郊绿地包括自然禁猎区、防风带、土壤群，大片绿地从远郊森林公园逐步向内延伸，穿过城区，直到市中心。城市绿地和郊区绿地构成一个完整系统，其结构和空间特征既彼此联系又互有区别，如在郊区绿地中经常存在处在自然环境中、具有开阔视野及互相连接的大片绿地。

（4）莫斯科地区绿地系统概况

莫斯科是前苏维埃社会主义共和国联盟的首都，也是现在俄罗斯联邦的首都，莫斯科位于北纬 55°～ 56°、东经 37°～ 38°，属于大陆性气候，冬季寒冷漫长，最低气温可达零下 43°C，处于东欧平原中部。市区跨越莫斯科河及其支流亚乌扎河，南北长 40km，东西长 30km，莫斯科原行政管辖区面积为 1070km²，2012 年 7 月，莫斯科城市行政管辖区域扩容至 1480km²，城市西南地区延伸至与卡卢加州接壤。莫斯科人口至 2010 年

达到 1150.3 万人。莫斯科市内有自然森林区 11 个、公园 96 座、花园 14 座、街心花园 400 座、林荫道 160 条、动物园 1 座。城市绿化面积为 456km²，占市区面积的 43%。城市外部的广阔森林与市区绿地紧密连接，形成完整的绿化系统。

2 发展历程

莫斯科郊区森林公园群经过近百年建设，形成了规模宏大、设施完备的体系，产生了巨大的生态效益。从市区驾车几分钟就可以到达城郊森林，有大片的松林、橡树林、白桦林，位于莫斯科东北部的森林公园如同一条"绿色项链"环绕市区。

莫斯科郊野森林公园群距城市中心 30～70km 处，宽 20～40km，主要由森林公园与森林组成（其中包括 11 个城市和居民点），总面积达到 1725km²。其中森林公园、森林、绿地占总面积的 46%，农地、水体、疗养设施占总面积的 31%。目前，莫斯科郊野森林公园群内存在公园和森林公园 30 多个，其中森林公园 17 个。郊野森林公园群中还设立了禁伐区和禁猎区。

莫斯科是苏联最核心的地区，在 20 世纪 60 年代之前也是国际共产主义运动的中心，需接待来自全世界各国共产党领导人。莫斯科市历来重视郊野森林公园群的建设，在历次城市总体规划中都明确强调建设森林公园群的重要性，且不遗余力地保护和扩展森林公园群的规模，经过长期发展，郊野森林公园群几乎和城市融为一体，成为莫斯科城市的重要标志。

1918 年，苏联政府迁都莫斯科，苏维埃政府人民委员会主席列宁签署有关系统保护俄罗斯联邦自然环境的法案，法案规定要对莫斯科城区 30km 以外范围内的原生林地进行严格控制。

1934 年，莫斯科市首次在距离市中心 70～80km 的地区设置森林公园群。

1935 年，以沙俄时期的皇家园林和城市公园为基础编制了莫斯科市域范围的绿地系统规划，规划提出在莫斯科外围地区建立环城市的、宽度为 10km 的森林公园群，同时在莫斯科城市内部建立公园和林荫道与森林公园群相连。要求森林公园要以"绿楔"的形式伸向城市成为城市居民休憩区，并与莫斯科市区的公园、花园和林荫道相互连接，总面积控制为 230km²。在莫斯科郊区（1935 年规划方案）范围内，一系列规模巨大的森林公园，环绕在莫斯科城四周，如位于城市北面的克良兹明森林公园；城市东面的库琴森林公园；城市西面的"红山"森林公园。以及城市南面的比特切夫森林公园。除此之外，还有许多郊区森林公园。

1940 年，战争爆发前，莫斯科绿地和森林公园面积增加了五十多平方公里。

1950 年，森林公园群的面积扩大到 450km²（图 1-7），分布在距离

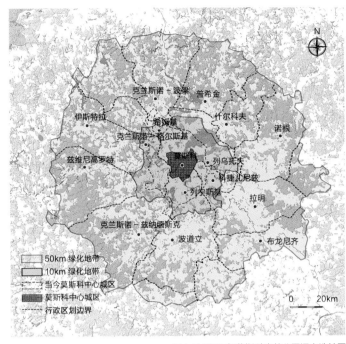

图 1-7 1950 年莫斯科森林公园调查选址图
（改绘自 普略兴 . 莫斯科绿化地带的森林风景 [M]. 北京：中国林业出版社）

市中心 50km 的范围内。

1960 年，莫斯科城市边界调整，森林公园带环绕莫斯科城，形成环状结构，宽度扩大为 10～15km，面积由 280km² 扩展到 770km²。

1969 年，苏联国家林业勘测设计院对莫斯科森林公园群发展远景进行规划。

1971 年，在新的莫斯科城市总体规划中强调了绿地系统规划的重要性，调整绿地布局，建立功能完善、空间合理的绿地系统。通过新建楔形绿地加强郊区森林公园用地与城区绿地的联系。森林公园群的面积增加至 1725km²，对城市具有"一定保护"作用。

1975 年，通过《首都绿化总方案》，增加 7 块楔形用地（面积 600～1300hm²），扩建森林公园和现有绿地。

1991 年，苏联解体后，莫斯科于 1999 年通过《2020 年莫斯科城市发展总体规划》，规划强调应加强公园对居民的服务作用，新建体育公园、文化公园，进一步扩大绿地面积。

2011 年，莫斯科通过新的城市扩建方案，即莫斯科城向西南方向扩建 1 倍，有研究人员认为此举可能会破坏城市西南方向的森林绿化带，建议政府加强保护。

苏联实行计划经济，城市总体规划就是法律，必须严格遵守，通过颁布一系列森林公园规划法案严格确定森林公园边界，严禁在森林公园区域内一切可能破坏森林环境的建设项目。扩大森林公园建设范围和建设强度。

3 特色与启示

(1) 强调森林作为主体的选址模式

1) 优越的森林资源条件

莫斯科城是在一片橡树林和松树林中建立起来的。据史料记载，莫斯科克理姆林宫最初围墙是由伊万达尼·洛维奇·卡利脱公爵采伐当地橡树建成。这些原生橡树林和松树林至今还在莫斯科的一些区域有所留存，如高尔基文化休息公园、季米利亚捷夫农学院、苏联科学院大植物园、普希金区、黑姆克区、索克里尼克区。莫斯科郊区一些比较优质的森林地区一直作为贵族的猎苑，得到很好的保护，如莫斯科的阿列克塞夫森林就是沙皇阿列克谢·米哈伊诺维奇的猎苑（莫斯科郊区的森林一直作为城市建筑用木材的来源，遭到采伐），在与鞑靼军队和拿破仑军队的作战中，以及苏联卫国战争中都发挥了巨大作用。莫斯科郊区森林也存在次生林演替现象，主要是由山杨和桦木代替橡树、松树和云杉林。

2) 莫斯科郊野森林公园群的选址目标区域

十月革命胜利后，森林为苏联国有，通过实施计划经济使得森林的采伐和更替得到科学管理。1932 年，莫斯科州各林区都被划入造林地区，1934 年，莫斯科郊区宽 50km 的森林都被划为特用林区。1936 年，被列为需要特殊保护的森林，由森林保护和造林总局管理。在 1941 年战争爆发前，该局进行了大规模的森林采伐抚育和更新工作。战后为了恢复被战争破坏的森林，莫斯科全面开展了森林恢复工作，1952 年 10 月召开苏共第十九次代表大会通过了苏联发展国民经济的第五个五年计划 (1951 ~ 1955 年) 决议，明确提出了在城市和工业中心周围建设绿化带的任务，从国家森林资源中划定 800 万 hm² 森林作为绿化带。1950 ~ 1951 年，苏联林业设计总局调查队编制莫斯科 50km 宽度绿化带森林更新和经营计划。这次编制明显与过去的单纯保护计划不同的方面在于将民众经常游览的森林区域列入关注调查范围内。

苏联林业设计总局调查队将绿化带划分为几个部分，绿化带以莫斯科城为中心，呈环形分布，首先是环绕莫斯科城宽 10km 的城市防护绿带；然后是在城市防护绿带之外宽 50km 的森林带；其中包括 19 个林业管理区。并选定了 10000hm² 的森林景观区域，制定改善森林风景措施。划出很多区域作为未来森林公园用地。

· 莫斯科、其他城市或者郊区村庄居民经常游览的森林区域；

· 森林及森林中的草地、湖泊具有较高风景值的区域；

· 交通便利，公路、轨道便捷的区域；

· 附近有学校、科研院所、医院、疗养所、文化服务设施的区域。

根据此标准，苏联林业设计总局调查队和莫斯科州林业管理局调查了莫斯科周边 50km 宽度的森林带和 460000hm² 的森林区域，在 19 个林管区内选定了森林公园地区。并对各林管区的森林公园按照面积不同进行

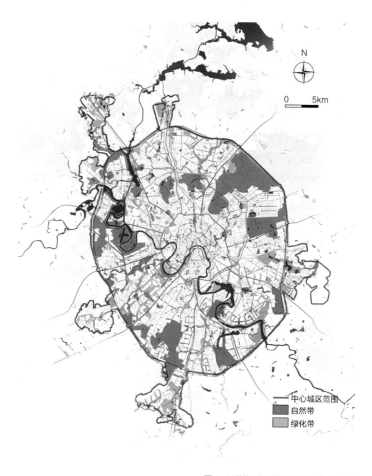

图 1-8 莫斯科自然带和绿化带分布图
[改绘自 韩林飞，韩媛媛 . The Moscow Overall Urban Planning (2010-2025) from the Points of View of Russian Professionals[J]. 国际城市规划，2013，028(005):78-85]

风景价值评价。在克兰丝诺一波梁、拉明、黑模金、波道立、兹维尼高罗特等林管区内森林公园面积均超过了林管区总面积的 20%，这些区域的共同特点是位于莫斯科主城区附近；铁路和公路交通便捷；内部分布大的河流和水库；区域存在较大的郊区城镇；包括设施齐全、数量众多的疗养院、医院和休养所。选址中林地面积为 68272hm²，占总面积的 92.2%，非林地面积为 5723km²，占总面积的 7.8%（图 1-8）。

（2）注重原生自然体验的设计建设和使用模式

服务苏联城市的森林公园用地均由计划划拨，面积达数百公顷（圣彼得堡近郊的涅瓦河森林公园占地 600hm²，沃洛达尔森林公园占地 800hm²）。人均用地标准约为 150m²。森林公园在利用形式上也与普通公园有所区别，其均布置在市郊风景最优美、植被最茂盛的地方。人们在森林公园中可以进行采集浆果、香菌、花卉，垂钓，划船，骑马，骑自行车等活动。公园内还分布有滑雪基地、水上运动城、打猎和垂钓俱乐部等娱乐设施。以及停车场、汽车修理站等服务设施，在生态保护方面，森林公园为当地的动植物保护开辟了禁猎区和禁伐区。

森林公园用地虽然都是基于原有林地，但由于距离城市较近，也需要对该区域进行专门的规划设计，设计形式上要丰富现有森林的视觉感受，如种植各种观赏树木，布置一定规模的草地；沿着湖区建设环形道路，设置沿河道路，路经视线导向景观眺望点、历史纪念碑、战争遗迹、特殊地质地貌、古树名木等。并开辟一些森林小径连接人们日常散步的区域。

对森林公园用地进行土壤改良工程，如沼泽排水、河池清理、水岸和谷底挡土墙加固。

在森林公园中兴建工程设施，布置开敞的休息用地，建设避雨建筑、瞭望台。对城市近郊的森林公园（如莫斯科近郊的克良兹明森林公园），则需要建设公路与城市相连接。公园内部道路则需保留现有地形，道路可以崎岖转折，将游人的视线引导至远处开阔的林间空地、山谷、河流、水塘。将水流引入森林公园的低洼地区，改造成为湖泊，湖泊岸线要因地势变化设计成自然曲线。

在森林公园中进行森林改良设计，为突出一些形态优美的树种，改善单调的密林景观，可以适当进行森林疏散，在沿林地边缘、水边、道路转折处、林中空地栽植观赏性高的乔木和灌木，利用本地树种，加强林地、矮生树丛、植被、林中空地、山洞、河流、池塘的景观特征。在植被选择上要注重植物的季相搭配、色彩搭配，如将观花观果的树木种植在深暗色林地边缘。

在森林公园建设时应保留当地的名胜古迹。

在森林公园的用地平衡中，森林所占面积为 92% ~ 95%，人行小径和公路占 5% ~ 8%。

（3）生态效益与游憩服务的双重功能

苏联生态环境和城市建设专家们通过研究认为，建设环莫斯科森林公园群对于莫斯科城市来说，可以为城市居民活动提供广阔场所。大面积的森林还对城市环境起到了改善作用，具备完善的生态保护功能和游憩服务功能。首先在改善当地生态系统方面，莫斯科郊野森林公园群巨大的规模能够有效改善莫斯科城市地区的热岛效应，优化城市小气候和空气质量。另外，大规模的森林公园用地也限制了城市的无序扩张和蔓延，并受到法律严格保护保障用地，促进城市发展。

其次在对市民服务方面，森林公园中完善的道路系统、各种类型的公用设施和建筑、广阔的树林草地均为市民游憩活动提供了场所。在郊野森林公园群内设定了7块休养区，以供苏联本国国民和莫斯科市市民休憩活动。苏联时期的行政事业单位和企业都在郊野森林公园群内划分了相应的休憩空间。森林公园群良好的森林生态系统也为植物研究学者和学生提供了教育和科普场所。在夏季，这些休憩服务设施可以满足近120万群众的使用，在冬季则可满足80多万人的使用。

1.5 芝加哥湖滨郊野保护地体系

1 背景与概述

（1）花园城市背景下的芝加哥湖滨郊野保护地

芝加哥城位于美国五大湖区的密歇尔根湖南岸，是美国中西部重要交通枢纽。芝加哥湖滨郊野保护地面积约为1020hm^2，占城市郊野保护地总面积的38%，是芝加哥市民进行休憩、交往、娱乐的重要场所。良好的自然风景、发达的经济水平，促使芝加哥湖滨郊野保护地快速发展。在不同历史时期，众多设计先驱们通过芝加哥湖滨郊野保护地展现出自己对城市郊野保护地设计的理解，以不同的面貌呈现出芝加哥的独特魅力。经过近180年的发展，芝加哥湖滨郊野保护地形成了南北延绵近30km的由城市广场、公园、游艇码头、沙滩组成的湖滨郊野保护带。芝加哥城无愧于它市徽上"花园城市"的铭文，芝加哥湖滨郊野保护带更是其"花园城市"的一顶桂冠。

（2）芝加哥湖滨郊野保护地概述

芝加哥湖滨郊野保护地是一条包括了湖滨游憩、体育活动、水上运动、文化教育体验、旅游服务设施的综合性城市郊野保护带。湖滨游憩活动场地主要是由杰克逊公园、罗瑟利岛、格兰特公园、千禧公园、水厂公园、林肯公园组成的湖滨公园群。体育活动区域包括格兰特公园内的运动设施、罗瑟利岛以西的麦克柯米克赛道和芝加哥市士兵体育场。水上活动场地包括沿湖岸分布的7座游艇码头。文化教育体验设施包括格兰特公园以西的芝加哥艺术馆，杰克逊公园内的科学博物馆，罗瑟利岛以西的芝加哥博物馆，此外核心区的海军码头是一座旅游服务设施综合体。沿湖滨快速路由南向北，东侧是壮丽的密歇尔根湖美景，西侧是芝加哥城市延绵的天际线，湖滨郊野保护地带连接了芝加哥市与密歇尔根湖，塑造了城市外围的魅力风景。

2 发展历程

与欧洲具有悠久历史的大城市相比，芝加哥的发展非常迅速，高速城镇化使得城市不断向外蔓延，也引发了人们对城市郊野保护地的关注和诉求。芝加哥湖滨郊野保护地最初采用浪漫主义自然式湖滨城市公园的建设形式。随后在吸收了欧洲城市郊野保护地设计思想后，开始整体规划设计湖滨郊野保护地，体现出一定的城市空间秩序和精神。20世纪初在大规模工业化和汽车时代的影响下，城市逐渐走向郊区化，整体的湖滨郊野保护地走向衰落。20世纪70年代，芝加哥出现去工业化浪潮，城市转型使得湖滨郊野保护地得到重视和保护，并引入文化元素为湖滨郊野保护地注入活力。21世纪，芝加哥湖滨郊野保护地成为区域生态结构的重要组成部分，被纳入绿色基础设施系统，纵观发展历程芝加哥湖滨郊野保护地始终保持着自身特色和持续发展的动力（图1-9）。

（1）芝加哥湖滨郊野保护地的建设形式的探索时期（1837～1892年）

1837年芝加哥市正式成立，在商业利益的推动下，1848年伊利诺伊-密歇尔根运河开通，芝加哥第一条铁路也正式修建完成，标志着芝加哥成了美国中西部最重要的交通枢纽。经济的发展使得城市人口迅速增长，从1850～1890年芝加哥人口从3万人增长到170万人，城镇化迈向快车道，相较而言，对于城市郊野保护地的关注显得严重不足，有近一半的芝加哥市民居住在离郊野保护地1.6km以外的区域。全城人均郊野保护地面积仅4.05m^2。湖滨郊野保护地真正意义上的设计始于1869年。此时，奥姆斯特德（Olmsted）作为北美最杰出的的风景园林师与他的合作伙伴沃克斯（Vaux）一起被芝加哥南部公园委员会聘请为芝加哥南部地区设计公园系统的设计师，其公园系统中最重要的部分是距离芝加哥湖滨南部11km的海德帕克镇（Hyde Park）周围的三块用地，东侧为杰克逊公园，紧临密歇尔根湖，面积约243hm^2；西侧为华盛顿公园，长方形地块，面积为162hm^2，两块用地以一块180m宽的巴洛克式花园连接。与纽约中央公园的设计思想不同，芝加哥湖滨公园不仅为市民提供了一处人工的近自然环境，同时也为市民提供一块欣赏密歇尔根湖美景的公共活动场所。为了改善公园对外交通条件，奥姆斯特德与沃克斯在杰克逊公园东岸设计增加了游船码头，通过设置沿湖的水廊道满足居住在芝加哥河河口居民的交通需求。奥姆斯特德与沃克斯将杰克逊公园内与密歇尔根湖直接相连的泻湖以运河的形式与华盛顿公园内的湖泊连通，以增加游人活动的趣味性，人们可以从北部的芝加哥码头乘游艇到达位于城市南部的郊野保护地。另外，华盛顿公园还建设了巨大的草坪和游憩设施，为德帕克镇居民提供休憩场所。这两座公园与市区内的主要公园以林荫大道相连接，使得湖滨郊野保护地与市区内的郊野保护地形成一个系统。

林肯公园位于芝加哥河口北部，起初是一块213hm²的墓园，出于保护湖滨环境的目的，1860年政府将这块墓园用地划为郊野保护地用地，1865年为纪念林肯遇刺改名为林肯公园。由瑞典园林师斯万·尼尔森（Swain Nelson）设计成为树木园，1873年斯万·尼尔森和奥洛夫·本森（Olof Bensen）对林肯公园扩建设计，在公园中增加了大草坪、起伏的地形和蜿蜒的溪流，使之成了自然式公园。

这一时期芝加哥湖滨郊野保护地的设计风格体现出浓厚的浪漫主义与自然主义，公园中存在以游人活动为主的开放空间、聚会场所以及丰富的娱乐设施。

（2）芝加哥湖滨郊野保护地的总体规划和建设时期（1893～1941年）

1）芝加哥湖滨郊野保护地发展的范式确立。19世纪末，美国经济发展水平成为全球之首，城市能够负担起郊野保护地建设的资金需求。1893年芝加哥为纪念哥伦布发现新大陆400周年，举办了哥伦布世界博览会，会场的场地设计由奥姆斯特德与城市规划师丹尼尔·伯汉姆（Daniel Burnham）合作完成，芝加哥世界博览会为未来芝加哥湖滨郊野保护地的形式确定了范式。奥姆斯特德参与世界博览会会场的选址工作，从7个地点中选择杰克逊公园，在这片位于湖滨的近自然公园用地，分布有沙洲和泻湖，沼泽中生长着大量的原生草本植物。奥姆斯特德将湖水引入会场，环绕在一座巨大的人工岛四周，并连接各个高大的建筑庭院。为了追求幽深的意境和别致的效果，岛上自然式种植了大量乔木和灌木。为了协调世界博览会古典主义的建筑风格及芝加哥的自然风景，奥姆斯特德并没有将郊野保护地作为古典建筑理性内部空间的外部延伸，而用传统的浪漫主义设计手法重新塑造了郊野保护地的自然内涵，让建筑物之间的郊野保护地自然化，搭配出一种独特的空间形式。古典主义的建筑设计与浪漫主义的郊野保护地设计相结合，给人们带来了新的空间体验。

2）1909年芝加哥开启了湖滨郊野保护地总体设计。19世纪末到20世纪初是芝加哥城市发展的转折时期，铁路系统的发展和工业的进步，使城市人口激剧增长，芝加哥跃居成为北美第二大城市。城镇化的高速发展迫使芝加哥开始寻找改善城市郊野保护地的有效途径。由丹尼尔·伯汉姆领导的1909年芝加哥规划是历史上第一次现代意义上的城市总体规划实践，城市郊野保护地也第一次作为整体进行设计，主要体现在三个方面：第一，利用城市东部风景优美的湖滨地区作为城市郊野保护地拓展的主要区域，满足人们休闲游憩的需求，形成东部湖滨郊野保护带；第二，在城市新规划的居住区用地中留出足够的郊野保护地用地，建设社区公园，并通过林荫大道将离散分布的社区公园连接起来；第三，利用城市西部边缘区域的森林和河流地带形成一条纵贯南北的森林游憩带。以上总体设计构成了芝加哥郊野保护地系统（图1-10）。

3）现代主义一定程度上影响了芝加哥湖滨郊野保护地建设。1938年密斯凡德罗（Ludwig Mies van der rohe）从德国来到芝加哥南部的阿姆（Armour）技术学院（伊利诺伊理工大学的前身）建筑系任教，同年他的同事路德维格·希尔博舍曼（Ludwig Hilberseimer）成为学校城市规划系的系主任。两人都曾在包豪斯（Bauhaus）任教。现代主义理念在芝加哥南部的广阔区域得以实践，在伊利诺伊理工大学校园内标准化的高层建筑按照严格的格网排布的设计中，明确的空间逻辑、模式化的路网结构、标准化的建筑布局，完全体现了现代主义设计理念。这种理想的规划模式放弃了传统奥斯曼式城市规划中郊野保护地对城市形态的塑造方式，只追求最优化、最高效地实现城市功能，与传统的城市规划模式并不兼容，抹去了传统规划中所塑造的城市空间，将郊野保护地看作建筑物缝隙之间的填充物。这种完全机械主义式的城市规划理念，使得芝加哥湖滨郊野保护地呈现出一种城市分割、对立的局面。

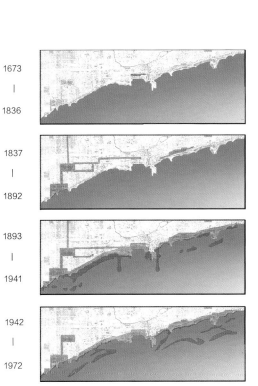

1673 — 1836

1837 — 1892

1893 — 1941

1942 — 1972

1973 — 2009

2010 — 今

图1-9 芝加哥滨湖开放空间历史变迁

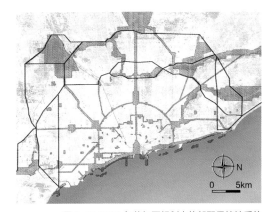

图1-10 1909年芝加哥规划中的郊野保护地系统（改绘自Burnham, Daniel Hudson. Burnham-Bennett Plan of Chicago[J]. 1914）

（3）芝加哥湖滨郊野保护地的使用和管理（1942～1972年）

第二次世界大战时期，由于军事需要，湖滨开放空间多被征用为军事用地，1930年，由于战争的需要，芝加哥港北部的商用码头改建成战时训练的基地。1945年后，高速公路建设的兴起使得芝加哥开始改造郊野保护地，制定了《十年规划》，针对南部的湖滨大道进行扩建。笔直的公路穿过湖滨地带，分割了连续的自然景观和与居住环境的联系，破坏了1909年芝加哥规划对湖滨地区的构想，使得湖滨郊野保护地日趋破碎化。1947年，芝加哥公园区以1美元的价格将罗瑟利岛租给开发公司修筑机场。1948年，虽然芝加哥规划委员会宣称湖滨地区用地只用作休闲和娱乐设施用地，并通过了《湖滨区域管理办法》，但这条法令仍然没有阻止对滨湖空间的破坏行为。1956年，另一家开发公司侵占了湖滨郊野保护地的重要区域修建场馆建筑，同年芝加哥市又计划在湖中填湖修建一座巨大的机场，最终由于费用原因而搁置。1965年，开发商购买了海军码头北部一块不受《湖滨区域管理办法》规定的用地修建了70层高的湖滨建筑，带动了北部湖滨地区房地产热潮。同年，芝加哥高速公路的建设要求扩宽南部湖滨地区的路网，从47街到67街中有八条干道要穿过杰克逊公园，这将会对郊野保护地产生破坏性影响。由于当地社区的强烈反对，最终迫使芝加哥市停止了这项工程。1967年芝加哥公园地区管理委员会委托开发公司对湖滨郊野保护地进行重新规划，该项规划建议将湖滨地区的车行道路埋入地下，以减少道路对公园的穿行分割，但这项规划拖延了数年未能实施。在市民的强烈要求下，1971年开始制定《湖滨郊野保护地总体规划》，试图通过继续填湖形成离岸较远的带状自然岛群，形成新的湖滨郊野保护地。由于没有严格的保护措施，整个芝加哥湖滨郊野保护地处于岌岌可危的境地。

这一时期芝加哥湖滨郊野保护地在使用上呈现新的趋势，1960年，肯尼迪（Kennedy）总统开展全民健身运动，芝加哥公园委员会开始在湖滨郊野保护地中投入大量体育设施，并开始承接一些重要赛事活动。1960年以后，美国的民权运动和反战活动都以湖滨郊野保护地作为重要的集会场所。1966年，马丁·路德·金（Martin LutherKing, Jr）在伯纳姆公园举行大型集会。1968年，民众在林肯公园和芝加哥公园进行反越战抗议。湖滨郊野保护地从单一的游憩、健身功能转变为公众活动的场所。

在湖滨郊野保护地设计过程中比较有特点的是丹凯利的创作。1962年，丹凯利设计了芝加哥美术馆花园，整齐排布的树阵和长方形的喷泉体现出古典主义的风格。1965年，丹凯利主持海军码头北部水厂公园建设，在连接水面和陆地的过渡空间修建了5座直径30～70m的圆形水池，水池中喷泉可喷射数十米高的水柱，公园东西两侧是耐湿性树种形成的灌木林，抽象的几何构图形式打破了古典主义园林对称的空间结构。

（4）芝加哥湖滨郊野保护地的转型（1973～2009年）

随着美国工业不断向外部地区转移，芝加哥作为美国中西部重要交通枢纽的地位开始受到影响，去工业化进程使得芝加哥湖滨郊野保护地建设由开发转向保护，强调维护湖滨地区生态环境。同时由于文化传播，人们开始重新审视湖滨郊野保护地对于城市的作用，从单纯的游憩活动场所转变为不同人群提供一个新的社交场所，承载高端文化活动的郊野保护地。

1）芝加哥湖滨郊野保护地的相关政策确立

1973年12月芝加哥市政府正式颁布《湖滨郊野保护地总体规划》，其中包含多项对湖滨郊野保护地的控制性要求，该规划加大了湖滨郊野保护地的保护力度。

第一项规划细则体现了控制性要求，有以下几个方面：

· 湖滨郊野公园保护地不再批准私人开发土地。

· 在湖滨郊野保护地区域内禁止兴建超高层建筑。

· 与湖滨郊野保护地相关联的建筑风格要统一控制。

第二项规划细则是通过限制外围交通，减少交通对湖滨郊野保护地的影响，禁止沿湖滨地区兴建高速公路。要求道路限速等级为65～72km/h。

第三项规划细则从湖滨郊野保护地的政策管理层面着手，要求开放近4km长的湖岸线和离岸的岛屿，为市民提供更多的郊野保护地。

1973年通过的湖滨保护相关法案加强了城市对湖滨地开发的管制力度，法案保护区域不仅包括湖滨郊野保护地中已经建成的用地，还覆盖到了内陆一些和湖滨保护地有关的土地。法案通过扩大湖滨郊野保护地的管控范围，提高政府的管控能力。

2）城市活力文化刺激下的湖滨郊野保护地转变（1980～2009年）

20世纪70年代随着波士顿和巴尔的摩等地转型成为旅游城市，芝加哥市从1980年起也希望通过旅游业刺激城市的发展，而发展旅游业首先需要重新塑造芝加哥湖滨郊野保护地。通过近三十年的努力，芝加哥湖滨郊野保护地从一般的旅游娱乐服务空间转变成高端的公共艺术文化空间。其中最具有代表性的是千禧公园。

千禧公园起初委托SOM公司设计，不同于之前滨水花园方案，为了和旁边的格兰特公园呼应，设计师仍然延续了1909年规划的格兰特公园古典主义形式。但由于建设资金不足，不得不向社会募集资金，公园设计也只能接受多元化的意见和要求，最终公园由一座单纯的湖滨公园转变成富有创新元素、文化亮点的郊野保护地，置放了大量前卫雕塑作品。盖里运用后现代形式的语言设计了音乐剧场的外立面。千禧公园内剧场、小型植物园、自行车展示中心、蜿蜒的金属桥，都表现出前卫大胆的艺术风格，公园成为一个融合不同艺术形式的大熔炉。云门雕塑（不锈钢水滴状物体）反射出五光十色的城市景象。由巨型电子屏幕形成的大体积长方体矗立在喷泉上，可水平喷出巨大水柱，冲击地面。千禧公园大胆的设计风格成了近年来美国最为引人注目的郊野保护地之一。

千禧公园给芝加哥湖滨郊野保护地的复兴带来了强劲的动力。公园不仅吸引了大量的旅游者前来，还引发了开发商对城市中心区的投资热潮。据资料显示，在2005年（公园建成后一年）由"千禧公园效应"带来的投资就高达14亿美元。从周边高档地产的兴旺繁荣，以及市民对千禧公园的喜爱，不难看出芝加哥湖滨郊野保护地在新的建设模式下焕发出的巨大魅力（图1-11）。

（5）芝加哥湖滨郊野保护地的未来发展方向（2010年至今）

芝加哥湖滨郊野保护地的未来建设应继续在原有湖滨郊野保护地的基础上引入新的设计理念进行升级改造，绿色基础设施理论和景观都市主义理论是目前城市郊野保护地建设中的两大前沿理论，两种理论都试图将郊野保护地转化为区域生态结构的一部分，通过景观化的手段重新塑造城市原有的基础设施，这对复兴芝加哥湖滨地区郊野保护地具有重要意义。

3 特色与启示

（1）紧跟理论思潮的多变设计形式

近代芝加哥湖滨郊野保护地的塑造形式从浪漫主义自然式转向古典主义的奥斯曼式风格，后期受现代主义的影响，设计形式转变为结构主义。湖滨郊野保护地经过第二次世界大战后的低潮期，在20世纪90年代通过引入文化元素提升了郊野保护地的品质。21世纪，设计风格受绿色基础设施理论和景观都市主义理论的影响，利用生态手法塑造填湖区域，形成绿色生态网络。芝加哥湖滨郊野保护地形式的演变体现出人类社会发展的影响，不同的形式反映出不同时期大众对于郊野保护地不同的需求。新的世纪，人们对城市郊野保护地的需求已转向生态和文化。

（2）芝加哥湖滨郊野保护地体系建设的借鉴要点

1）对能够成为城市郊野保护地的区域要优先进行控制和保护，尽量保持场地的完整性。城市郊野保护地是一座城市的标志，也是一座城市的灵魂，应通过立法对郊野保护地进行保护，凸显城市文化特色。

2）降低郊野保护地的土地使用成本。芝加哥湖滨郊野保护地。在总体规划指导下通过填湖使得湖岸线逐渐成为人工塑造的艺术形式。目前芝加哥湖滨郊野保护地的基础仍然是1909年芝加哥规划中所划定的填湖范围。在千禧公园建设和罗瑟利岛郊野保护地建设中，政府都积极干预，采取回收对保护地建设产生不利影响的用地、降低保护地用地成本等一系列有利于保护地建设的措施。

3）在郊野保护地的改建过程中不宜完全舍弃原有郊野保护地的特色，不能追求彻底的风格改变。应在适当保留原有特色的基础上优化郊野保护地构成，在满足人们对郊野保护地需求的同时，利用郊野保护地反映当代文化与精神，为城市郊野保护地注入活力。

4）城市郊野保护地设计过程中应广泛吸收公众意见。建立政府、设计方、市民三方的协调机制，满足各方的需求，有利于郊野保护地的良性发展。

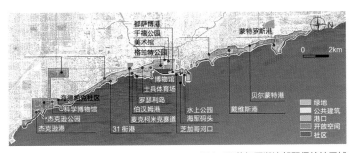

图1-11 芝加哥湖滨郊野保护地区域

2 国内郊野公园体系研究

我国的郊野公园最早起源于香港。在1993年出版的《港澳大百科全书》中对郊野公园的定义为："远离市中心区的郊野山林绿化地带，开辟郊野公园的目的是为广大市民提供一个回归和欣赏大自然广阔天地的好去处"。受到香港郊野公园的影响和启发，深圳是内地最早开始探索建设郊野公园的城市之一，上海也紧随其后，从2003年起对郊野公园的规划建设进行了初步探究。此外，南京、天津、成都、杭州、广州、东莞、中山、昆明、海口、石家庄等城市也先后开始郊野公园的规划与建设，其中，建设力度最大、建设速度最快、规模最广、数量最多的是北京郊野公园。

本章旨在对国内郊野公园体系进行系统性的阐释与总结。

2.1 北京绿化隔离地区郊野公园体系

1 背景与概述

（1）绿化隔离背景下的北京市郊野公园

北京市郊野公园的建设基础是北京市的绿化隔离地区。2007年北京市政府提出开始建设郊野公园。要"打造第一道绿化隔离地区，形成以公园环以及景观带、生态保护带为主体的绿环"。北京市首先启动了15处公园的开放。2017年，《北京城市总体规划（2016—2035年）》中明确提出建设"二道绿隔郊野公园环"，掀开了郊野公园建设的新篇章。规划提出提高二隔地区的绿色空间比重，全面展开郊野公园建设，将第二道绿化隔离地区定位成以郊野公园和生态农业为主导方向的环状绿化隔离带。同时，与第一道绿化隔离地区公园环、环首都森林湿地公园建设共同形成三环结构。

（2）北京市郊野公园群规划建设的现实问题

1）北京市人口增长与城市空间扩张

根据北京市统计局、国家统计局北京调查总队的数据，北京在2014年末的常住人口为2151.6万人，比2013年末增加36.8万人，增速为1.7%。巨大的人口数量，以及不断增长的常住人口数量使得北京城市面积不断向外扩张，目前北京的市域面积高达16410km²，其中市区面积为1368km²，山地面积为10072km²，山区面积占到全市面积的61%，高程在100m以下的平原面积为6338km²（不含延庆盆地），平原区是目前城市建设用地发展和农业用地的集中区域，目前北京市城市建成区面积为1349km²。其在2000年以后高速增长，从2000～2009年10年间建成区面积从490.1km²，增加到2009年的1349.8km²，总计增长了近3倍，城市建设用地的爆发式增长，最大量的住宅区建设在近郊，给城市近郊地

区的生态环境带来巨大压力，之前规划的新城组团连片，板结为一体，形成新的城市带，郊区生态系统的平衡受到影响。

2）城市环境风险压力

历史上北京平原地区湿地资源丰富，随着经济和城市建设的发展，城市用水量激增，使得近年来城市建设对近郊地区天然湿地影响很大，平原地区湿地退化、减少，对地下水也产生影响，形成了以朝阳区为中心，东至顺义地区，西至石景山地区，南到南苑地区，北到昌平山前的地下水降落漏斗现象。大量近郊农业用地转换为城市建筑用地，使得地面硬化，河湖水系淤积，且淤积速度高达每年10万 m³，河湖出现"沟渠化"现象。北京北部水源上游地区存在大量沙地需要治理，主要集中在永定河、潮白河、温榆河三个流域，其中昌平温榆河两岸沙地集中在河床两侧。

北京市经过60多年的努力，通过对北京周边山区进行了大规模的植树造林活动，在治理水土流失、遏制沙化、涵养水源等方面取得巨大成就。但由于山区大于25°的坡面占到山区总面积的64%，导致山地土壤厚度较薄，植被生长受到限制。在平原地区也开展了植树造林活动，但由于平原地区还承担着一部分的农业生产功能，林地数量受到限制。此外城市扩张还占用了近郊地区大量的林地和农田，天然植被面积减少，生境斑块破碎化，形成大量生态"孤岛"，影响了生物之间的基因交换和生物种群的组成。生物多样性的降低使得大中型兽类绝迹，平原地区野生植被群落也发生不同程度的退化。

城市扩张也威胁到了城市近郊地区的历史文化遗存，以位于北京西郊的三山五园皇家园林区为例，由于周边自然环境的侵占和社会环境的影响，作为皇家园林本底的京西水稻田已经逐步被城市建设用地覆盖，造成了三山五园之间的环境隔离现象。

3）近郊城市公共交通发展与城市近郊游憩需求上升

北京近郊城市公共交通快速发展，依托于城市高速公路网的地面公交，以及连接郊县的地铁系统，让人们能够便捷、低成本地抵达城市近郊地区。目前私家车的数量也在快速增长，"自驾游"成为市民前往近郊地区的主要方式。每到周末，出城高速路上的小汽车排成长龙，小汽车数量的增长也带来了道路拥挤、噪声污染、大气污染、停车困难的问题。为了满足市民的近郊旅游要求，城市管理部门在建设方式上进行创新，主要通过兴建近郊地区的绿道系统，使市民可以利用自行车等非机动交通工具，在不受到机动车交通干扰的情况之下，到达近郊游憩地区。最具有代表性的是海淀区2014年10月开放的三山五园绿道，绿道全长40km，包括人行步道和自行车道。起点是海淀公园，中间经过颐和园、香泉环岛、香山、晋元桥等地区，最后沿昆玉河岸返回至海淀公园。绿道中设置了多种公共服务设施和服务节点，如休息座椅、卫生间等。2014年北京市还增加五项绿道建设工程（环路滨水绿道、丰台园博绿道、温榆河滨水绿道、东郊森林公园绿道、延庆妫河绿道）。在道路两侧均增植乔木和花灌木，

图例
环城公园绿道
郊野公园环绿道
森林公园环绿道
东翼大河绿道
北翼历史绿道
西翼山水绿道
中心城滨水绿道
绿道节点

N
0   20km

图 2-1 北京绿道系统
（改绘自 北京市园林绿化局 . 北京市级绿道系统规划总报告 [EB/OL].http://yllhj.
beijing.gov.cn/sdlh/jkld/ssxxbd/,2015-11-5）

将绿道变成四季有花的"林荫大道"，每 3～5km 就设置一处休息驿站，每 15km 就设置一座游客服务中心，提供自行车租赁服务。可以预见在不久的将来，在良好的城市公共交通基础设施的支撑下，城市近郊旅游将成为大众最普遍的游憩方式（图 2-1）。

2 发展历程

北京城市近郊绿地的规划建设发源于中华人民共和国成立之初在北京周边地区开展的植树造林运动。北京作为中华人民共和国的首都，地处华北平原的最北端，植被生长对气候的要求较高。晚清以来，由于国民政府定都南京，北京改为北平，又经过长期的战乱，畿辅地区的自然环境受到严重破坏。1949 年中华人民共和国成立之后，国家投入大量的人力物力，致力于改善北京周边的自然环境，至今各级政府和有关部门仍持续投入，广泛开展山区绿化工程、平原绿化工程、平原农业结构调整，有效改善了首都郊区的自然环境。

北京城市郊野公园的建设经过了以下几个主要的阶段：

（1）受到苏联城市规划影响下的城郊植树运动（1958～1979年）

中华人民共和国成立以后北京城市规划受到苏联影响，毛主席于 1949 年和 1957 年分别两次考察了莫斯科城市建设成果，借鉴莫斯科周边广阔的郊野森林公园群的建设模式，毛主席于 1956 年 3 月 1 日在《中共中央致五省（自治区）青年造林大会的贺电》中发出："绿化祖国"号召；1958 年 8 月在北戴河会议上发表讲话：提出"大地园林化"的号召，要恢复中国的山河自然面貌。在北京市委的领导下，通过发动群众，在北京周边地区开展了大规模的植树造林运动，彻底改变了北京近郊和远郊地区植被覆盖较差的状况，建立了北京周边的防护林带系统。1958 年北京城市建设总体规划方案中就针对未来可能出现的城市蔓延状况，采取了对新建设用地集中建设，分散布局集团、建设防护绿地隔离的模式。规划市区用地面积为 600km^2，绿化隔离地区面积为 314km^2。"大跃进时期"北京周边绿化建设在"普遍绿化"与"重点提高"的方针下得到大力推动，但由于 20 世纪 60 年代后期国家内部和外部生存环境的恶化，植树造林建设也受到了冲击和影响。

（2）改革开放初期的绿化隔离带建设（1979～1990年）

1979年2月23日，第五届全国人民代表大会第六次常务委员会议确定每年的3月12日为我国的植树节。从此植树活动成为我国一项制度，北京周边郊区的植树造林活动由此也进入高速发展期。1982年颁布的《北京城市建设总体规划方案》中，仍然以分散、集团式作为北京城市空间布局的主要模式，提出在市域规划区内的中心城区与其他边缘集团之间建设成片的绿地、果木林地和农田。市区用地占地750km²，绿化隔离地区占地260km²。1984年北京市政府规划九片绿化隔离地区，并建设道路和河道隔离带。1986年北京市政府第64号和第77号文件规定，以补贴方式鼓励当地农村居民参与绿化隔离带建设。这一时期是绿化隔离带快速发展阶段，通过近10年的努力，初步确定了绿化隔离带的范围和边界，使得绿化隔离带的概念在北京城市规划中深入人心，为未来绿化隔离带的进一步建设奠定了基础。到1990年北京市郊区的林木覆盖率已由中华人民共和国成立初期的1.3%提高到28.2%。

（3）北京市第一道绿化隔离带的建设（1990～2003年）

在1993年颁布的《北京城市总体规划（1991—2010年）》中，城市总体空间布局依然沿用分散、集团式的布局，且第一次明确提出北京市第一道绿化隔离带的概念，即在城市中心区与边缘集团、边缘集团和边缘集团之间的环形区域，建设绿化隔离带，规划总面积为240km²。1994年1月北京（京政发[1994]7号）文件，将绿化隔离带区域内的农村集体土地和农业用地进行征用，并在已征土地上进行绿化建设。提出"以绿引资、引资开发、开发建绿、以绿养绿"的口号，引入资本进行绿地开发建设。同时批准了19个村镇进行试点，其中完成征地村镇6个。1997年4月中共中央、国务院（中发[1997]11号）文件停止了需要占用耕地的征地项目的审批，第一道绿化隔离带中未完成征地的13个村镇便停止了征地。2000年后北京市10大边缘集团的建设初具规模，通过分散式的分局形式，形成相互不连接的中间地带，这些中间地带需要通过建设绿化带与城市中心区进行隔离，绿化隔离带的重要性因此得以凸显。北京市政府通过连续颁布相关政策法规和规划文件推进绿化隔离带的建设。这些政策的方向由征用农地进行城市郊区绿化，转变为用其他方式流转农地进行绿化，总体目标是加快绿化建设目标的实现，加强规划编制工作，以及采取退耕还林等手段发展绿色产业。实施过程中由政府出资，支持农民合作建房，对农村基础设施建设加大投入，第一道绿化隔离地区的建设有以北京市绿化隔离地区总体规划为依据，并成立相关的领导指挥部，成为北京市的重点工程建设，建立严格的审批制度。但由于实施过程中实际情况较为复杂，第一道绿化隔离地区的建设执行过程面临很多困难，存在多处绿地被侵占的情况。

（4）北京市第二道绿化隔离带的建设（2003～2007年）

2003年北京市周边的10个边缘集团已经发展至一定规模，开始向城市近郊地区扩张，边缘集团与城市近郊地区又产生了连续的城市带的趋势，同时城市近郊地区的房地产开发也使得原本不同区域的城市组团发生连接。如何在边缘集团与城市近郊区之间，以及城市近郊区之间建设有效的绿化隔离带，防止城市内部空间连成一个整体，有效贯彻"分散集团"式城市空间格局成为现实问题。由于第一道绿化隔离地区的成功建设使得北京市开始建设第二道绿化，即在各近郊区之间建设楔形的绿化隔离地区。北京市第二道绿化隔离带建设也是进行城市和近郊地区空间治理的重要手段，整合社会资源，转变当地居民的生产经营方式。到2006年整个第二道绿化隔离带绿化面积增加至94km²，近郊区之间连续大型的绿地斑块高达6个。在北京城市周边形成广阔的森林空间。

（5）基于绿化隔离带地区的郊野公园环建设（2007～2011年）

2007年，面对绿化隔离地区遭到城市建设蚕食的情况，北京市政府加强对绿化隔离地区的管制力度，提出了将第一道绿化隔离地区改造成由郊野公园构成的公园环，由目前单一的防护林地功能，改造为具有一定景观特征，能为市民提供游憩场所的服务型绿地，同时强化绿地的生态功能，形成可持续的植被群落结构，为野生动物生存提供空间。公园环的建设跳出了过去绿化隔离地区建设的单一功能，从限制城市蔓延，维持城市空间构成的功能过渡到提供城市生态保护源地和为市民提供游憩服务等功能，是城市近郊绿地建设理念的进步。将绿化隔离地区改建为郊野公园，用公园建设的理念指导城市周边林带的改造，提升了绿化隔离地区的重要性和价值。

3 特色与启示

北京近郊四大郊野公园的概念，源于清华大学建筑学院吴良镛院士在2003年提议于北京西北方向建设一座区域性的郊野公园。提议的起源是鉴于2001年北京香山附近土地因为城市建设被严重蚕食，清华大学建筑与城市研究所建议海淀区政府将西北郊一带的土地定位为郊野公园用地，扩大"三山五园"皇家园林群的保护地范围，保护"三山五园"周围的自然环境和社会环境。后来又将这个概念的范围扩大，建议在北京东南西北四个方向各建设一座郊野公园，并明确这四大郊野公园的职能定位。

在2004年颁布的《北京市绿地系统规划》中将建设4座郊野公园的概念以"郊野公园"的形式进行规划，在绿地系统中增加四块大型的郊野公园群，郊野公园在绿地系统分类中属于G5——其他绿地，这是北京市第一次提出以公园形式建设如此大规模的区域型绿地，此举改变了过去对这种绿地建设比较粗放的管理模式，用建设郊野公园的方式建设目标不同的郊野公园群。在统筹城乡发展的理念下，强调了大型郊野公园绿地对于城市生态、文化遗产保护、游憩服务等功能，以及大型郊野公园对于城市空间结构的控制。首先是肯定了郊野公园是尺度较大的区域性公园，可以在空间上发挥控制城市的无序蔓延的作用；其次是明确了郊野公园对保护近郊地区生态环境和人文资源，提供近郊游憩场所的功能。规划的4座大型郊野公园分别是：

西北郊历史公园：位于海淀区与昌平区境内。以北京西北郊"三山五园"历史文化遗产地为基础，通过加强对周边的生态环境保护和降低周边高强度城镇建设对于历史文化遗产地的环境影响，强调"三山五园"地区不是几个"孤岛"，而是与周边环境有机结合的整体。区域内文化氛围浓厚，是人文资源与自然资源融合的典范。经过对人文、风景资源整合，公园内部的文化资源和外部的整体环境基底得到改善。

南郊生态公园：位于大兴区境内。以历史上的"南苑"猎场范围、团河行宫、南海子麋鹿苑及现代的大兴农业观光园等为基础，形成以农业观光、休闲度假为主题的城市型生态公园，建设场地基底为农业用地，通过土地流转，加强了对原有的历史遗址范围的保护。

东郊游憩公园：位于顺义区与通州区境内。以温榆河、潮白河、古运河及沿河风景带和绿化带为主要基底，结合第二道绿化隔离地区，顺义、通州郊区的农业用地，奥运水上运动项目，以及"京东大芦荡"为核心的湿地区域，形成以游憩、水上活动等为主题的公园。

北郊森林公园：位于昌平北部山区和东部平原地区。以大杨山国家森林公园、蟒山国家森林公园、十三陵风景名胜区为生态核心，建设形式以近自然森林恢复为主，营造大面积的区域森林景观，利用森林抑制周边城镇建设的扩张，通过森林生态恢复减少水土流失，对下游的水源地进行保护，体现这一区域的生态价值、文化价值，形成由山地向平原延伸的大型郊野森林公园。

近郊四大郊野公园的用地除一些风景名胜区、森林公园、自然保护区外，内部已经有了大量的建设活动和农业生产活动，通过公园建设可以在这些住宅密集建设的区域中保护具有区域特点的用地，遏制城市高密度区域的连片发展（图2-2）。近郊四大郊野公园的用地包括了区域重要的生态节点，在整个生态安全格局中能够发挥重要作用，保护了场地丰富的地形地貌资源、历史人文资源和自然风景资源，体现着不同方面的文化传统，富有特色。

图2-2 北京近郊四大郊野公园
（改绘自 北京市园林绿化局 . 北京市绿地系统规划 [EB/OL].http://yllhj.beijing.gov.cn/zwgk/ghxx/gh/201911/t20191129_734967.shtml,2019-11-29）

2.2 上海环城绿带郊野公园体系

1 背景与概述

（1）城市总体规划引导的上海环城绿带

1993 年，上海市在总体规划中提出建设上海环城绿化带，位于外环线外侧，宽度为 500m。2008 年，《上海绿地系统实施规划》开始实施，在原有森林、湿地资源的基础上，改造成为森林公园、郊野公园、湿地公园以及其他各种专类公园等。2012 年，上海市对拟建设的 21 个郊野公园进行选址，并计划在 2035 年建成郊野公园共计 30 个（图 2-3）。

（2）上海郊野公园雏形

上海自从 2003 年起对郊野公园的规划建设进行初步探究，以郊野公园与生态湿地相结合的形式，对市内生态良好的林地、湿地、森林以及一些城郊公园逐步改建，虽然目前并没有直接以郊野公园命名，但已具备了郊野公园的雏形，如已建成的世纪森林生态园、滨江森林公园、炮台湾湿地公园、顾村公园等。

（3）上海环城绿带郊野公园建设目的

上海环城绿带构建的目的在于：

·改善城市生态环境。茂密的林带能释放氧气，吸收二氧化碳及有毒有害气体，削弱城市中局部的"热岛"效应。

·限定城市发展空间。环城绿带位于城市外环线，可有效控制城市"摊大饼"式的无限扩张。

·营造城市自然景观，改善市民生活环境。环城绿带中大量的公共绿地为市民提供了节假日休闲游憩的场所。

·通过利用环城绿带内的生产性绿地建立专业的苗木生产基地，满足

上海市城市园林绿化苗木供应需求，同时服务城市居民，就近为城市居民提供健康无公害的蔬果等农副产品，以及盆栽花卉等家庭园艺产品。

2 发展历程

（1）环上海市中心大型绿带规划探索

上海市于 1993 年提出建设环绕上海市中心的环城绿带整体规划建设方案。在该方案中，上海环城绿带的规划面积约为 11 万亩，绿带全长将近 100km。在此基础上，规划要求上海外环线外侧的环城绿带宽度需达到至少 500m，这其中包括 100m 宽的纯林带区域以及 400m 宽的绿带区域。

（2）"长藤结瓜"模式的上海环城绿带建设

1995 年 12 月，被形象地称为"长藤结瓜"的上海环城绿带的规划建设共分为三期开始进行具体的建设实施工作。

上海环城绿带的总长度为 98km，宽度为 500m，以环状结合片状的布局方式形成"长藤结瓜"的整体规划建设模式。其中，"长藤"指的是沿线 500m 宽的林带；"瓜"指的是对绿带沿线用地条件较好的地区进行重点规划建设，通过适度扩展绿带范围形成大型主题公园等绿色开放空间。

（3）《上海绿地系统实施规划》指导的上海环城绿带具体建设与改造转变

2008 年推行的《上海绿地系统实施规划》中对上海环城绿带的规划建设提出更为明确具体的发展要求。规划从市域整体绿色空间结构上提出在郊野公园、湿地公园、森林公园以及其他各类型专类公园的改造和新建的过程中，应充分利用绿带范围内现有资源条件较好的湿地、林地和苗圃地等绿色空间。规划对于环城绿带郊野公园建设方面提出将环城绿带和郊区林地中现状自然基底条件较好的十大片林改造为郊野公园。对绿地面积为 3400hm² 的十大片林提出通过改造建设使其向郊野公园转变，到 2015 年以十大片林为基底的规划绿地面积需达到 5300hm²。

3 特色与启示

（1）上海环城绿带郊野公园整体结构的借鉴要点

·沿道路两侧设置 100m 宽的纯林带区域，形成以乔木为主的绿色生态空间。

·在林带外侧设置 400m 宽的绿带区域，形成以花圃、苗圃、休闲农业、青少年野营基地、疗养院、低密度花园别墅、纪念林地等游憩度假项目为主

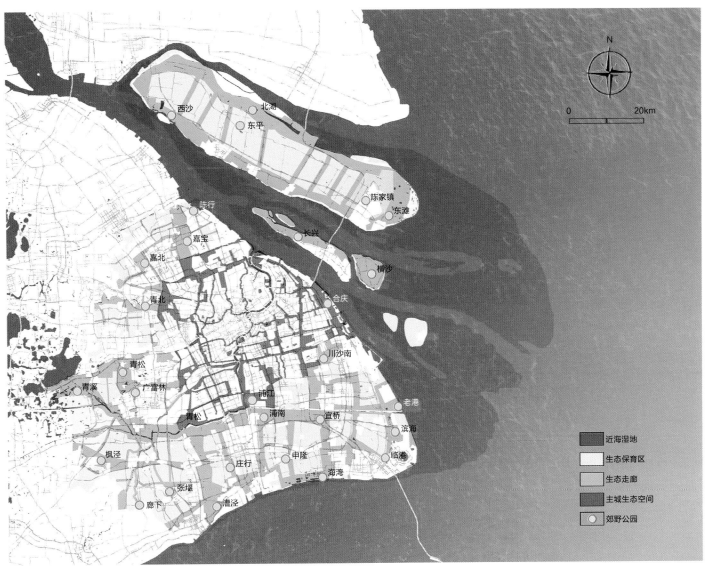

图 2-3 上海市郊野公园规划布局图

（改绘自 上海市规划和自然资源局 . 上海市郊野公园布局选址和试点基地概念规划 [EB/OL].http://hd.ghzyj.sh.gov.cn/ghsp/ghsp/shj/201310/t20131024_609957.
html,2013-10-24）

的绿色游憩空间。

· 沿林带、绿带空间点缀式布置大型绿色娱乐园、郊野公园、城市公园和高尔夫球场等 10 个主题公园。

（2）制定法规引导建设的借鉴要点

· 1996 年《上海市外环线绿带实施性规划》。此次规划旨在促进外环线绿带与城市空间形态、城市绿地系统相融合，并结合不同区位的特点，因地制宜综合规划，合理安排绿带内各区段的用地功能。划定外环绿带用地范围，确定规划控制指标，明确分期实施目标。

· 2002 年《环城绿带管理办法》。此次规划对环城绿带内绿色开放空间建设项目从审批到建设养护等各个实际建设环节都做出了具体、明确的规定。

2.3 合肥环城绿地郊野公园体系

1 背景与概述

安徽省省会合肥,地处长江、淮河之间。合肥作为我国中部城市的典型,处于长三角经济圈的边缘,其城市空间和形态发展代表了一批同等规模的城市在发展过程中所经历的困境和突破。合肥在 1992 年与北京和珠海共同评为首批"国家园林城市"。但在 2004 年 7 月,合肥市园林局对城市建成区范围内绿地资源进行清查时发现,由于城市的快速发展,合肥市城市绿化率、绿化覆盖率、人均公园绿地面积等与绿化水平相关指标,在所有园林城市之中,排名中等靠后。随后合肥及时调整战略部署,提出"141"城市组团发展策略,即一个主城、四个外围城市组团、一个滨湖新区的总体空间框架。此后不断调整城市的发展战略,充分发展绿色空间以应对城市因经济发展产生的各种城市问题,在当前实行的最近一版城市总体规划《合肥市城市总体规划(2011—2020 年)》中提出,合肥将建成"三环四脉四楔多园"绿色空间格局。其中城市公园、郊野公园、森林公园等绿色基础设施构建起一套包围城市的环城绿地体系。整体规划的空间格局是城市绿地呈网络布置,强调了网格状城市绿地的连通性。

合肥城市在环城绿地建设上以景观生态学理论为指导,以公园绿地建设为重点,以生态廊道建设为主线,以外围生态圈为依托,构成"斑块－廊道－基质"的生态系统。形成依山傍水、翠环绕城、田园楔入、绿脉相连的现代化滨湖生态园林城市绿地系统格局。

2 发展历程

随着世界范围内城市化进程的不断加速和环境问题的日益加剧,人们已清晰地认识到加强城市生态建设、改善城市环境质量的重要性,合肥亦是如此,在不同时期面对城市的不同格局,相应制定不同的发展战略。

从中华人民共和国成立后至今的几十年间,合肥先后编制五版重要的城市总体规划并且经历了四次较大的规划建设高潮。城市空间也从 1949 年的小县城发展为目前的"141"结构,从环城时代演变成为现在的环湖时代,构建起一套完善的环城绿地郊野公园体系。合肥的城市发展生动地反映出各个时期国家政策对一个城市发展的决定和促进作用。

(1)"三叶风扇形"城市格局(1949 ~ 2005 年)

古代城市受到战争的影响,为满足当时战略防御的需求,城市的一切建设均集中在城墙以内,合肥亦是如此。1949 年,合肥解放,城墙依旧保留并逐步向外扩展。1958 年在国家计委区域规划组的指导帮助下,提出"合肥市工业区规划",明确指出合肥"安排工业项目应充分利用现状有利条件,同时积极避免和克服不利因素",并提出城市性质——全省政治、文化、经济中心,是以机械制造工业为主的工业城市。推进实施"整理东郊工业区,开辟西南郊新工业区"的方案,从而奠定了合肥市城市总体规划的基础。在总规的控制和引导之下,合肥迅速发展成为一座具有独特城市结构和风貌的大城市。

(2)"141结构"城市格局(2006 ~ 2010 年)

2011 年合肥市因调整行政区范围而做出相应的微调,将城市定位成省会、区域性交通枢纽、全国科研重地和制造业基地以及长江中下游重要的副中心城市,巢湖也被划进合肥市域内,变成合肥市内湖。2013 年《合肥市城市空间发展战略规划》制定了新的空间发展战略,并提出了"大湖名城,创新高地"的"1331"城市发展目标。一直以来合肥在不断寻求更多的城市发展空间,也使合肥迈向了"环湖时代"。

(3)紧随城市变化的环城生态空间与环城绿地郊野公园体系

城市生态空间结构是城市各生态空间要素按照一定的组织模式形成的整体空间架构,生态空间由城市自然要素构成,并与建设空间相互耦合,引导城市空间发展方向,控制城市无序蔓延。合肥城市的生态空间建设大致可分为:绿环式、绿楔式、环楔放射式及网络式。

1949 年前,合肥城市建设主要集中于城墙内,生态空间以绿环围绕城市的模式进行组织。此时,合肥只是一个小城市,经济水平低,城市规模较小,大型自然水系山体未能进入城市建成区内,农田林地等均位于城市外围,城市被山水田园包围,此时的城市生态空间格局呈绿地环绕的形式。

20 世纪 50 年代初,随着城市发展,人们对城市建设进行不断探索,总结出利用合肥城墙旧址修建环城绿带。

20 世纪 80 年代,合肥市结合护城河修建了环城公园,形成以环北景区、环东景区、杏花公园、西山公园、银河公园、包河公园、逍遥津公园组成的完整闭合环城公园体系，这种体系的建设思路在当时十分超前。环城公园全长 8.7km，占地面积 137.6hm²，绿地总面积 108.6hm²。至今仍然发挥着良好的效益（图 2-4）。

随着城市发展，合肥市的空间形态演变为"风扇型"，生态绿地从城市外围楔入城市内部，城市在楔形绿地之间进行发展，生态空间与建设空间相互耦合，城市与自然互相融合。

20 世纪 90 年代初，合肥经济发展迅速，人口不断增加，城市不断向外扩张，原本设定的城市框架已满足不了城市快速发展的需求。原有的楔形绿地空间不断被侵蚀，成为城市建设空间，城市呈多中心组团式发展。原本城市外围的山体、河流、湖泊开始逐渐伸入到城市内部，楔形绿地的大格局仍然保留，城市组团内部利用河流、湖泊等自然景观建设公园绿地等生态空间。

2010 年以后伴随行政区划调整，合肥市域面积扩大，更多的自然要素纳入城市空间范围，如自然山脉、水体、森林、湿地等，极大地丰富了城市生态空间构成要素。其类型多样，形态复杂，构成一个大的生态背景，建设空间以斑块形式散落其中，城市不同的生态空间通过生态带廊相互连通，共同形成环绕合肥中心城区多层网状结构的环城郊野公园体系（图 2-5）。

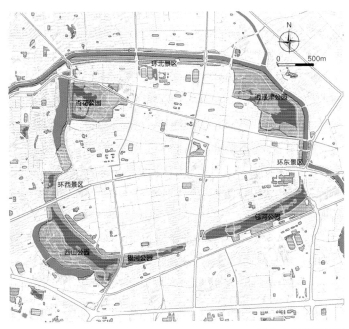

图 2-4 合肥环城公园

3 特色与启示

（1）耦合旧城绿地与新建城区的多层环状结构

现代城市发展快速，生态空间在一定程度上限制并引导城市空间结构的发展，既为城市发展提供生态保障，又受城市空间发展的制约，二者相互影响。在合肥市的城市生态空间演变过程中呈现形态复杂化、功能多元化等特点。合肥市园林绿地系统独具特色，环城公园犹如一串珍珠翡翠镶嵌而成的项链，抱旧城于怀，同时将原有的逍遥津公园、杏花公园、包河公园等有机地串联起来；外围大型绿环又使自然空间和新建城市空间互相连接渗透，形成了"园在城中，城在园中"的景观格局。

（2）合肥绿地系统规划与实际城市建设的问题与挑战

从不断调整的城市空间布局演变来看，合肥在经历了绿地被蚕食的阶段之后，开始寻求逐步恢复和拓展绿地建立更大尺度的城市绿地系统。从规划战略和具体物质空间的规划设计来看，合肥新的绿地系统具有科学合理性，同时，也充分利用合肥自身和周边自然地理条件，试图将绿地建设同城市经济发展统筹考虑。然而，从"环城公园时代"迈向"环湖时代"、在"老三叶"到"新四楔"的过程中，合肥市的绿地系统规划与实际城市建设却常常处于脱节状态，中心城区的快速扩展，使规划中的生态空间越来越狭小，美好的规划图景，是否能经得起城市化快速发展的考验？未来城市的绿色生态系统与城区的高强度建设如何紧密结合，共生发展，这是合肥乃至所有城市发展与绿地系统建设所面临的一大问题。

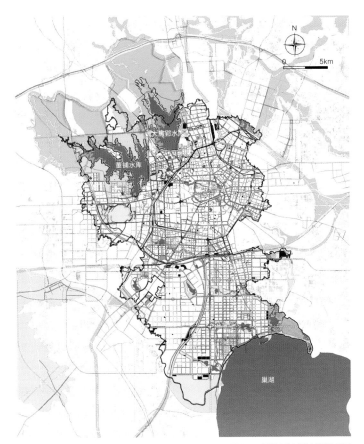

图 2-5 合肥环城绿地郊野公园
[改绘自 合肥市人民政府. 合肥市城市总体规划（2011—2020 年）[EB/OL].http://www.hefei.gov.cn/,2015]

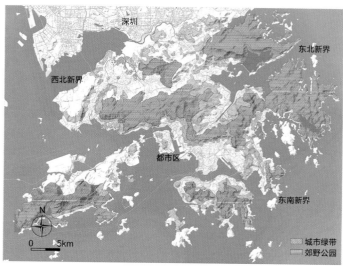

图 2-6 香港全域郊野公园体系
（改绘自 香港特区渔农自然护理署 . 郊野公园及特别地区分布地区 [EB/OL].https://
www.afcd.gov.hk,2019-8-21)

2.4 香港全域郊野公园体系

1 背景与概述

香港位于我国华南沿岸，由香港岛、九龙半岛、新界内陆地区及 262 个大小不一的离岛组成，总面积约 1104km²，繁华的市区面积只占总面积的20%，而郊野公园及自然保护区的面积占比高达 40%。

（1）香港郊野公园概述

我国的郊野公园最早起源和发展于香港。在 1993 年出版的《港澳大百科全书》中对郊野公园的定义为："远离市中心区的郊野山林绿化地带，开辟郊野公园之目的是为广大市民提供一个回归和欣赏大自然的广阔天地和游玩的好去处。"李德根对香港郊野公园的定义为："郊野公园是指在城市近郊的郊野地区划定的区域，这区域集环境保育、休息、康乐和自然教育于一身，它的划定和发展是有法律基础的，并由特定的政府部门去执行法律赋予权力的规划、发展、管制及管理的工作。"在维基百科全书中对香港的郊野公园定义为："香港郊野公园是指由香港特区政府将市郊未开发地区的地方划出，作为康乐及保育用途的公园，地位与国家公园相若。"

香港郊野公园以香港的植树林为发展基底，其主要为二战期间因战乱破坏之后进行植树造林计划所形成。20 世纪 60 年代在世界各地建设国家公园的热潮之下，香港也开展了郊野公园建设的探讨，其中 1965 年在关于香港保存自然景物问题的报告中提出郊野公园建设建议。20 世纪 70 年代，为解决城市化进程导致的农业用地减少，香港开始发展建设郊野公园。截至 2015 年，香港共有 35 个郊野公园和 17 个特别地区，总面积约415km²（图 2-6）。同时通过《郊野公园条例》《露营区指引》等数十项管理条例及规定，为香港的郊野公园建设提供了保障。

（2）郊野公园扩建背景下的香港环城绿带

香港环城绿带面积约为 129km²。不同于大多数城市的环城绿带结

构，以其独特的自然地理环境及特殊的绿色开放空间发展历史，香港的绿带规划依附于周边的郊野公园布局，属于郊野公园的扩建区。

（3）香港全域郊野公园建设目的

· 建设重点是娱乐而非保护，为潜在游憩需求提供机会；
· 保证现有乡村的景观特色、景观价值不受城市发展的侵蚀；
· 作为城市和郊野公园间的过渡地带而建设；
· 确定城市化区域的外部界限，并作为城市和地区之间的缓冲区。

2 发展历程

香港郊野公园及环城绿带等绿色空间规划建设分为四个阶段。

（1）第一阶段（1945 ~ 1970年）

第二次世界大战期间香港的山林遭到严重破坏，战后英国殖民政府参考《大伦敦规划》尝试建设郊野公园以抑制城镇空间的无序蔓延，维系本土有限的生态环境要素，同时积极推动植树造林，为郊野公园发展提供重要的资源基底。

1965 年，来自国际国家公园委员会的美国环境科学专家 Lee M. Talbot 及其妻子 Marty 应邀来港开展郊野公园系统可行性调查，在调查报告中强烈呼吁尽快实施郊野公园建设方案，并对指定区域、基本设施和管理策略提出了详细可行的建议。这份报告后来成为香港发展郊野公园的蓝本，Lee M. Talbot 亦被尊称为"香港郊野公园之父"。而后，于 1967 年成立了"香港郊景护理研究委员会"和"临时郊区使用及护理局"。

（2）第二阶段（1970 ~ 1980年）

香港郊野公园发展理念来自大伦敦规划设想，但其具体实施过程中参考更多的是美国国家公园标准。成立了郊野公园相关委员会，出台《郊野公园条例》等条例法规，用法律刚性保护和机构行政力量促进郊野公园数量高速增长。

"香港及新界康乐发展及自然护理委员会"成立于1971年,同年落实郊野公园发展计划。1972年,第一个郊野公园发展五年计划(1972～1977年)立法通过,标志着香港郊野公园规划和发展进入实质性阶段。1976年《郊野公园条例》正式颁布,为日后香港郊野公园建设管理提供强有力的法律保障。

(3)第三阶段(1980～2000年)

由于可开发土地资源极其有限,香港进入郊野公园建设土地利用模式及环境发展准则相协同,以及郊野公园系统内部的细化阶段,香港郊野公园由增量向存量转变。

(4)第四阶段(2000年至今)

香港郊野公园进入一个相对稳定和成熟的发展阶段。除了作为城市生态空间架构的组成部分外,郊野公园内涵也逐步丰富,包括康乐休闲、科普教育及景观游览功能等满足市民日常生活和游憩需求,如健身运动、社会交往、游憩观赏、野外拓展等。

迄今为止,全港已划定24个郊野公园,总面积超过4万hm²,占香港土地面积的4成左右,均分布在风景宜人的自然地带,不仅有效保护了香港地区的郊野资源,而且广受欢迎,每年吸引游客约1200万人次。郊野公园的建立使香港在人口密集、土地紧缺的情况下,仍能保持青山绿水生机盎然,也为香港市民放松身心舒缓压力、休闲娱乐运动健身、到大自然游赏学习提供了重要场所。

3 特色与启示

(1)依山连环的空间利用特征

香港总面积中约80%为山地,且地势较为平坦的地区与低山丘陵镶嵌布局。受地形条件制约,地势平坦的城市区域难以向低山丘陵地带扩张和侵蚀,山地成为划定香港环城绿带边界的重要因素。

虽然香港环城绿带面积小于郊野公园面积,但香港环城绿带为郊野公园提供了扩建和缓冲区域,同时从城市整体绿色空间结构上对郊野公园斑块进行了有效串联。

(2)香港全域郊野公园的借鉴意义

香港的郊野公园得以长盛不衰的原因,与其合理规范的建设规划体制息息相关。香港政府在其建设之初就坚持可持续发展方向,并配有完善的法律法规、科学的规划政策和高效的管理机构,同时融合休闲游憩、生态保护、科普教育等多项功能,注重社会参与,为郊野公园的持续发展奠定了良好的社会基础。

1)健全的法律法规,严格的管理体系

香港特区政府为香港的环城绿带和郊野公园建设提供健全的法律法

规保障体系。《郊野公园条例》的制定为香港郊野公园的开发和建设提供了有力的法律保障和法律依据。此外,香港特区政府还颁布了《野生动植物管理条例》《郊野公园和特别地区管理条例》《海岸公园条例》《官地管理条例》等多项法规条例,为香港郊野公园健康持续发展奠定了坚实的法律基础。

根据《郊野公园条例》,由香港渔农自然护理署下设郊野公园及海岸公园管理局,统一管理全港的郊野公园。郊野公园的管理工作主要包括巡逻执法、教育研究及与非政府组织进行社区宣传工作等,同时检控游客违反条例的不良行为。此外,郊野公园实行许可证管理制度,对一些盈利活动、建设活动等按一定的标准进行收费,其他非营利的活动均为免费。

香港郊野公园建设发展的成功,很大程度上得益于其严格的管理制度,使其不仅仅有法可依、有法必依,而且执法必严。

2)注重生态保护,发展生态旅游

香港郊野公园讲求"以自然为本",对于公园生态保护更面面俱到。郊野公园中最主要建筑——游客接待中心的设计均需讲求朴实自然,层高通常不超过三层,多采用石材、木材等天然生态材料。公园内道路也大多以土路为主,需要有水泥修建道路和台阶,也要选用天然生态材料,力求自然。

香港渔农自然护理署自2002年起展开全港生态调查,以了解最新的生物多样性情况作为拟定保护策略的基础;并将调查结果整理、编写成书,让大众加深对香港生态现况认知。野生动物的保护方面,管理人员尽可能按照不同动物习性为其营造适宜的生境条件来满足其对栖息环境的需求。

香港郊野公园还大力开展生态旅游,在公园内设立雀鸟巢箱,开设生态探索、野外研习、生态日记、海洋保育、伙伴关系、设立管制区等等。游客在参与郊野公园活动享受郊野乐趣的同时,也增强了生态环境保护意识。

香港在城市建设发展过程中,也曾遇到与郊野公园生态保护相悖的情况,但最终均以保护郊野公园的生态性和完整性为首要因素,不惜花费巨资和大量时间精力,确定建设方式和建设目标以确保未来城市建设对郊野公园的影响降到最低值。

3)周全多样的基础设施和信息服务

郊野公园根据不同地点和游赏内容,设有类型丰富、功能完善的游憩设施,所有设施均经过精心设计,与自然环境相协调。香港郊野公园的信息服务也相当周全,游人可以通过完善的网络信息获得交通、安全、预订、介绍等服务。

4)丰富的游憩活动,生动的科普教育

香港郊野公园已然成为香港市民日常活动和接待游客的重要场所,广受大众欢迎。一方面是因为公园设有丰富的游憩活动类型,游客可以烧烤露营、漫步远足、游憩娱乐、锻炼身体、增进感情等;另一方面,游客在游憩之余也可以接受各类科普教育,寓教于乐,增强自然保护观念。园内设有各式可供观赏的动植物及相应的服务设施,如自然教育中心、绿膳教室、植物标本室等。此外,公园还通过承办各类自然主题展览讲座、出版科普读物、制作视听教材等多种方式来激发公众参与的积极性。

2.5 深圳全域郊野公园体系

1 背景与概述

（1）国家战略背景下的深圳城市建设

1979 年深圳立市，1980 年设置经济特区，深圳是中国设立的第一个经济特区，也是中国改革开放的窗口和新兴移民城市。

20 世纪 80 年代初深圳从一个偏远落后的小渔村大跨步地向现代化大都市迈进。深圳的城市建设也受到国内规划相关专家的重点关注与参与，很快便制定出《深圳经济特区总体规划》。经济特区总体规划中提出了带状组团式空间布局，即利用山体作为隔离绿带，有效使城市布局为组团状，也为后期郊野公园的发展奠定了一个良好的生态自然基底。

（2）香港影响下的深圳郊野公园建设

因与香港毗邻，深圳的郊野公园建设深受香港的影响，是我国内地最早完整意义上引进郊野公园概念并推广实施的城市。1996 年，深圳市首次明确提出郊野公园建设要求，并于《深圳市城市总体规划（1996—2010年）》中提出建设绿化隔离地区作为生态基地，建设郊野（森林）公园，这成为深圳郊野公园建设的新起点。2004 年审批通过的《深圳市绿地系统规划（2004—2020 年）》中初步划定了 21 片郊野公园建设控制区，控制总面积达到 680.7km²，这拉开了深圳郊野公园迅速发展模式的序幕。此后深圳郊野公园建设如火如荼，尤其是福田区和罗湖区郊野公园的建设十分成功。其中著名案例为银湖山郊野公园，以原始林为生态基底，为海拔 445m 的鸡公山、944m 的梧桐山和 430m 的塘浪顶，形成深圳市的绿色生态屏障。

2 发展历程

20 世纪 90 年代初，受改革开放热潮的影响，沿海城市迅速发展导致

城区向城市边缘绿色隔离地区不断扩张，同时受到香港郊野公园建设成效的影响，国内兴起郊野公园开发建设的策略性研究。深圳受香港的直接影响，跻身郊野公园建设的前线，成为推动中国郊野公园建设的排头兵。纵观深圳郊野公园的发展历史，可大致分为三个阶段，分别是思潮引入期（1990～1996 年）、萌芽初始期（1996～2004 年）和控制建设期（2004年至今）。

（1）思潮引入期（1990～1996年）

经过了改革开放前十余年的物质积累，伴随经济特区建设的巨大优势，深圳经济迅速发展，同时掀起一阵南下打工的热潮，导致深圳人口迅速增加，土地需求量也相应提高，城市逐渐向外围郊野地区扩张，围合城市的自然山林受到前所未有的威胁。为解决人民日益增长的需求和不断扩张的城市等多方面问题，深圳开始以香港郊野公园建设为蓝本，逐步将郊野公园体系纳入到深圳自身城市规划中。马峦山郊野公园便是由深圳市政府规划建设的第一座郊野公园。1996 年《深圳市城市总体规划（1996—2010 年）》中也明确提出将原本的绿色隔离地区规划建设成郊野公园，以限制城市的扩张与满足人民生活需求。

（2）初始萌芽期（1994～2005年）

《深圳市城市总体规划（1996—2010 年）》明确将郊野公园建设纳入城市发展。随后 2004 年审批通过的《深圳市绿地系统规划（2004—2020年）》从深圳市域角度出发规划建设的 21 座郊野公园。以严格保护生物多样性、生态资源以及郊野地区观赏价值为建设前提，以保护生态为主、提供休闲康乐活动设施为辅为建设标准，并分为核心区、缓冲区和康乐游憩区，分区管控。自此深圳便真正开始了如火如荼的郊野公园建设，以"保护性开发"为前提，以丰富郊野功能为目标，重点推进梅林山 – 银湖山 – 塘郎山中央山脉体系建设等。

（3）控制建设期（2004年至今）

自《深圳市绿地系统规划（2004—2020 年）》颁布以来，深圳郊野公园建设便驶进了快车道。在建设的过程之中也出台了很多的相关规范性文件，来巩固和提升郊野公园的重要地位与意义。2005 年出台的《深圳基本生态控制线管理规定》中指出"加强生态保护，防止城市建设无序蔓延危及城市生态系统安全，促进城市可持续发展。"深圳 974 平方公里的土地被纳入生态管控线之中，其中便包括郊野公园。"基本生态控制线"的划定在控制城市边界无序蔓延增长及生态保育方面具有十分积极重要的意义。郊野公园作为城市功能的一个重要组成部分，应管控好公园生态线，并对其内部生态资源价值潜力进行充分的挖掘和利用。

《深圳市城市总体规划（2010—2020 年）》提出构建山地森林和郊野公园系统，以维护区域生态安全格局。由深圳市人居环境委编制《深圳市

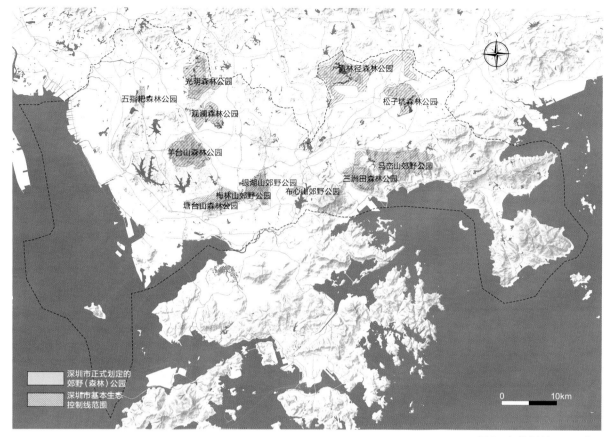

图 2-7 深圳全域郊野公园体系

[改绘自 Yokohari M . Beyond greenbelts and zoning [J]. Landscape & Urban Planning, 2008, 47（3‐4）:159–171]

人居环境保护与建设十二五规划》指出继续开展羊台山、凤凰山等 11 个郊野公园的规划建设，并将其列入重点工程项目。《深圳市绿化发展规划纲要（2013—2020 年）》提出了市民出行 10km 范围内到达郊野公园的目标，并发布《深圳市森林（郊野）公园规划编制规定》。

近年来，深圳在郊野公园建设上一直在不断进行新的尝试。以打造"公园之城"为目标，结合城市本身地形地貌特征，大力开展郊野公园建设，现已建成马峦山郊野公园、朗山郊野公园、银湖山郊野公园等一大批郊野公园。

3 特色与启示

（1）从自然风景到城市内部的多层级公园体系

深圳市是中国设立的第一个经济特区、中国改革开放的窗口和新兴移民城市，是吸收外来文化较为便利的一个城市。自 1994 年向香港学习郊野公园建设新思路新思想以来，深圳便以让普通居民"靠山用山，靠水亲水"为建设目标开启郊野公园的建设新模式。

经过多年飞速发展，深圳已经成了高密度城市。即便这样，深圳仍保持高强度开发模式继续向外扩张。加强郊野公园建设能够在很大程度上遏制城市对外围绿色屏障的侵蚀。同时深圳也制定了"郊野公园—城市公园—社区公园"的三级保障体系，以满足市民日益增长的游憩地需求。

结合深圳市独有的山海城市特质，更偏向于打造类似风景区、国家公园、森林公园等自然资源优越的游憩地类型的郊野公园。深圳从东到西存

在很好的山地景观资源，如塘朗山、大南山、三洲田、梅林山、银湖山、三洲田，十分适宜建设为郊野公园。深圳的郊野公园采用分散式的布局模式，《深圳市绿地系统规划（2004—2020 年）》中规划建设的 21 座郊野公园分散在全市各处，其中东部的郊野公园较为集中（图 2-7）。

（2）深圳全域郊野公园体系建设的启示

深圳郊野公园均选址于郁闭度高、自然植被良好的山林山地带。这些地区既是深圳市风景最优美的地带，也是深圳市生态环境保护的核心区域。深圳在郊野公园规划建设中，并没有像其他国家一样，限定其面积大小，而是根据周边的建设现状、土地供给、自然景观等不同条件，确定郊野公园的具体占地规模，使得每一处郊野公园都独具自身特点。深圳的郊野公园在建设时都保持了原有的自然景观风貌。其景观构成多以森林、湿地、草地等自然或半自然生态系统为主，人工建设比较少且注意与自然相协调。

深圳作为全国绿地系统规划试点城市，肩负着让绿地系统规划成为控制和指导开敞空间建设的重要管理职能。《深圳市绿地系统规划（2004—2020 年）》中指出，将组建由"区域绿地－生态廊道体系－城市绿地"三个层级组成的城市绿地系统。其中 21 处郊野公园控制区将以保护原始自然生态环境为主，康乐游憩为辅，适当开展科学实验及科普体验活动。郊野公园在整个城市绿地系统之中与其他类型的绿地相互补充，构成城市完整的蓝绿体系。郊野公园建设更加明确"分区控制，保护为主"这一规划设计定位，与其他绿地形式相互配合，取长补短，构建起完整的城市生态框架。

3 北京市郊野公园体系研究

北京市绿化隔离地区是指自20世纪50年代以来历次北京市城市总体规划中规定的市中心地区与边缘集团之间以及边缘集团相互之间的绿化地带。2004年北京市城市总体规划中提出绿化隔离带应建设为具有游憩功能的景观绿化带和生态保护带。2007年起，北京市自三环内侧到五环外初步规划新增约60个市域公园（郊野公园）。《北京城市总体规划（2016—2035年）》中提出建设二道绿隔郊野公园环，提高第二道绿化隔离地区绿色空间比重，推进郊野公园建设，形成以郊野公园和生态农业为主的环状绿化带，要求"到2020年，绿色开敞空间占比由现状59%提高到63%左右，到2035年提高到70%左右"。

本章旨在对北京市郊野公园体系构建与优化，提出切实的指导性建议。

3.1 北京北部森林郊野公园体系选址研究

1 引言

（1）研究问题

北郊森林公园选址于北京城市中心正北，军都山脉南麓，以现有昌平区内大杨山国家森林公园、蟒山国家森林公园、银山塔林风景区为基础，利用茂盛森林资源，形成山地向平原延展的森林公园。

北郊森林公园属于区域性大型绿地，且处在城市近郊地区，用地类型复杂，超出了一般公园规划所能控制的空间尺度和用地规模，前期概念性规划的范围并不明确，因此需要在此基础上进一步划定北郊森林公园的实际范围。

北京市园林绿化局希望在北郊森林公园的选址中尽量规避南海子公园选址中出现的问题，认真讨论公园的选址位置，从而吸引大量周边地区的居民和游客，提高公园的使用率。

通过 GIS 技术对选址区域内的多种空间信息数据进行整理、分析、判断，选址工作不仅仅只是划出一道边界围合出用地，还要通过综合信息分析出区域用地隐藏在表面下的隐性结构和脉络，只有符合这些结构和脉络才能实现选址科学正确的目标。

（2）研究目的

·通过系统讨论大尺度郊野公园群的尺度、形态、模拟分析方法，为进行大尺度郊野公园群的选址和管理研究提供理论和技术支持；

·通过对北京市昌平区内的北郊森林公园的选址进行实践研究，掌握昌平区内可用于大尺度郊野公园群建设用地的分布规律和特点，为政府对北郊森林公园建设区域的进一步划定提供依据，有助于维护京津冀区域生态系统和核心区域的健康和发展，为大尺度郊野公园群的选址研究提供可参考案例；

·为大尺度郊野公园群生态功能的确定提供理论依据，通过科学的选址改善区域生态系统状态。

（3）研究内容

研究的主要技术内容包括：基于 NDVI 指数的昌平区域植被覆盖度研究，基于新浪微博签到 POI 大数据的区域人类活动聚集强度分析，基于视域分析和 Flicker POI 大数据的视觉景观的吸引度分析，基于 GIS 的区域生态空间分析，林地景观规划虚拟场景构建等。

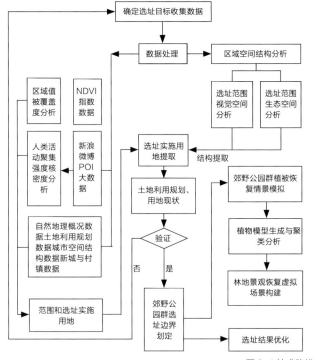

图 3-1 技术路线图

（4）技术路线

基于空间数据分析的北郊森林公园选址研究的技术路线遵循：数据获取——重点选址范围划定——范围内关键性用地提取——遴选用地——选址边界划定的过程（图 3-1）。

2 北京近郊郊野公园群规划与选址研究

（1）北京城市近郊郊野公园群选址的基础

1）北京市近郊绿地发展的历史沿革

北京城市郊野公园的建设经过了以下几个主要的阶段：

·受到苏联城市规划影响下的城郊植树运动（1958～1979 年）；

·改革开放初期的绿化带建设（1979～1990 年）；

·北京市第一道绿化隔离带的建设（1990～2003 年）；

·北京市第二道绿化隔离带的建设（2003～2007年）；

·基于绿化隔离带地区的郊野公园环建设（2007～2011年）；

·百万亩平原造林工程（2011～2015年）。

2）北京市郊野公园群规划建设的现实问题

·北京市人口增长与城市空间扩张

巨大的人口基数以及不断增长的常住人口数量使得北京城市面积不断扩张，之前规划的新城组团之间发生连片现象，板结为一体，形成新的城市带，郊区生态系统的平衡受到影响。

·城市环境风险压力

历史上北京平原地区湿地资源丰富，随着经济和城市建设的发展、用水量的激增，使得近年来城市建设对天然湿地影响很大，形成了以朝阳区为中心，东至顺义地区，西至石景山地区，南到南苑地区，北到昌平的地下水降落漏斗。近郊农业用地转换为城市建筑用地使得地面硬化面积扩大。

此外城市的扩张还占用了近郊地区大量的林地和农田，天然植被面积减少，生境斑块破碎化，形成大量生态"孤岛"，同时城市的扩张也威胁到城市近郊地区的历史文化古迹。

·近郊城市公共交通发展与城市近郊游憩需求上升

北京近郊城市公共交通快速发展，依托于城市高速公路网的地面公交，以及连接郊县的地铁系统，使人们能够便捷、高效地抵达城市近郊地区。民众优先选择到距离城市较近、自然环境和风光较好的近郊郊野公园群游赏。目前私家车拥有率也在快速增长，"自驾游"成为市民前往近郊地区的主要方式。与市民不断增长的近郊地区旅游热情相比，近郊地区可供游憩使用的绿地空间质量明显不高，近郊著名旅游景点常年人满为患，景点负荷达到极限状态，景区人口拥挤对环境造成巨大压力，周边自然环境遭到破坏。

（2）北京城市近郊郊野公园群规划潜在用地研究

北京市城市近郊郊野公园群的潜在用地有农业用地、林地、河湖湿地、山区陡坡、历史保护城镇景区用地、森林公园、地质公园用地、绿化隔离地区用地及各类附属用地。目前已经纳入到近郊郊野公园群建设的土地有北京近郊四大郊野用地，北京百万亩平原造林用地和农业用地，北京市第一道、第二道绿化隔离带用地。

3 空间数据分析模型研究

（1）面向对象的空间数据分析模型建立

建立空间数据分析模型的第一步就是详细地了解和调查所要建立模型的区域，通过调研了解影响区域的特殊要素组成，划定系统的边界，研究系统与外界环境的关系。同时要明确研究区域的地理位置、历史、自然演变、经济、社会情况以及当前区域发展中所存在的问题，风险和压力，因此要对数据的精度和使用范围进行筛选。

第二步要明确目标，建立空间数据分析模型是要在目标的指引下，把握部分关键要素的关联性和拟解决的问题，并将这些要素之间的相互作用和动态变化关系用不同形式的变量反映在模型中，哪些变量对于全局的影响最大，可以通过调控这些变量对区域进行有效控制。

第三步是建立模型，针对目标和要素特性，选择模型类型，按照定量分析、模拟运算、预测决策、优化设计等多种建模方式，通过相关的技术，如数学表达式、可视化表达等方式进行阐述。

第四步是对模型的检验和修正，空间数据分析模型能否符合实际，如何面对系统的不确定性，减少与客观事实的误差，需要进行模型的验证工作，如果模型与真实系统本身的误差过大，需要对模型本身进行修正，修正过程需要通过建立另外的以不同的要素为基础的模型来进行参照。

第五步是对模型的解释，要基于区域的相关理论，对模型的过程、结果进行合理的解释，区域模型是问题导向型模型，不同的区域对于模型的解释方式也不尽相同。

（2）建立空间数据分析模型的技术支撑

对于复杂的区域，选择一种合适的工具完成对数据的采集、输入、储存、更新、管理、分析，建立具有分析、模拟、仿真、预测、决策功能的系统。系统运行一方面需要一个稳定的数据库，另一方面要有强大的计算能力，最终结果的表达方式还要能够突出区域特点。

（3）北郊森林公园选址空间数据模型

北郊森林公园选址的数据选取原则是选取有利于生态环境保护的一切因子，如用地、设施、道路和河流湖泊，来源主要有以下几类：

1）北京市昌平区土地利用数据：森林类型包括常绿森林、落叶森林、混交林、森林湿地，以及牧场和草滩。数据来自中国科学院计算机网络信息中心提供的国际科学数据服务平台数据库。该数据库提供了30m分辨率的DEM数据；2011年北京城市规划设计研究院提供的总体规划数据来辨识和矫正近期土地类型变化情况；北京市国土资源局昌平分局2009年修订的《昌平区土地利用总体规划（2006—2020年）》数据；以及昌平区、镇、街道数据。

2）2014年昌平区8～10月份NDVI植被盖度反演数据；

3）《昌平区年鉴（2007—2013年）》中的自然调查中的生态内容；

4）大数据：2013年新浪微博签到POI数据、2014年Flicker照片空间分布POI数据（BCL提供）；

5）河流和湖泊边界DLG图；

6）风景名胜区边界图、森林公园边界图、自然保护区边界图；

7）分析栅格：城市不可渗透表面栅格，水域栅格，公路、铁路网栅格，植被盖度栅格；

8）绿地要素：包括生态湿地、自然化滞流设施、自然化景观、透水人行道、雨水花园、昌平区绿地系统规划、防护林带、城市广场；

9）林业和农业用地：基本农田保护区、一般农地区、农村居民点数据、林业用地；

10）昌平区城市开放空间：城市公园、社区小游园、观光农业园、校园、特殊用地。

（4）基于 GIS 的北郊森林公园选址空间数据分析

1）基于 GIS 的北郊森林公园选址空间数据分析的目的

北郊森林公园选址空间数据分析目的是将自然要素在空间中挖掘出一种面向特定区域的空间关系，是在现状大量空间数据（土地性质，空间位置、区划、属性）和环境数据（气象、水温、物种多样性）的基础上，利用特定的景观生态学构型方式（斑块—廊道—基质）及相关模型进行的计算。其中海量的空间数据为基于测绘、遥感的矢量数据和栅格数据，以及在空间中呈离散分布趋势的动植物多样性调查结果。利用 GIS 建立北郊森林公园空间数据库，将这些图像信息和数字信息进行编辑储存，按照一定逻辑排列建立数据模型。北郊森林公园数据模型采用层次模型，用树形结构表达目标实体间的关系。利用 GIS 的脚本编辑功能编写算法，将整理好的数据导入脚本进行计算，最后完成空间可视化和制图。

2）基于 GIS 进行北郊森林公园选址的特点

利用 GIS 进行北郊森林公园选址的主要特点是能够将海量的空间信息数据加以整理、利用自编脚本对数据按照模型进行计算，生成的结果可信度高，具有较强的指导意义。通过模型计算可以发现凭经验难以发现的特殊的空间关联。GIS 能够将一个地区代表不同要素类型的图层信息综合起来，便于对北郊森林公园选址合理性进行分析。进行分析前可以事先确定多种分析目的，如以确定优先保护区域为目的；以确定最佳控制点为目的；以分析环境损害为目的；以评价发展方式为目的。此外，GIS 还可以用于评估现状中潜在的可作为北郊森林公园选址组成部分的要素，极大增强了处理复杂数据和复杂模型的能力。

（5）北郊森林公园选址空间数据分析模型构建方法

1）空间数据分析模型构建背景综述

北郊森林公园实施的目的是为了改善当地的土地和水体现状，为动植物的迁移提供廊道，增强区域环境对气候变化的适应性。通过建立选址模型对昌平区内适合建设北郊森林公园的用地进行了分析和提取，将区域内的自然资源和人文资源重组，利用 GIS 处理数据，对北郊森林公园的潜在选址区域进行建模和制图，为进一步划定公园边界提供决策依据，为北郊森林公园规划提供可视化成果，拓展选址范围，补充区域生态绿地的网络结构，使得该项工作的研究区域包括整个昌平区。

2）空间数据分析模型构建方法

"核心区域—外围中心区域—廊道"是应用比较广泛的对于区域大型绿地斑块空间关联的表述。核心区域里有最为完好的自然生态系统，能够为当地动植物提供良好的栖息环境。相比之下，中心区域外围的自然生态系统能够为核心区域提供保护屏障，并能够承载一定的人类活动。廊道是一种线形的元素，是用以连接核心区域和外围中心区域的集合，为在各斑块生活的各种生物在地表水平移动提供迁徙通道。

北郊森林公园选址遵循保护促进生物种群基因交换和延续的原则。对于原有动植物栖息地和自然生态条件较好的区域加以保护，对于原先未受重视和保护的区域中的自然群落重新进行保护。保护要实现以下的目标：

·创造更大的保护区域，基于资源属性对用地进行划分，连接破碎状用地；

·实现群落在大尺度上的相互嵌套，将核心区域和外围区域中的森林、草原、湿地和水域包括进来，建立混合型的栖息地群落模式；

·对于重要的自然保护区域，如自然遗产、风景名胜区、重要的野生动物栖息地，无论区域的大小和尺度，都要纳入保护范围；

·保护还存在部分自然群落的区域，作为核心区的缓冲区；

·保护具有自然生态扩张动力的区域。

北郊森林公园选址空间数据模型分为区域和场地两个尺度，两种尺度模型的目标并不相同。首先是在基于宏观的区域尺度上，北郊森林公园是服务于所有生物的生态网络关键节点，为濒危植物和动物提供栖息地，为野生动物移动提供迁移廊道，并缓冲人类建设活动带来的干扰。通过保护林业用地、农业用地以及湿地，为城市提供可持续发展的环境保障，并为城镇居民休闲活动提供载体。对生态敏感地区的可以提取连系市民与自然区域的通道，促使机动交通远离濒危植物和动物的栖息地。在场地尺度上，通过选址模型划定的区域范围，以北郊森林公园的建设目标为基础，建立生态恢复模型，控制生态恢复过程，为进一步规划设计提供景观可视化表现，引导规划设计的顺利进行。

4 北郊森林公园选址用地空间数据分析

（1）北郊森林公园选址分析

1）区域概况

·地质地貌：昌平山区处于燕山台裙带，军都山隆起，八达岭复背斜南翼，岩性构造复杂。西部分布广泛的上元古界和奥陶纪石灰岩、中生界砂岩。

北部主要是元古界片麻岩，元古界和下寒武纪石英岩和桂质灰岩，同时有大量的花岗岩侵入。地下水主要存在于岩石的裂隙和构造破碎带中。昌平平原地区属于第四纪松散冲洪积层，分为4个水文地质区，分别是：山前南口洪积扇地区；大宫门古河道；多层结构砂卵石岩少数砂层承压水区；地下水贫乏区。

·气候环境：昌平区气候是典型的大陆性季风气候区域，春季由于降雨较少，会产生扬沙；夏季由于雨水增多，气候炎热湿润；秋季地表热量散失较快，白天和晚上有温度差异；冬季比较干燥寒冷，降水较少。

·水文环境：昌平区受到大陆性季风气候影响，降水有以下特征：年际变化大，年降水量最高值在中华人民共和国成立以来达到过1251mm，最小值仅为272mm（1993年昌平雨量站）。年平均降水量为574mm（1956～2000年）。降水主要集中在夏季（6～8月），占全年雨量的84.4%，冬季少雨。降水在空间分布上也不平均，在夏季由于东南海洋温湿气团上升，常造成东北部山区降雨量相对较大。

·土壤环境：昌平受地质和地形影响，土壤比较多样，从东到西地势逐渐抬高，平原地区以黄褐土、黑褐土为主，可以作为农作物种植区，山前是洪积冲击土壤，为潮土类地区。山区在山坡比较陡峭的地方以花岗岩风化物为主，土壤含砾较多。崔村、兴寿等地区，以石灰岩为主，土壤有碳酸盐褐土、淋溶褐土。

2）昌平区土地利用规划情况

昌平区主要开放空间分为山区开放空间和平原区开放空间。山区开放空间大多划定为自然保护区、国家森林公园和风景名胜区，如银山塔林风景名胜区、蟒山国家森林公园。平原区开放空间由城市公园、郊野公园、河流湿地、水库、历史遗址、文化展览空间、农田构成，城市公园主要分布在昌平主城区和新城（表3-1）。

昌平区公园类型和名称　　　　　　　　表3-1

风景名胜区	城市公园	郊野公园	森林公园
白虎涧风景名胜区	百善公园	半塔郊野公园	白虎涧森林公园
白洋沟风景名胜区	昌平公园	东小口森林公园	大杨山国家森林公园
大杨山风景名胜区	回龙园公园	太平郊野公园	精之湖森林公园
桃峪口风景名胜区	虎山公园 南口公园 赛场公园 永安公园		蟒山国家森林公园

总体来看，昌平区平原地区公共开放空间种类丰富，空间形式多样，既有生态环境特色明显的以自然风景为主体的开放空间，也有以文化特色科教娱乐为主体的开放空间。2009年修订的昌平区土地利用规划总体规划（2006—2020年）将昌平土地利用规划的主导方向定位为建设中关村国家自主创新示范区研发服务和高新技术产业聚集区，坚持最为严格的耕地保护制度和集约用地制度。

3）昌平区城市空间结构

昌平区在"十二五"规划期间提出产业空间布局为"两轴两带，三城多点"。两轴：以立汤路沿线为东轴，发展研发服务和旅游会展产业；以京藏高速路沿线为西轴，发展高新技术产业、科技商务业。两带：一是在南部七北路沿线，靠近海淀区科研教育核心空间，打造高新技术产业带；二是在北部百里山前沿线，利用良好的景观资源和文化遗产资源，打造文化产业带。三城：是指沙河大学城、未来科技城和昌平新城。以沙河大学城的高校科技教育资源为中心，通过人才优势吸引和集聚高新产业，建设高科技企业科研成果转化基地。多点：是指沿"两轴两带"空间结构分布的相关产业园区，以高科技产业集聚为主，环境影响小，涵盖科技研发、文化传播、精密机械制造等领域。这种空间布局方式是基于昌平区现有的经济空间结构所做出的规划，通过两轴两带支撑起昌平区域经济的格局，作为北京市未来产业发展的重点方向，昌平区空间的井字形产业空间结构会继续强化发展，而面对井字结构中心尚未完全被完全分隔的绿色斑块，应考虑如何合理保护，为两轴两带建设提供有力的生态环境支撑，避免两轴两带板结为一体，避免全区被高密度建设形态所覆盖。这些绿色斑块成为控制城市增长边界的重要屏障。

4）昌平区新城与村镇发展现状

昌平新城在总体规划中的定位是具有高科技研发、生产、教育能力，能提供旅游服务等功能的高科技产业新城。昌平新城由三部分组成：一是北部的昌平中心组团，是在原昌平老城区的基础上向东扩张而来；二是南部的沙河组团，是依托沙河高教园区为基础兴建的科技新城，具备一定的高科技研发能力；三是未来科技城，作为人才创新创业基地。

与新城建设相对应的昌平地区村镇环境近年来也有很大的发展，2010年末，昌平现辖2个街道办事处、15个镇（地区办事处）和1个以企代镇行政单位企公司，共302个村委会（不包括马池口村一北企公司）。近10年来，昌平各镇的村庄数量变化并不明显。

近年来随着房价的暴涨，昌平区各镇的农村建设用地都在快速增长，直接导致2012年全区农村建设用地增加了32.34%。这种无序的建设没有统一的规划，完全属于自发行为，对平原地区林地、农地的侵占非常严重，对传统的特色乡村形态的破坏也很大。这种现象体现当前复杂的城乡土地矛盾，显示出昌平区在新城建设用地快速扩张，农村集体建设用地增长与耕地保护、生态建设方面的突出问题。必须通过区域性的限制手段阻止这种任意扩大农村建设用地的行为。

（2）昌平区植被覆盖度分析

北郊森林公园选址范围的确定需要通过近期的卫星遥感影像，获得选址区域内最新的植被覆盖情况。将植被覆盖情况良好的地区作为选址的备选区域，利用LandsatS卫星的OLI传感器获得的不同波段数据进行计算，可以

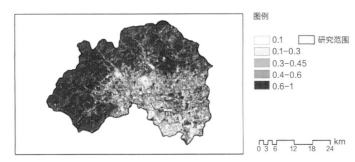

图例
- 0.1
- 0.1-0.3
- 0.3-0.45
- 0.4-0.6
- 0.6-1
- ☐ 研究范围

km
0 3 6　12　18　24

图 3-2 2014 年 9 月 3 日研究范围植被覆盖度分布

获取区域的植被覆盖度值（FC），植被覆盖度是指植被的地表部分垂直投影到地面的面积与植被所占面积的比值，植被覆盖度能够体现出区域植被生长的情况，植被覆盖度越高，代表植被茂盛、长势好。基于 Landsat 卫星数据进行植被覆盖度的反演，这种方法最大的优点是能够及时获取数据，计算机能够承担需要人工进行的植被覆盖度估测工作，能够在更大的区域内快速获取过去人工目视估测和实地采样的数据。反演的过程是通过 Landsat 卫星传感器 4 波段（红外波段）和 5 波段（近红外波段）数据进行 NDVI 指数计算。NDVI 指数全名为"归一化植被指数"，是反映植被光合作用和蒸腾作用的重要参数，植物对于可见光波段中的红光波段具有吸收作用，对于可见光波段的近红外波段有很强的反射作用，通过对两个波段数据的差值计算比率可以反映出植被光合作用和蒸腾作用。NDVI 指数的灵敏性较好，几乎不受到辐射定标、云量、大气等因素的影响，准确度较高，可以快速获取北郊森林公园选址区域内植被覆盖状况较好的地区（图 3-2）。

（3）昌平区人类活动的空间聚集强度分析

1）利用新浪微博签到 POI 数据研究北郊森林公园选址的原因

新浪微博签到 POI 数据大数据模型可以在极小数据粒度的情况下获得人类活动空间聚集的完整情况，即不用通过对研究对象进行抽样便可以提取样本进行复杂的统计分析，用图示方法表达出数据在空间上的分布状况即能反映出研究对象的特点。新浪微博签到 POI 数据的数据量大，需要利用 ArcGISIO.2 软件进行大数据处理，结合北京市市域范围的 DEM 得到 2013 年新浪微博签到 POI 数据在北京的点云分布。通过点云的分布可以直接观察出，北京市微博签到 POI 数据分布呈分散集团式，且在五环内形成了 POI 数据的最大集聚点云。这种分布的特点与北京城市总体规划的布局是一致的，其中第二道绿化隔离带发挥了有效的隔离作用，明显限制了城市建设用地连接成片导致的人类活动聚集。

2）利用 kernel Density 核密度法分析 POI 点密度

kernel Density 核密度分析法是一种计算空间中点密度的计算方法，是除了上面提到的泰森多边形以外的另外一种空间点密度的分析方法。核密度计算法可以描述出空间点在不同位置发生聚集的程度差异，并能够将

这种差异在空间上的连续性变化体现出来。能够反映核密度分布的特征，根据新浪微博签到 POI 数据点的密集程度选择较小的力值，得到比较丰富的密度变化信息。

（4）昌平区人类活动的空间聚集强度特征

昌平区人类活动聚集强度的空间特征（图 3-3）能够反映出昌平区内人类活动的空间分布情况，对于北郊森林公园选址的影响有两个方面：

第一是通过点云图确定区域人类活动边界划定选址用地边界，昌平区人类的活动范围不能仅仅通过居住区的分布情况进行判断，需要通过更多的空间数据反映出实际的情况推导出北郊森林公园的选址边界。通过点云分布可以看出，昌平人类活动的范围主要集中在昌平北部的主城区组团、沙河组团、南部的回龙观组团、东南部的天通苑组团和东部的小汤山组团。回龙观组团和天通苑组团以北，居民的聚集量明显减少，周边的一些零星聚集集中在主要旅游区和风景区周边。依据北郊森林公园概念性规划的区位，选址用地的边界应该是沿着昌平北部的老城区组团东侧、回龙观组团的北侧、天通苑组团和小汤山组团的西侧平原地区。

第二是根据昌平区新浪微博签到 POI 坐标 Kernel Density 核密度分析的结果发现，真实情况下的人类活动所表现出来的空间聚集具有一定的方向性。昌平区人类活动的聚集一方面指向北部昌平老城区、昌平新城，另一方面指向南部的回龙观组团和天通苑组团。由于昌平区内人类活动空间聚集有两个不同的方向，因此在两个人类活动空间集聚区之间形成了一个人类活动聚集强度偏低的区域。

1）昌平区人类活动的空间聚集强度与昌平区土地利用总体规划的关系

根据昌平区的 kernel Density 核密度分析的结果，结合昌平区土地利

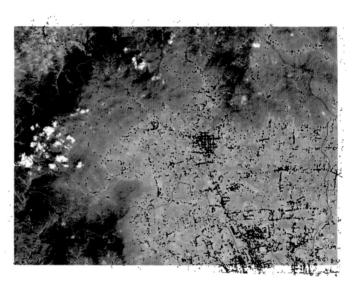

图 3-3 2013 年研究范围新浪微博签到 POI 数据坐标空间分布

用总体规划,可以判读出人类活动聚集强度较大的区域在平原地区,由北到南包括昌平城北街道和城南街道、沙河镇、回龙观镇、东小口镇和北七家镇。这些行政区土地利用的特点是建设用地(红色)面积远远超过其他用地面积,基本农田(黄色)和其他农地(黄色)非常少,形成连片的城市带,不宜作为北郊森林公园的选址。

人类活动聚集强度过渡区域由西到东包括阳坊镇、马池口镇、南邵镇、崔村镇、百善镇、小汤山镇这些平原乡镇。这些行政区土地利用的特点是平原建设用地(红色)和基本农田(黄色)和一般农地(黄色)的比例基本相同,可以作为北郊森林公园选址的目标区域。

建设用地(红色)和基本农田(黄色)、一般农田(黄色)只占用地的小部分,大部分是山区的生态环境安全控制区(深绿色)、风景旅游用地区(蓝色)、自然与文化遗产保护区(绿色)、林业用地区(浅绿色)。在北郊森林公园选址中这一区域是整个公园系统的生态保护区域,作为生态保护用地划入选址范围。其受到建设用地的影响较大,因为建设用地是人类活动最主要的载体,相比其他用地对人类活动有更高的承载力。说明土地利用规划有效地控制了人类活动的范围,为昌平未来的发展预留了空间,这些空间是北郊森林公园选址的基础。

2)昌平区人类活动的空间聚集强度与昌平区植被覆盖度分布的关系

通过前面章节对昌平区植被覆盖度的分析,可以观察到由北向南从军都山南麓到沙河一温榆河流域大约10km长、7km宽的区域植被覆盖度与北部山区植被覆盖度基本一致,说明这一地区比较适合植被生长。将新浪微博签到POI数据点云叠加到植被覆盖图上可以观察到,在这一地区植被空间对于人类活动的空间聚集有明显的分散作用(图3-4)。植被覆盖度好的地区,人类活动所产生的密集点云非常少,点云只在植被覆盖度较好地区的边缘出现,说明北郊森林公园的选址和建设会影响到区域人类活动的空间聚集情况(图3-5)。通过叠加昌平区的新浪微博签到POI坐标kernel Density核密度分析图可以发现,这一区域在北部昌平主城区、昌平新城,南部的回龙观组团和天通苑组团两个人类活动的空间集聚区之间,形成了一个广阔的中间地带,这个中间地带位于昌平城市发展新技术产业发展轴和旅游会展产业发展轴以及南北城市发展带的井字形空间中,不在昌平城市发展的主要方向上,这个中间地带受到人类活动影响强度较小,植被斑块较完整,生态环境好,与城市建设区的景观差别很大。这个区域较适合建设大型的公共开放空间和绿色保护空间,可以作为北郊森林公园的选址用地。

该中间地带可以分为三个部分。第一部分是军都山南麓地区到京密引水渠的区域,这一区域景观特色以山地缓坡和农田为主。

第二部分是从京密引水渠到北六环的区域,以农田为主,有大量历史遗迹,包括中国航空博物馆露天展区、明清汤山温泉行宫遗址。

第三部分是从北六环到沙河水库区域,以河流型湿地景观为主,有部分农田。这个中间地带的土地用途比较混杂,一部分区域处于目前城市建设

图3-4 2013年研究范围新浪微博签到POI数据核密度分析与植被度盖度图叠加

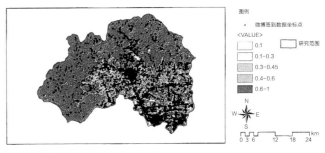

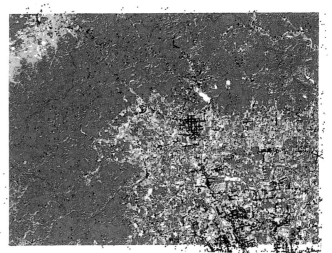

图3-5 2013年研究范围新浪微博签到POI数据点云与植被度盖度图叠加

中的城乡接合部地带,建设用地较多;另一部分在平原中部区域,农用土地比较多。此处用地涉及多个建制镇和行政村、自然村,另外还有中央单位、军队、市、区各单位用地。进行下一步选址用地划定时,这个中间地带就是下一步选址用地划定的主要范围。

（5）北郊森林公园范围边界和选址实施用地的划定

北郊森林公园范围以昌平东北部山区与山前平原地区为主。需要根据土地的行政边界和具有一定地理特征的边界（如山脊线、河道、道路）划定出初步的选址用地范围，为进一步提取用地打下基础。

在《北京市绿地系统规划（2004—2020年）》中，北郊森林公园主要包括昌平区东北部山区以及平原区温榆河以北、新城以东区域，大部分用地为非建设用地，并将十三陵特区纳入到公园区域范围。研究以绿地系统规划确定的北郊森林公园边界为基础，以昌平区的北部行政边界为基准，向西以南口古道（现京藏高速）为界；向东囊括十三陵风景名胜区，边界一直向东延伸到军都山南麓；向南经过九里山，以沙河水库和温榆河北岸为南部边界；以小汤山组团西侧为北郊森林公园平原地区选址的东部边界。另外在昌平东部的香屯村、东营村、东官庄和西官庄村由于存在大片的非建设用地，也被划入规划范围。平原区边界的划定原则是避开昌平区西部城区和东部城区的集中建设用地，划界线要沿着主要道路中心线。根据以上原则，大致划定了北郊森林公园的范围边界（蓝线）（图3-6）。

北郊森林公园范围占地面积约543km²，村镇建设用地约2923hm²，占总用地5.4%；公共设施用地约577.43hm²，占总用地1.06%；另外，部队及国有单位占地约544.42hm²，占总用地1.01%。涉及10个镇。108个行政村。其中山区镇有3个，分别是：长陵镇、十三陵镇、南口镇，以山区林地为主；半山区镇2个，分别是兴寿镇、崔村镇，以潜山经济林及农田林网为主。平原镇有5个，分别是：百善镇、沙河镇、小汤山镇、北七家镇、南邵镇，主要以农业用地为主。山区和平原区构成北郊森林公园范围内完整的生态系统，生态保护地、风景名胜区、森林公园构成北郊森林公园重要生态景观风貌。范围内的生态保护地面积较大，山地森林生态系统良好，风景名胜、历史遗址众多。其中生态保护地多分布在高程100～300m的潜山区丘陵地区，面积为201km²，占山区面积的50%以上，此区域水土流失敏感度较高。风景名胜区包括十三陵特区（管辖十三陵景区、银山塔林景区、居庸关长城景区）；大杨山风景名胜区（大杨山国家森林公园），面积为568.8km²。另外选用地范围内有蟒山国家森林公园、大杨山森林公园、静之湖森林公园、沟崖森林旅游区，面积为89km²。但按照有关规划，这些区域基本为禁建区，因此不作为北郊森林公园选址实施用地的范围，只需要纳入北郊森林公园的总体范围即可。

北郊森林公园选址实施用地主要是在平原区，根据以上章节的分析，可以排除十三陵特区用地。确定平原区的选址实施用地主要集中在前一章节重点讨论的从军都山南麓到沙河水库北岸的中间地带。包括第二道绿化隔离地区河湖湿地、河道绿化带、公路绿化带等隔离性绿地，面积达到63km²。另外有农田66.35km²，其中基本农田54.72km²，占农田面积

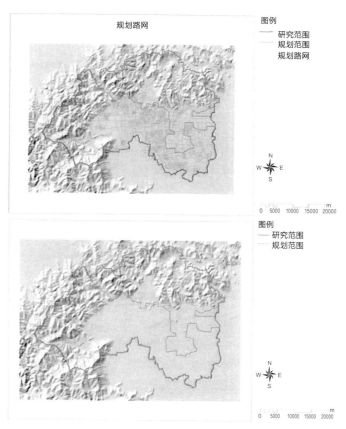

图3-6 按照行政边界和地理边界初步划定范围边界

82.5%。由于这一地区用地情况比较复杂，区域内基本农田、林地以及各类建设用地混杂，超出了一般公园规划所能控制的空间尺度和用地规模，因此规划成郊野公园群的形态。

（6）北郊森林公园选址实施用地视觉空间分析

1）视域格局分析

昌平区视觉景观可以分为山区—半山区林地景观区、平原农业景观区、河滩湿地景观区。昌平域视觉景观感知的整体情况受到昌平区自然地貌的影响，昌平区西北部和北部是燕山山脉，地形起伏较大。东南部地区地势平缓，分布着城乡建设用地、农田、果园，沙河从西向东接入温榆河流域，河网密集，形成了独特的景观格局，如何体现出昌平区独特的视觉景观空间分布需要对空间数据进行分析。

通过对昌平山区主要制高点进行视域分析叠加（图3-7），获得昌平区视觉敏感地区的空间分布，通过对叠加分析结果进行分析，对区域视域进行分级，5级为最敏感区域，4级为较敏感区域，3级为中敏感区域，2级为较不敏感区域，1级为最不敏感区。河滩湿地景观区主要分布在视域4级和5级区域，农业景观区主要分布在视域3级和4级区域，山区—半山

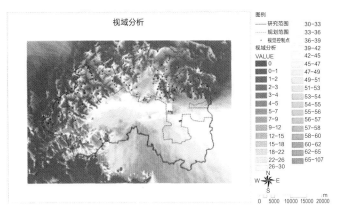

图 3-7 研究范围主要制高点视域分析叠加

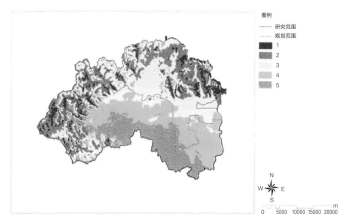

图 3-8 区域视域分级图

区景观主要分布在视域1级和2级区域（图3-8）。北郊森林公园选址实施用地视觉敏感区在平原地区，要控制该区域城镇建设的整体风貌，形成整体协调的平原地区景观风貌，在重点地区控制建筑高度，保证实现视线廊道通畅。

昌平区中部和东南部为平原地区，根据区域视域分析结果判断，东南部地区视域覆盖优于中部平原地区。东南部地区视域范围用地主要由湿地和农田构成，沙河水库库区内水面宽阔，两岸杨柳依依，形成了大片的河滩湿地。通过对水环境的治理，改善河岸线和大型水体形态，能够提高滨水空间的景观视觉效果。

中部平原地区以农业景观为主，生产上以粮食种植和水果种植为主，在中部平原地区要通过改善农田景观形成统一的景观基调。在这一地区还包括大型公园建设，如昌平区东小口镇半塔郊野公园、东小口森林公园等也对区域视景景观产生影响。另外中部地区主要从十三陵镇、崔村镇、兴寿镇由西往东形成了苹果和草莓种植带，形成特色农业景观区。应进行适当的季相设计，形成具有时序性的农业景观。

2）利用 Flicker POI 数据做景观的吸引度评价

由 Flicker.com 提供的 Flicker 手机终端 app 记录的昌平地区拍照坐标数据显示，在十三陵风景名胜区、八达岭长城风景名胜区点云密度较高。比较密集的点云区域集中在山区–半山区，以十三陵风景名胜区和八达岭长城风景名胜区最为密集，说明植被景观和人文景观较好的山区–半山区对居民和游人的吸引度最大。在昌平东部崔村镇、兴寿镇、小汤山镇一带的点云密度比较低，主要是由于这几个村镇的基本农田比例较高，农业生产用地较多，说明该区域的农业种植产业没有形成视觉吸引力（图3-9）。

北郊森林公园地跨昌平山区、山前平原地区以及城乡结合地带，景观视觉要素变化丰富，能够改善附近昌平组团、沙河组团以及东扩组团的景观视觉条件，整体提升区域整体的景观视觉效果。通过 Flicker photo POI 的空

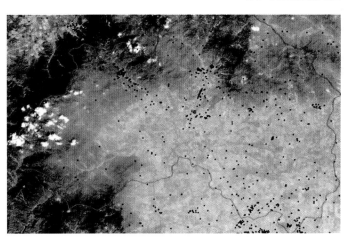

图 3-9 2014 年 Flicker 研究范围拍照点 POI 数据空间分布

间分布可以知道，昌平区内游人拍照最多的区域是居庸关长城景区和十三陵景区，说明景区的设置能够提高区域的视觉吸引度。北郊森林公园建设能够形成视觉感良好的景区，提高昌平区景观视觉的吸引度。昌平自然景观整体视觉良好，大片的平原地区由太行山脉环抱，在华北平原的最北端形成北京湾区景观。在平原农业区域需要提升区域整体景观的统一性，通过林带建

设形成大片的森林；另外在靠近北京主城区的地区改善城市扩张与乡村风貌之间的冲突。

（7）区域生态空间分析

1）区域生物栖息地空间分析模型构建

·坐标系和数据精度

北郊森林公园使用的地理信息数据采用西安80大地坐标系，椭球参数是采用IUG1975年大会推荐的参数。高程基准面为"1956年黄海高程系统"。数据单位为"m"，栅格尺寸为30m每像素。

·重要的动植物保护栖息地数据库的建立

重要的动植物保护栖息地数据的收集区域包括昌平区下辖的19个乡镇，区域内植物栖息地类型涵盖多森林、农田、草场、湿地、水域以及未知区域。对动物栖息地的选择是利用北京市现有陆生和湿生动物的生活习性和分类，依据土地利用类型确定区域内重要的动植物栖息地。将动植物栖息地数据导入GIS系统数据库，建立相应的树状图层结构。

·成本距离模型

北郊森林公园选址模型的核心是阻力面栅格的建立。是由辨识的动植物栖息地数据以及物种特点，设定能反映特定物种在栖息地周围空间进行水平移动时，外界因素对其移动的难易程度在空间上分布的栅格数据。这种难易程度表现了物种空间运动的难易趋势。利用阻力面栅格可以建立物种陆地水平移动模型，模拟出生物移动中受外部环境影响的趋势和过程。生物移动的起始点由计算机按照物种的栖息地区域随机生成，利用陆地水平移动的物理学原理在起始点之间模拟生物水平移动，生成生物从一处栖息地向另一处栖息地移动所产生的最小阻力值路径。

与成本距离模型（cost-distance）相比，北郊森林公园选址模型更强调模拟生物水平移动的现实动态状况，成本距离模型产生阻力面的目的是为了导入最小累积阻力模型进行计算。该模型有三方面的因素，即阻力面、源、距离。阻力面的性质与以上模型的性质相同，源就是动植物栖息地，距离就是物种从某一源j到空间中某一点所穿越的某阻力面i的空间距离。阻力值的大小只有数量级的相对意义（表3-2、表3-3）。

森林栖息地物种移动阻力值表　　　　表3-2

土地覆盖类型	阻力值	注释
未开发用地	0	非常适合移动
森林	1	非常适合移动
公共用地	10	适合移动
农业用地	100	适合移动
河流沿岸	200	较适合移动
灌木丛	2000	较适合移动
湿地	5000	较不适合移动

土地覆盖类型	阻力值	注释
城市废弃地	10000	较不适合移动
特殊用地	20000	较不适合移动
城市公路	100000	不适合移动
城市建设用地	100000	不适合移动
高速公路	无数据	无法通过区域
水域	无数据	无法通过区域

湿地栖息地物种移动阻力值表　　　　表3-3

土地覆盖类型	阻力值	注释
未开发用地	0	非常适合移动
所有类型湿地	1	非常适合移动
河岸沿岸	10	适合移动
公共空间	100	较不适合移动
水域	200	较不适合移动
森林	2000	较不适合移动
灌木丛	5000	较不适合移动
农业用地	10000	较不适合移动
特殊用地	20000	不适合移动
城市	100000	不适合移动
城市建设用地	100000	不适合移动
高速公路	无数据	无法通过区域

斑块连接分析是在栖息地斑块状的核心区域随机产生起始源，然后通过设定好的模型模拟从这些位置出发的野生动物水平运动，并进行分析。GIS建立斑块连接分析是在相关生态模型指导下模拟生物在起源间的移动，将数据加以整合，导入GIS系统中。通过输入栖息地面域栅格、阻力面栅格，最后输出反应物种潜在运动的栅格数据。该分析能够在大的空间尺度上区分出区域对于动植物陆地水平移动的差异，根据阻力面反映的物种在空间中移动的难易程度，生成动植物在栖息地间移动的最小成本路径，并最终会将所有最小成本路径在图示中反映出来。生态廊道包括生物廊道、水系廊道、隔离廊道，它应促进生态要素的流动。

生态廊道需要满足各板块内生物种群进行迁移以及基因交换的活动，在生物进行迁移时提供带状的保护带；水系廊道要保护自然形成的溪流、河道以及岸线周边的区域；隔离廊道是防止对区域生态环境产生不利影响因素的扩散形成的带状防护性廊道，如高压走廊防护绿带、道路防护绿带等。

北郊森林公园用地生物栖息地空间是由大面积农田、林地、果园、乡村居民点形成的混合景观斑块，在公路、乡镇道路、铁路沿线绿化带、城市郊区绿化带、河道、高压走廊等线性绿化空间的连接之下形成的生态网络结构（图3-10）。

图 3-10 选址范围生态空间分布

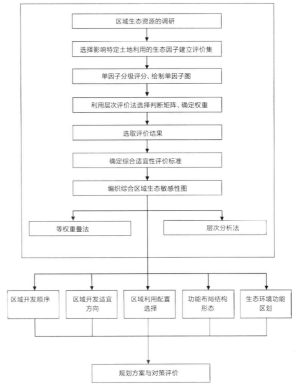

图 3-11 区域生态敏感性评价流程图

2）区域生态敏感性分析模型构建

·基于 GIS 的区域生态敏感性评价流程（图 3-11）

·建立北郊森林公园选址的生态敏感因子评价集

①实地调研：北郊森林公园选址的生态敏感性因子选择要从昌平本地区的实际情况出发，根据昌平的地貌、水文、气候、植被资源等特点科学选择评价因子。在实地调研过程中还发现农田也是昌平地区生态环境的重要组成部分，可将它作为自然因素之外的由人工形成的生态要素纳入评价因子集。

②资料收集：有关生态因子的空间分布数据主要参考了《北京城市总体规划》说明书中，北京市域地质承载力分布图和平原地下水开采分布图，这两个指标对区域生态环境的影响较大。坡度、地表径流等评价因子是通过 ArcGIS 分析北京 30m 精度 DEM 获得。河流缓冲区、农田分布通过北京市城市规划院提供的测绘资料导入 ArcGIS 中进行处理后获得。植被分布通过对该地区的植被盖度分析获得。

③专家选择：生态因子的选择过程中，通过专家讨论除掉了一些与生态敏感性无联系的因子，保留的因子都具有明显影响区域生态系统的作用。在北郊森林公园规划中，我们选择了7个因子作为生态适宜性评价的代表因子。

·单因子分级评价、绘制单因子图

在基础因子确定后，利用前期资料收集对因子的空间分布的数据进行处理，处理过程中要将所有数据的空间分布统一在一个坐标系下，这里选取了 WGS84 坐标系。根据各因子对于生态敏感性的影响程度大小划定等级，将等级划分为影响程度最大、一般影响、有影响、较不影响、不影响五个等级。对应的空间区域赋予分值。影响程度最大的区域赋值为5分，一般影响区域赋值为4分，有影响区域赋值为3分，较不影响区域赋值为2分，不

影响区域赋值为1分。赋值过程在 ArcGIS 平台上完成，为进一步设定因子权重打下基础（表3-4）。

单因子评价指标分类表　　　　　　　表 3-4

编号	基础因子	等级1	等级2	等级3	等级4	等级5
1	坡度（°）	0~5	5~10	10~20	20~25	>25
2	河流缓冲区（m）	>213	100~213	80~100	30~80	<30
3	地表径流	支流		干流		汇水区
4	平原地下水开采	未超采		超采		严重超采
5	地质承载类型	山区地质适宜区	平原地质适宜区	平原地质较适宜区	平原地质较不适宜区	平原地质不适宜区
6	植被	无植被区			100000	有植被区域
7	农田	非农田区域			无数据	基本农田

①坡度：昌平区属于平原与山地交接的地带，坡度是重要的生态影响因素，是决定水土流失区域的重要因素，一般坡度较大的区域水土流失量较大，另外，坡度也影响到植被的分布，坡度较大的区域植被较为稀疏。

②河流缓冲区：河流缓冲区能够保护河流周边地区的生态环境，并串联

起一系列小的自然斑块,连接几个大型自然斑块的风景形态和生态结构。

③地表径流:地表径流反映了昌平作为山地和平原交界地带的水文特征,昌平地区西北高、东南低,主要汇水方向位于东南方向,地表径流是影响区域生态的重要因子,也是容易被污染破坏的环境因子,通过合理开发和利用地表水,增加岸边植被多样性,从而为水生生物提供栖息地。

④平原地下水开采区:昌平区地下水位不断下降,以兴寿乡秦城村北泉例,1980 年每秒出水 0.602m³,1990 年每秒出水不足 0.023m³。地下水超采区域是生态敏感度较高的区域。

⑤地质承载力类型:在区域与选址中要考虑地质承载力类型,区域对地质承载力要求较低,可以有效改善地质承载力较差区域的风景质量,高效利用土地。

⑥植被:昌平区域植被分布情况在前面章节已有详细的讨论,平原地区的植被对于区域生态的改善具有关键作用,植被的覆盖情况也能反映出区域动物栖息地的状况。

⑦农田:昌平区基本农田连片面积大,对区域生态系统影响大,基本农田是生态敏感因素。

3)评价方法

·等权重叠加法:将各单因子图在 ArcGIS 中进行叠加,通过栅格计算工具计算出每一栅格的生态敏感度叠加值。由于没有给各因子赋予权重,生态敏感度地区比较破碎、分散,结果倾向于河流缓冲区的空间分布。

·AHP 层次分析法计算过程解析

①为建立标度矩阵,尽量将各因子之间的相互关联弄清,便于比较分析;

②构造矩阵,通过明确各因子在系统中的地位,比较各因子相互之间的重要程度;

③计算矩阵行积;

④一致性检验。

·基于 AHP 层次分析法的北郊森林公园敏感度分析

采用层次评价法确定各因子权重,对各因子加权评分,评价结果图形网格化后叠加。根据确定的权重系数,在地理信息系统中进行空间评价叠加计算。对于土地生态适宜性评价,通过对 7 类生态因子确定权重,利用 ArcGIS 软件进行栅格叠加计算,可以获得区域生态敏感度值(B值)的空间分布情况,生态敏感度值的变化区间是 0.9645 ~ 4.3312,通过对生态敏感度值的分析,从而获取敏感程度不同的用地。从生态敏感度值的空间分布中得到区域生态空间结构的形态,为进一步提取用地提供依据。

·绘制生态敏感度图及各专题图

根据研究方向与内容,生成北郊森林公园区域生态敏感度图。将各单因子图在 ArcGIS 中进行叠加,通过栅格计算工具计算出每一栅格通过 AHP 方法加权后的生态敏感度叠加值。

① 1.7141 <B< 4.3312 最敏感区:表示该地区自然生境最脆弱,易受

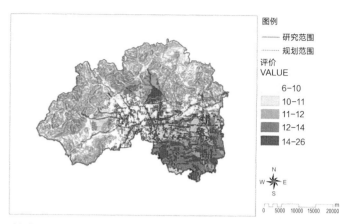

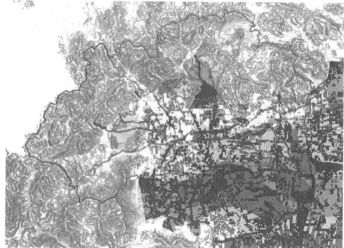

图 3-12 等权重叠加生态敏感度分析图

破坏;

② 1.5957 <B< 1.7141 敏感区:表示该地区自然生境脆弱,需要保护;

③ 1.5036 <B< 1.5957 较敏感区:表示该地区自然生境较脆弱,需要保护;

④ 1.3721<B< 1.5036 低敏感区:表示该地区自然生境较好,能承受一定程度人工干扰;

⑤ 0.9645 <B< 1.3721 不敏感区:表示该地区自然生境较好,能承受人工干扰。

·对评价结果的分析

该敏感度评价等级图(图 3-12)的特点是:

在受到城市发展影响的区域进行的生态敏感性评价的结果,与在自然环境中进行的生态敏感性评价结果有所不同,最明显的在于自然环境的形成是在一种比较有规律的自然气候、地貌、水文、生物环境的共同作用之下形成的,评价结果具有明显的规律性,可以通过时序性分析得出生态系统未来的发展趋势,但对于受到城市发展影响的区域进行的生态敏感性评价

结果会受到随机的人类活动影响，这种影响波动程度较大，规律比较难以把握，生成的图示会有独特的、非理想化的显示结果。

对于不敏感区和低敏感区的保护主要是对混交林进行保护，严禁人为的砍伐破坏，对枯木和病害树木要适当清理。较敏感区一般位于最敏感区的外围地带，植被覆盖条件相对较好，但群落稳定性较低，在这一地区仍然以自然生态保护为主要目标，重点加强植被群落的稳定性建设，尽可能地为动物提供安全的栖息环境。对其植被群落自然演替过程进行人工干预，引导形成稳定的针阔叶混交群落。

对于敏感区，由于自然生境脆弱，大部分处于受到破坏的山体以及部分平原区域，植被群落不稳定，受到人工干扰较大，对于这个区域主要是加强生态修复和重建，加强生态环境保护建设，恢复由于生产建设过程造成的山体破坏，以及改善平原地区土壤条件，对于人工干扰强烈的区域进行生态修复，对于土壤侵蚀严重、水土流失加剧的地区，通过换土，输送肥料，种植耐干旱和瘠薄的灌木植物，以及具有一定固氮能力的豆科植物，让其逐渐由灌木群落改良为森林群落。

对于最敏感地区，由于自然生境最为脆弱，且最易受到人为破坏，主要包括建设用地、农田，建设活动强度大，生态环境需要人工干预才能维持，这些区域是北郊森林公园的重点建设区域。首先应用多种人工造林手段，进行森林环境营造，提高植被覆盖率，在森林环境的基础上再进行公园建设，最大限度地发挥北郊森林公园群的生态优化功能，同时保护好高质量农田环境，改善农田耕作方式，应用生态农业模式进行农业生产。

5 北郊森林公园选址实施用地实际边界的提取

（1）现行土地使用制度对选址实施用地的影响

北郊森林公园的选址不可避免地要受到土地利用总体规划的影响，《中华人民共和国宪法》第十条规定"城市的土地属于国家所有。农村和城市郊区的土地，除由法律规定属于国家所有的以外，属于集体所有；宅基地和自留地、自留山，也属于集体所有。国家为了公共利益的需要，可以依照法律规定对土地实行征收或者征用并给予补偿。任何组织或者个人不得侵占、买卖或者以其他形式非法转让土地。土地的使用权可以依照法律的规定转让。一切使用土地的组织和个人必须合理地利用土地"。该法明确了我国的土地所有制为公有，另外我国的农地转用采取计划管理方式。

1999年颁布的《中华人民共和国土地管理法》以下简称《土地管理法》第三章规定：编制土地利用总体规划对土地转用实现总量控制，把村庄和集镇的土地转用纳入规划管理；实施《基本农田保护条例》，建立基本农田保护区，实行基本农田保护制度，严格控制耕地转为非耕地。《土地管理法》对于农用地的专用和土地征收管理非常严格，"对于征收基本农田超过35km²，基本农田以外的耕地超过70km²，需要报国务院批准"。

1998年颁布的《基本农田保护条例》第三章第十五条规定："基本农田保护区经依法划定后，任何单位和个人不得改变或者占用。国家能源、交通、水利、军事设施等重点建设项目选址确实无法避开基本农田保护区，需要占用基本农田，涉及农用地转用或者征收土地的，必须经国务院批准"。但在2004年10月21日发布的《国务院关于深化改革严格土地管理的决定》（简称28号文）中又规定："在符合规划的前提下，村庄、集镇、建制镇中的农民集体所有建设用地使用权可以依法流转"。

2006年8月31日颁布《国务院关于加强土地调控有关问题的通知》（简称"31号文"）中第六条又规定："禁止通过'以租代征'等方式使用农民集体所有农用地进行非农业建设，擅自扩大建设用地规模。农民集体所有建设用地使用权流转，必须符合规划并严格限定在依法取得的建设用地范围内"。2014年国土资源部下发《关于强化管控落实最严格耕地保护制度的通知》严格控制城市开发边界、明确要求严格划定和永久保护基本农田。任何单位及个人不得擅自占用或改变用途，严防集体土地流转"非农化"。

讨论复杂的中国土地使用制度并不是本论文主旨，但却是北郊森林公园选址所要面对的实际问题。北郊森林公园的选址必须符合国家现行的土地政策。根据2009年修订的《昌平区土地利用总体规划图（2009—2020年）》，北郊森林公园选址实施用地主要是农村的集体土地和部分国有土地，北部山区土地用途主要包括生态环境安全控制区、风景名胜区、自然与文化遗产保护区；平原区土地用途主要包括基本农田保护区、一般农地区、城镇建设用地、村镇建设用地区。

北京城市近郊地区土地利用的实际情况复杂，各类用地相互混杂，现行的基本农田保护政策管控严格，这对北郊森林公园的实际选址提出了更为严格的要求。北郊森林公园选址区域内基本农田连片存在，只可以利用平原地区非基本农田区域的用地进行北郊森林公园的边界划定。

（2）用地划定原则

在对北郊森林公园研究范围内生态敏感性分析的基础上，结合土地利用规划，同时考虑公园用地的完整性，在研究范围内建议选择8块用地用于森林公园的具体实施建设。北郊森林公园选址实施用地划定的关键在于：把排除基本农田的剩余区域与生态敏感分析的结果叠加，再结合实际情况将剩余区域与生态敏感度最高地区的重合部分划为选址实施用地。

1）宏观生态区域划定原则

·生态斑块的选择需要注意以下几个方面：首先要选择现状生态稳定性高、生境系统丰富、生物多样性丰富的区域，对整体城市生态系统稳定性有影响作用的，对人类干扰比较敏感的区域。大型生态斑块，能够起到一定的隔离作用，其他地域应该相对完整，有比较明确的边界。

·对于昌平区风貌优化有重大意义的区域，应该是具有重要社会价值、文化价值，能够为区域维持较好的视觉环境，促进人工城市环境和自然环境融合的区域。

2）微观规划区域划定原则

·位于高敏感度地区的村镇建设用地，规模相对较小、分布较为零散的，考虑通过用地整合、调整为选址实施用地。

·位于高敏感度地区的城市建设用地、特殊用地、独立建设用地、市政设施予以保留，不纳入选址实施用地范围，但需要控制建设强度。

·从公园空间完整性出发，将位于敏感区周边的个别小规模村镇和基本农田划入选址实施用地。根据地块条件，内部规划的基本农田用地可以保留或进行用地调整。

·现状具有一定积聚规模的废弃地、空地建议划入北郊森林公园选址实施用地范围。

（3）用地划定流程——依据模型提取北郊森林公园选址实施用地

在北郊森林公园选址的规划中，风景园林师与城市规划师通过合作来共同处理这个大尺度的空间分布问题。基于以上空间数据分析的结果，风景园林师从生物多样性保护、生态敏感性地区控制、景观视觉优化的角度与城市规划师一起讨论，规划师则从城市规划用地调整的角度对分析结果进行修正。最终以生态空间尺度作为主要依据，结合上位土地利用规划，在空间上提出切合实际土地利用现状的选址，通过控制若干规划指标，快速划定出北郊森林公园可能实施的区域，兼顾环境、经济、社会的多重影响（图3-13）。

（4）从生态敏感度高地区中提取北郊森林公园选址实施用地

北郊森林公园提取选址实施用地的过程就是在整合昌平区域破碎的生态斑块。现有选址区除了风景名胜区、森林公园、自然保护区外，其他用地都已经进行了一定强度的建设，范围内混杂着公路、铁路、农田、林地、

苗圃、果园、河流、湿地、村庄等用地，有的局部还有大型的现代化军用或民用设施，用地情况十分复杂。

选址实施用地区域内生态斑块破碎化严重，连接成片的可用于北郊森林公园建设的用地匮乏，因此需要整合区域优质景观资源，通过成片建设形成具有一定生态效益的区域。选址实施用地按照生态敏感地区空间尺度的大小划分层级，在山地区域生态区域面积较大，作为最高层级的生态区域，平原区域生态恢复用地破碎化严重，需通过整合相互连接的斑块形成生态带；受到地表径汇集、交通线等因素影响，形成的线形斑块为生态段；尺度较大的独立斑块形成生态区；尺度较小的独立斑块形成生态点。通过计算机逐步提取选址实施用地内的生态带、生态段、生态区、生态点。空间尺度的增大和缩小并不一定与生态系统的等级结构的复杂性有关联，例如，不同种类的森林区域相加并不一定能够形成一个完整的生态系统。生态系统的形成是各物种相互作用的结果之和，因此选址结果不以尺度大小作为生境系统优劣的评价标准。

根据上述指导原则，排除基本农田保护区域，由城市规划人员在生态敏感度地区范围内划定8块相对完整的用地作为森林公园的建设实施用地。8块用地总面积为2277.94hm²，各块用地的面积基本控制在100hm²左右。各块用地所遵循的指导原则以及具体规模如表3-5所示。

选址实施用地对土地利用规划调整程度　　　　表3-5

编号	总面积（hm²）	规划调整（%）	现状人工建筑	土地利用规划
1	226.87	7.43	村镇居民点	一般农田为主，少部分基本农田
2	161.93	0	无	林地、风景旅游用地
3	76.79	81.39	村镇居民点	一般农田
4	159.71	31.33	村镇居民点	村镇建设用地、一般农田为主，少部分基本农田
5	407.88	65.98	村镇居民点、华夏管理学院、水库	特殊用地、村镇建设用地
6	368.67	12.06	中国航空博物馆、村镇居民点	一般农田
7	177.33	13.41	村镇居民点	一般农田、基本农田
8	698.76	7.47	村镇居民点、九华山庄	城镇建设用地、村镇建设用地、风景旅游用地、一般农田为主，少部分基本农田

以上是基于拆迁量和对现有土地利用规划的调整幅度进行的选址实施用地的提取，在提取中尽可能多地选取生态敏感度较高的地块。选址中涉及基本农田、居民点、林地、公共设施用地的流转和调整问题以规划区域划定原则为准。整体平衡的结果是能够选择出相互之间距离比较接近，且能够保护区域生态敏感性脆弱地区的可实施用地。

各块用地选定后，还需要结合昌平土地利用总体规划图，对已选出的用地上的土地利用规划进行调整。主要是调整现有的城镇建设用地、村镇建

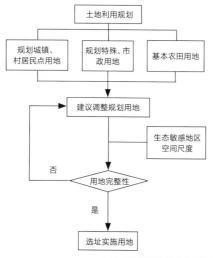

图3-13 提取选址实施用地流程

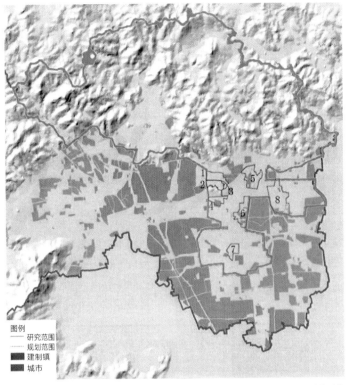

图 3-14 北郊森林公园选址实施用地周边的城镇分布

图例
—— 研究范围
····· 规划范围
■ 建制镇
■ 城市

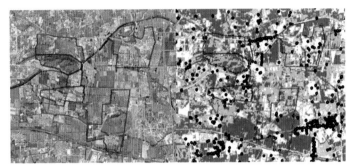

图 3-15 1、2、3、4、5、6号选证用地实际状况及周边地区植被盖度与新浪微博签到POI数据的空间分布图

图 3-16 7号选证用地实际状况及周边地区植被盖度与新浪微博签到POI数据的空间分布图

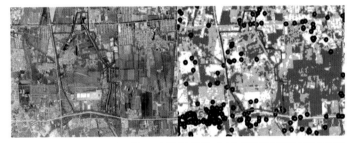

图 3-17 8号选证用地实际状况及周边地区植被盖度与新浪微博签到POI数据的空间分布图

设用地。对一般农地,现有水域和风景旅游用地要加以保留。土地利用规划调整较大的是3、4、5地块,调整较小的是1、6、7、8地块。主要是要拆除地面上的人工建筑,形成连片的北郊森林公园建设用地,进行植被恢复工作。

目前郊野公园的建设工作主要是政府进行征地和投资建设,与城市近郊地区的土地利用规划有紧密的联系。郊野公园建设的土地获得需通过国家征地和划拨,主要是以公共事业建设的名义划拨公有土地、荒地、荒滩、闲置废弃地、水域;征用农村集体所有制土地,包括农田、林地,给予补偿。北郊森林公园建设得到实质性推进的重要环节就是通过申请程序,依照国家相关法律获得国家划拨的土地。在国家目前的土地政策下,可以通过土地流转的方式获得郊野公园建设土地,郊野公园建设需要进行大规模的植树造林,只改变农地的种植模式,农民可以参与造林的过程以及后期的管理。

（5）北郊森林公园8块选址实施用地的评价

2、3、4地块在选址上靠近西侧的昌平城区,6、8地块靠近东侧的建制镇区域。为使昌平城市和村镇的居民能够方便地到达郊野公园,2、3、4、6、8地块建设方式应该以满足周边居民游憩需求为主。1、5地块靠近山麓区域,应以林地恢复和保护建设为主。7地块周边城市用地和村

镇用地较少,且靠近沙河水库,应该以湿地恢复和保护为主要建设方式。通过分析选定用地内的地面建设情况（卫星影像）和周边的人类活动情况（新浪微博POI点云与植被覆盖度图叠加图）,可对各块用地的实际适宜建设情况进行评估（图3-14）。

可以观察出1、2、3、4、5、6号用地位于六环路和京密引水渠之间,在选址中心区域形成了一个大型的郊野公园群,其中1、5、6号用地周边的人类活动聚集度较大,而植被覆盖情况最好的用地是6号用地,其次是1、2号用地。建设拆迁量最小的也是1、2号用地,其次是6号用地（图3-15）。可以观察出7号用地靠近沙河机场,沙河水库北岸,面积较小,远离其他选址实施用地,周边基本没有人类活动聚集,植被覆盖情况较差,拆迁量适中（图3-16）。8号用地面积最大,植被覆盖情况良好,拆迁量适中,远离其他选址实施用地,这里是过去的皇家行宫遗址,用地西南侧人类活动聚集强度大（图3-17）。

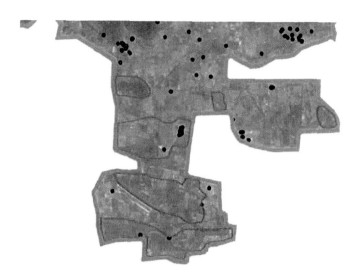

图 3-18 提取选址实施用地的优化过程 1——提取区域　　　　图 3-19 提取选址实施用地的优化过程 2——依据土地利用规划情况进行用地优化

选址可能性较大地区
选址可能性较小地区

图 3-20 以增强生物栖息地连接为导向的北郊森林公园用地的选址分布图

选址可能性较大地区
选址可能性较小地区

图 3-21 以增强视觉景观感知为导向的北郊森林公园用地的选址分布图

6 不同目标引导下的北郊森林公园选址实施用地优化

北郊森林公园的选址是在把握空间数据粒度的前提之下，通过空间数据可视化技术，将满足北郊森林公园选址目标的空间结果显示出来。因为影响北郊森林公园选址的因子具有多样性且具有不同的属性。所以用地的提取方式通常不只是一种，选用不同的方式关注的方向也会不同，从而产生不同的结果。对于北郊森林公园这种区域性大型郊野公园，在其选址决策过程中需要面对很多的不确定性，还要受到多种约束条件的限制。在面对区域破碎化程度较高的自然斑块和城市建设用地混杂的现状时，可以通过不同用地提取方式优化北郊森林公园的选址用地，挖掘出北郊森林公园选址用地在空间分布上的最佳结果（图3-18、图3-19）。利用空间数据分析方法，从昌平区区域生物栖息地连接程度、区域视觉景观感知程度等方面，实现基于GIS的郊野公园群的选址实施用地优化。在不同的优化目标引导下，不同的优化路径和优化策略会对选址的最终结果产生影响。在多个目标共同作用下选址过程能够从不同方面对影响因素进行充分的比较和分析，根据每一种目标的要求，组合出不同的用地提取方案。

以增强生物栖息地连接为导向的北郊森林公园用地的选址优化是为了给当地的野生动物在空间中水平移动提供潜在通道。北郊森林公园占地面积大，各个选址实施用地之间并不一定相邻，需要加强斑块与斑块之间的能量、物质交换和流动，建立连接廊道（图3-20）。

以增强视觉景观感知为导向的北郊森林公园用地的选址优化，是以提高选址用地的视觉吸引度作为选址优化的目标，选取区域内视觉敏感点，计算这些视觉敏感点的视域范围并进行叠加，获取区域内的最佳视范围。选取视觉感知度较好的选址实施用地进行视觉环境优化，突出用地的整体视觉环境（图3-21）。

7 研究的主要结论

昌平区郊野公园群的发展方向体现在形成连片的具有一定规模的绿地，阻止城市建设组团之间的连接，严格保护现有耕地和位于山区和半山区的自然与文化遗产保护区、风景旅游区、林业用地区，强调区域的生态环境建设。因此可以将空间数据分析模型的结果作为北郊森林公园绿地空间分布规划的主要依据。在现有土地利用规划的框架之下，严格遵守耕地保护政策，依托可利用且具有一定生态效益的用地进行北郊森林公园的用地划分，形成相互连接且具有一定规模的北郊森林公园群。基于空间数据分析模型的北京北郊森林公园选址研究的目的是使区域中大尺度的绿地分布趋于合理，使当地的生态系统因为郊野公园群的建设得到改善，区域的景观视觉效果获得提升。

（1）风景园林规划设计理念

北郊森林公园选址是以风景园林规划设计理念为指导，先期介入城市规划用地划定的一次大胆尝试，风景园林师和城市规划师面对大尺度空间问题做出的判断和决策都需要有实际的空间数据分析结果作为支撑，与城市规划师相比，风景园林师更为关注空间系统中自然属性之间的相互关系，更能从客观的环境角度提出保护和优化空间的方法，城市规划师着眼点主要立足于区域大的整体规划结果，要在现有规划框架下平衡各种社会经济因素，在大尺度郊野公园群选址中，风景园林师可以和城市规划师找到各自专业的特点进行合作，通过采用不同的思考方式和处理问题的方法，确定一些规划设计原则作为统一的指导方向，联合两个学科知识，将大的规划构想转变为可以实施的规划成果，这种合作将是充满意义和挑战的。

（2）应对城市近郊郊野公园群选址过程中的不确定性问题

城市近郊郊野公园群由于空间尺度较大，对于整个区域的生态环境、景观视觉、生物的多样性都有着巨大的影响。作为一个复杂系统，其内部由数量众多、类型多样的组分构成，且组分之间存在着复杂的相互关系，这种相互关系并不是一种线性的关系，而是可能包含了复杂的随机过程和自组织过程，需要在空间上描述这些复杂关系和过程，为规划提供支撑。郊野公园群还受到更大尺度环境的影响，诸如气候、地理条件、水文条件、生物种群分布的影响，也需要将这些纳入到郊野公园群分布的考虑范围之中。

在城市近郊郊野公园群的规划过程中，对于决策者来说，为最大限度地获取对象的有效信息，并进行处理、加工和多样化、全面的阐释，需要建立不同类型的量化模型，用不同的方法梳理复杂系统所体现的多种因素相互作用的综合结果，尽量减少未来可能面临的不确定性影响，将规划的最终成果转化为一种具有一定适应性和弹性的结果，具体体现在利用演化模拟、叠加分析、核密度分析的方法提取场地中的关键区域，尽可能地体现所有变量共同作用下产生最大影响的空间，解读场地的内在机制，为决策者提供不同影响强度和规模的目标方案，使得决策者把握问题的方式更为全面，从而优化规划的成果。

新一轮的城市总体规划修编过程中，可以适当参考该模型的成果，为区域生态环境保护、景观风貌等专项规划提供合理建议。

3.2 北京二道绿隔浅山地区郊野公园 体系规划研究

3.2.1 城市健康视角下的浅山区郊野公园 体系规划研究

本次规划研究对象为二道绿隔地区西北浅山地区，重点进行郊野公园体系构建与郊野公园选址布局，研究面积 688.8km²，重点规划范围面积 314.3km²。

研究以城市健康为理念，基于弥合生态网络、引导城乡公平发展、促进居民身心健康的规划目标，通过绿色联通、城乡联动、功能优化三大策略，规划 "浅山森林屏＋自然康体带＋水源涵养廊道＋人文风貌组团" 的空间结构，并以功能为导向构建郊野公园体系，形成六种不同类型的郊野公园体系、防护隔离带、通风廊道、城市公园、农田共同构成的区域绿色空间。规划在隔离城市无序蔓延的同时，让青山绿水渗入城市，依托郊野公园体系统筹城市边缘绿色空间，使其充分发挥生态服务功能，创造人类福祉，共建美好人居环境（图 3-22 ～图 3-46）。

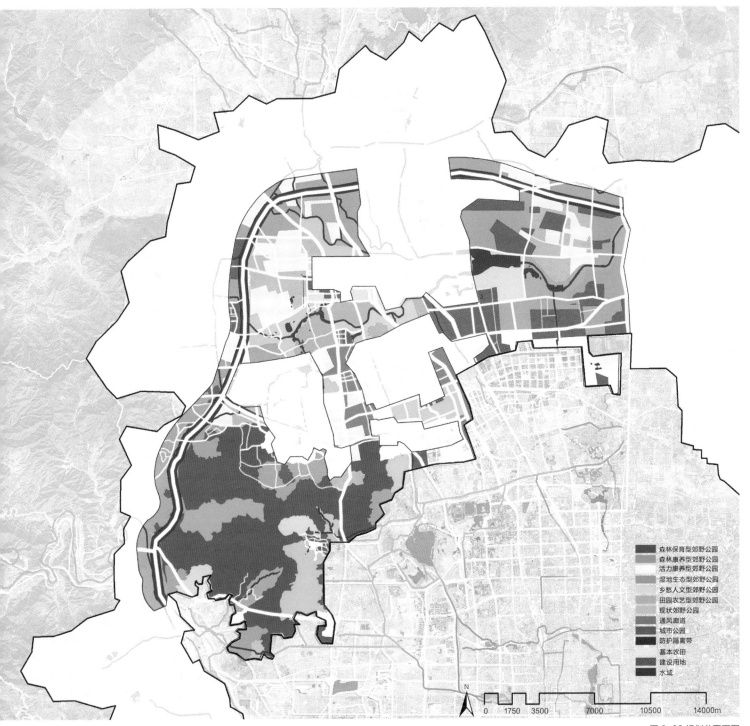

森林保育型郊野公园
森林康养型郊野公园
活力康养型郊野公园
湿地生态型郊野公园
乡愁人文型郊野公园
田园农艺型郊野公园
现状郊野公园
通风廊道
城市公园
防护隔离带
基本农田
建设用地
水域

N

0   1750   3500   7000   10500   14000m

图 3-22 规划总平面图

图 3-23 现状绿色空间   图 3-24 现状水域   图 3-25 现状绿地

图 3-26 现状农田   图 3-27 现状生态红线   图 3-28 规划城市功能布局

1 前期分析

（1）区位分析

规划场地位于二道绿隔地区西北浅山地带，属于城市核心区与生态涵养区的过渡区域。 规划研究面积 688.8km²，重点规划范围面积 314.3km²。

（2）场地分析

1）现状绿色空间分析

研究范围内绿色空间由耕地、草地、林地、水域、未利用地构成；其中，林地占比最大，面积为 123.8km²。

2）现状水域分析

红线范围内含有多条河道，包括北沙河、温榆河、京密引水渠河以及永定河。水域面积 7.3km²，占比 2.31%。

3）现状绿地分析

研究范围内包括多个公园，红线范围内有沙河湿地公园、白各庄新村公园、翠湖湿地公园、北京植物园等。

4）现状农田分析

农田主要分布在北部较为平坦的区域，其中，基本农田面积 41.6km²，占比 13.25%；一般农田面积 37.2km²，占比 11.83%。

5）现状生态红线分析

依据上位规划中生态红线的划定，该区域生态红线总面积 30.3km²，占比 9.65%。

6）上位规划城市功能布局分析

在上位规划给出的城市功能定位中，研究范围主要包括中关村国家级文化和科技融合示范基地、沙河高教园区以及三山五园片区；产业类型为高新技术产业和文化产业。

（3）生态敏感性评价

以高程、坡度、坡向、归一化植被指数以及下垫面分析得出生态敏感性评价。

通过对绿色空间的水土流失、空气调节、水源涵养、生境质量、热岛效应五因素展开分析，得出区域健康导向的绿地生态效应评价；

通过用地性质分析、现状绿地距离分析、可达性分析、视线分析、产业结构分析得出社会健康导向的用地增绿潜力评价；

通过历史文化资源点、区域自然风貌资源点、居民点核密度分析，得出身心健康导向的自然人文资源评价。

基于上述分析，研究最终形成"浅山森林屏—自然康体带—水源涵养廊道—人文风貌组团"的规划结构，进而构建起基于城市健康的二道绿隔浅山区郊野公园体系。

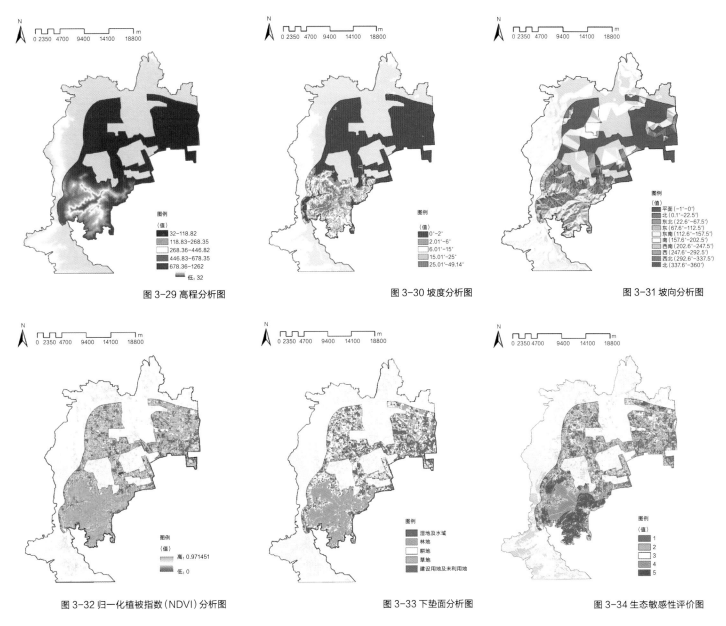

图 3-29 高程分析图

图 3-30 坡度分析图

图 3-31 坡向分析图

图 3-32 归一化植被指数（NDVI）分析图

图 3-33 下垫面分析图

图 3-34 生态敏感性评价图

2 规划理念与框架

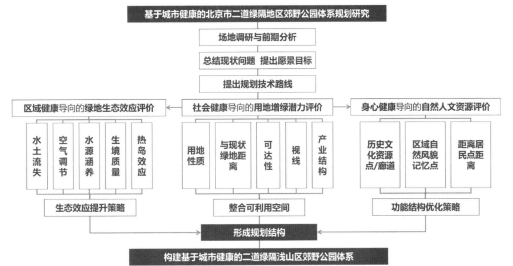

图 3-35 规划技术路线图

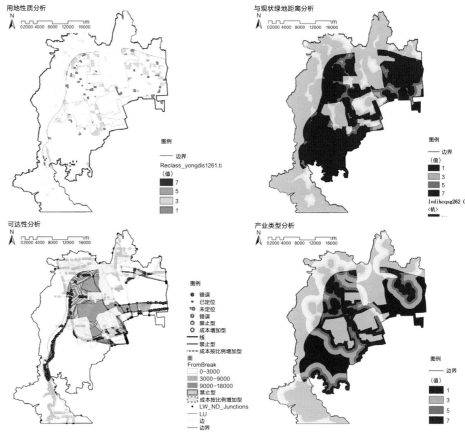

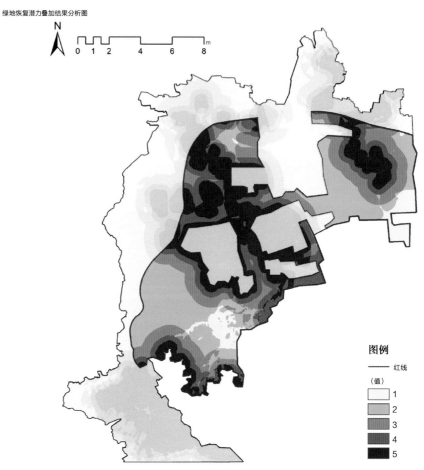

3 基于城市健康的选址规划研究

(1)社会健康导向的用地增绿潜力评价

1)潜力因子选取与分级

依据研究区现状,以科学性、代表性、系统性、可操作性及定量与定性相结合原则,兼顾数据收集、处理和计算,考虑用地、交通、产业结构等基础资料获取的难易程度,筛选出该地区与绿地恢复潜力相关的关键性因素,包括用地性质、与现状绿地距离、可达性、视线、产业类型等因子将其作为本区域绿地恢复潜力评价因子。在已有研究成果的基础上,依据研究范围内各生态系统影响因素的重要性,并根据专家咨询意见,将单因子的恢复潜力分为5个等级,分别赋值为1、3、5、7、9,数值越高绿地恢复潜力越大。

2)叠加生成绿地恢复潜力分析图

综合绿地恢复潜力评价,通过对各个区域绿地恢复潜力评价因子进行叠加分析,生成最终的绿地恢复潜力分析图,图示颜色由深及浅分别代表潜力由大到小。由图3-36可知,恢复成为绿地潜力较高的区域主要分布于中西部、中东部,以及北部小部分斑块。

绿地恢复潜力作为规划结构生成的基础,应通过生态效应提升策略及功能结构优化策略进行修正。

图 3-36 社会健康导向的用地增绿潜力评价图

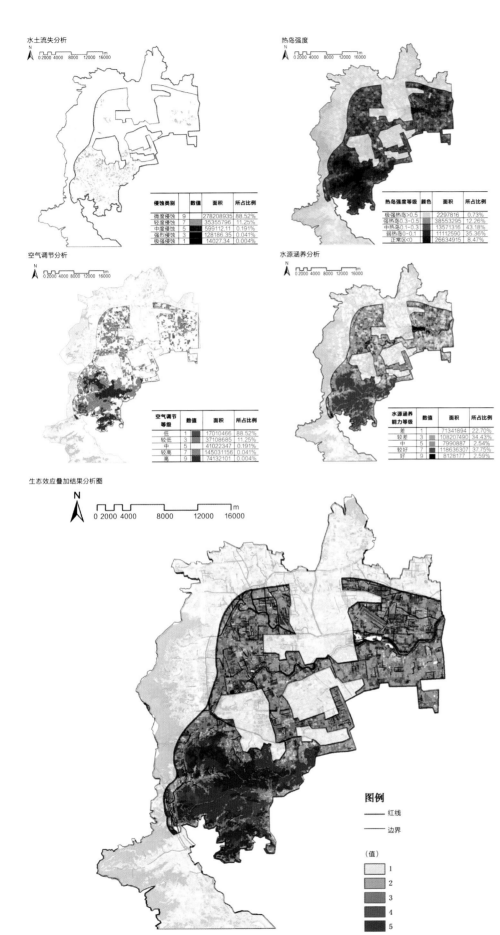

图 3-37 区域健康导向的绿地生态效应评价图

水土流失分析

侵蚀类别	数值	面积	所占比例
微度侵蚀	9	278208935	88.52%
轻度侵蚀	7	35355796	11.25%
中度侵蚀	5	599112.11	0.191%
强烈侵蚀	3	128186.35	0.041%
极强侵蚀	1	14027.34	0.004%

热岛强度

热岛强度等级	颜色	面积	所占比例
极强热岛>0.5		2297816	0.73%
强热岛0.3-0.5		38553295	12.26%
中热岛0.1-0.3		13571316	43.18%
弱热岛0-0.1		11112590	35.36%
正常区<0		26634915	8.47%

空气调节分析

空气调节等级	数值	面积	所占比例
低	1	17010466	88.52%
较低	3	37108685	11.25%
中	5	41022347	0.191%
较高	7	145031156	0.041%
高	9	74132101	0.004%

水源涵养分析

水源涵养能力等级	数值	面积	所占比例
差	1	71341894	22.70%
较差	3	108207490	34.43%
中	5	7990887	2.54%
较好	7	118636307	37.75%
好	9	8128177	2.59%

生态效应叠加结果分析图

图例
—— 红线
—— 边界

（值）
1
2
3
4
5

（2）区域健康导向的绿地生态效应评价

1）潜力因子选取与分级

依据本次研究"健康城市"的目标，考虑用地、交通、产业结构等基础资料的获取难易程度，从实地考察调研与网络综合收集到的资料中筛选出该地区与生态效应相关的关键性因素，包括水土流失、空气调节、水源涵养、生物丰富度、热岛效应作为本区域生态效应评价因子。在已有研究成果基础上，依据研究范围内各生态系统影响因素的重要性，结合专家咨询意见，将单因子的生态效应分为5个等级，分别赋值为1、3、5、7、9，数值越高生态效应越好。

2）评价指标权重的确定

在对绿地生态效应进行综合评价时需考虑不同潜力因子的影响程度，即确定各指标的权重。本研究基于 Yaahp 11.3 软件，采用层次分析法和专家咨询法来确定评价指标的权重。

3）生态效应叠加结果

综合以上生态效应评价，通过对水土流失、热岛效应、水源涵养、空气调节、生物丰富度等因子的叠加分析，生成最终的生态效应分析图。

由图表可知，生态效应高的地区主要分布于研究范围内中西部的低山地区，水域、林地地区生态效应较好。从各因子对于生态效应的贡献程度来看，生物丰富度、空气调节与水源涵养这三个因子影响最大，其中，有近30%的地区生态效应等级处于中以下，这些地区可以着重从以上三个方面提升其生态效益。

（3）身心健康导向的自然人文资源评价

1）历史文化资源核密度分析

通过对比分析，得出八大处公园、香山公园附近自然人文资源集中程度最高，其次是凤凰岭自然风景公园周边地区、鹫峰森林公园周边地区、三家店周边地区。

2）自然风景资源核密度分析

将各类型风景区数据合并后进行整体核密度分析可知，百望山森林公园、凤凰岭国家森林公园周边风景区较多。

3）居住区核密度分析

门头沟区政府周围地区居住用地集中程度最高，其次是海淀区温泉镇周边地区、昌平区地铁站沙河站周边地区、昌平区马池口镇周边地区。

4）村镇核密度分析

村、镇分布最多的地区位于北七家镇、东小口镇，其次是上庄镇、阳坊镇周边地区，再次为沙河镇、军庄镇以及西北旺镇。

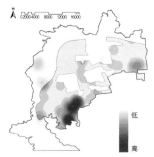

图3-38 历史文化资源核密度分析

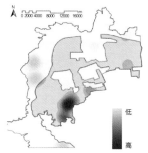

图3-39 自然风景资源核密度分析

图3-40 居住区核密度分析

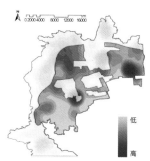

图3-41 村核密度分析

4 绿色空间规划

依托小西山片区以及六环防护林带建立连续的浅山森林屏，呼应城市中轴线，引山入城，构建浅山森林屏；在森林屏与中心城区之间打造自然康体带，结合基础服务设施打造便于城乡居民进行康健娱乐活动的"城市后花园"；依托浅山区重要水域，及部分冲沟构建水源涵养廊道，并结合上位规划中对于北京市风廊的规划，共同构成渗入城市的绿楔；依托现有村镇农田、历史文化遗产打造人文风貌组团。

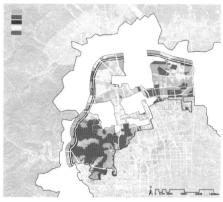

图3-42 构建浅山森林屏

图3-43 规划水源涵养廊道

图3-44 打造自然康体带

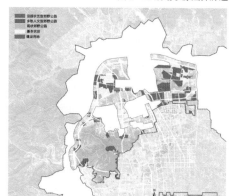

图3-45 营造人文风貌组团

5 郊野公园体系构建

基于城市健康目标，以功能为导向构建起郊野公园体系，形成六种不同类型的郊野公园体系、防护隔离带、通风廊道、城市公园、农田共同构成的区域绿色空间，规划后绿色空间提升至87.6%。

（1）区域健康——生态保育

依托西山山脉、现有水系水域及GIS分析得出的高保育区范围综合得出森林及湿地保育区范围。森林保育区为生态保育的重点区域，覆盖不同高度及山林至城市组团区域，分别对应不同策略。湿地保育区覆盖自湿地核心至城市组团区域，分别对应不同策略。

（2）社会健康——田园生活

依托基本农田，在现有的一般农田基础上规划田园农艺型郊野公园。以城乡健康为目标导向，通过农业观光、农产品采摘、农业文化体验等方式

实现城乡统筹，使城市居民接近自然的同时带动乡村经济发展，实现共赢。

（3）生理健康——森林康养

依托林地，根据保育等级及周边用地性质规划森林康养型郊野公园。以城乡健康为目标导向，通过区分森林保护等级等手段为公众提供良好的游憩资源和森林疗养机会。同时带动周边经济发展，为森林保护提供经济活力。

（4）心理健康——文化传承

根据核密度分析、村镇及历史文化资源分析叠加得出的乡愁人文要素聚集点，主要分布于南部的沙河、温榆河流域以及北部的三家店、三山五园地区。基于分析，依托河流、山体及京西古道规划四个主要的乡愁人文型郊野公园区，同时构建沙河—温榆河廊道及西山—三家店廊道。

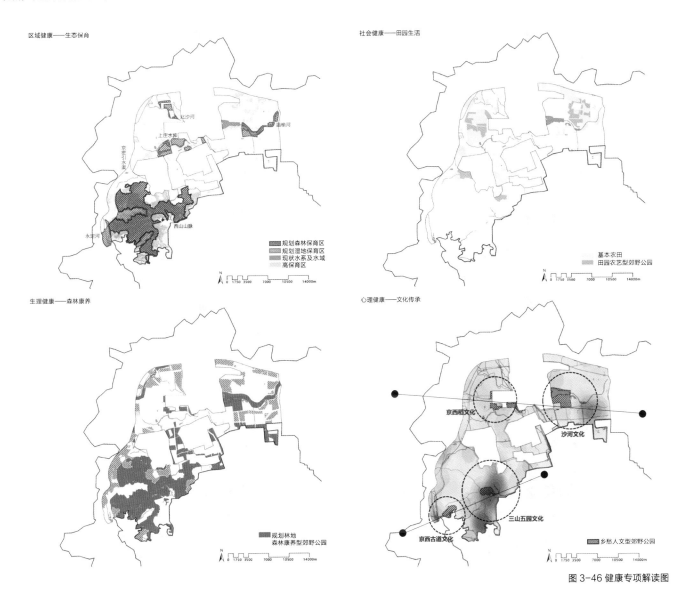

图3-46 健康专项解读图

3.2.2 浅山保育和营建视角下的浅山区郊野公园体系规划研究

本规划研究以二道绿隔地区西北浅山地区为研究范围，重点进行郊野公园体系构建与郊野公园选址布局，研究面积 688.8km²，重点规划范围面积 314.3km²。

研究基于浅山区良好的现状资源，结合多重情景的价值选择，推导出绿色空间布局的优先性，其中情景一（物种和栖息地保护优先）将区域整体划分为生态保育片区和郊野公园营建片区；情景二（水敏感和水资源优先）与情景三（风景游憩优先）主要应用于片区郊野公园分类营建策略中。公园体系规划中，保育区采用封育、修复提升和抚育相结合的策略；营建区着重进行绿色空间的复合功能营建和连接提升（图3-47～图3-58）。

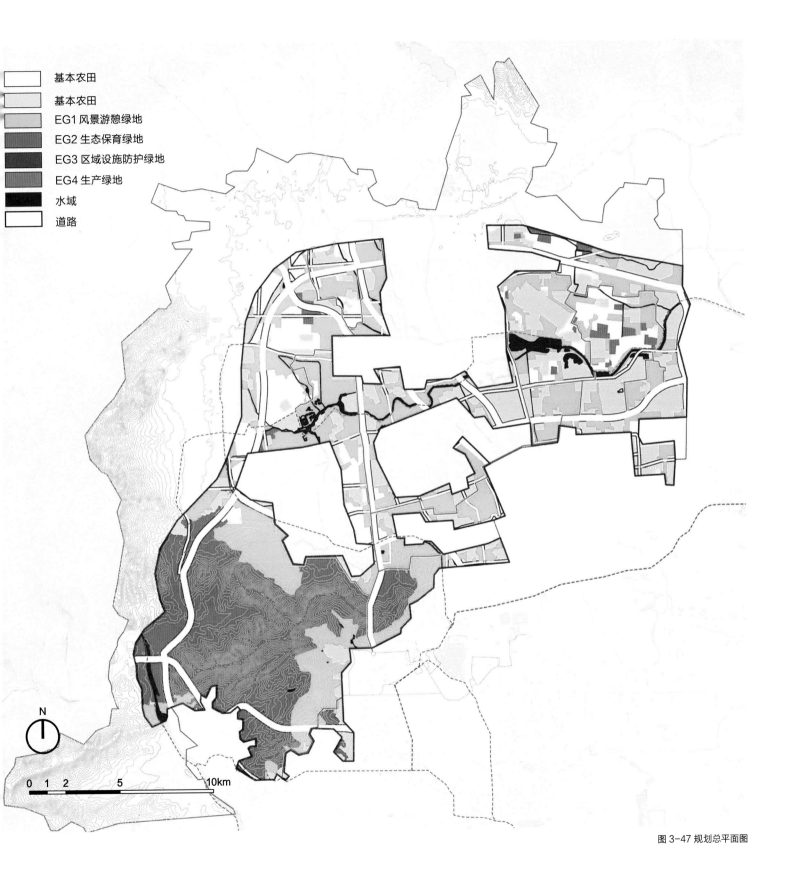

基本农田

基本农田

EG1 风景游憩绿地

EG2 生态保育绿地

EG3 区域设施防护绿地

EG4 生产绿地

水域

道路

N

0 1 2 5 10km

图 3-47 规划总平面图

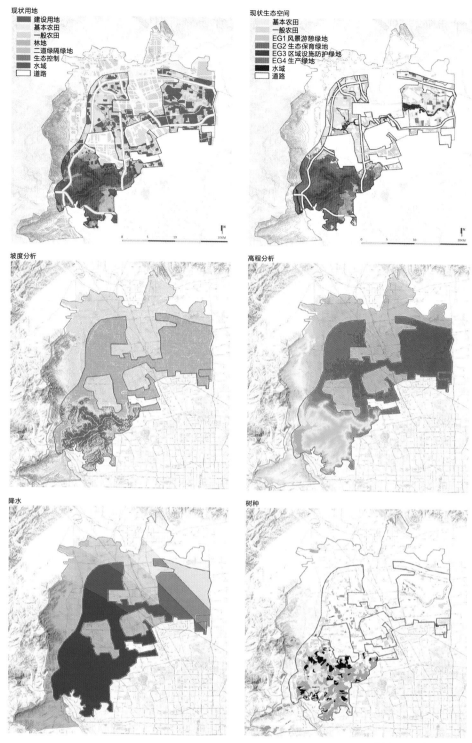

图 3-48 现状分析图 1

1 前期分析

　　区域现状建设用地占比 30.19%，现状绿色空间占比 61.05%，其中现状公园（风景游憩绿地）包括：4 处森林公园（EG12）、2 处湿地公园（EG13）、2 处郊野公园（EG14）、1 处其他风景游憩绿地（EG19）。

植被类型

径流分析

旅游景点 poi

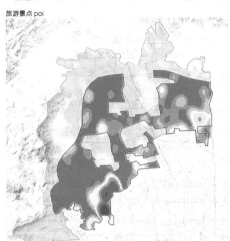

人口密度

公园建设

生境退化情况

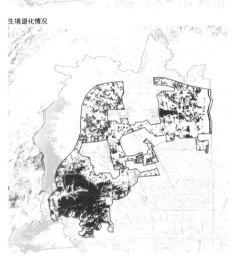

图 3-49 现状分析图 2

2 规划理念与框架

本规则基于打造"可行、可望、可游、可居"的具有复合功能的二道绿隔规划定位，提出针对性策略。

从浅山资源条件出发，挖掘区域特征与营建基底，重点分析风景游憩资源、生态资源以及水文特征；确定三大情景适宜性评价：情景一（物种和栖息地保护优先）、情景二（水敏感以及水资源优先）、情景三（风景游憩优先）；以浅山区良好的现状资源为基底，结合多重情景的价值选择推导绿色空间布局的优先性，明确郊野公园的类型划分与营建特色。

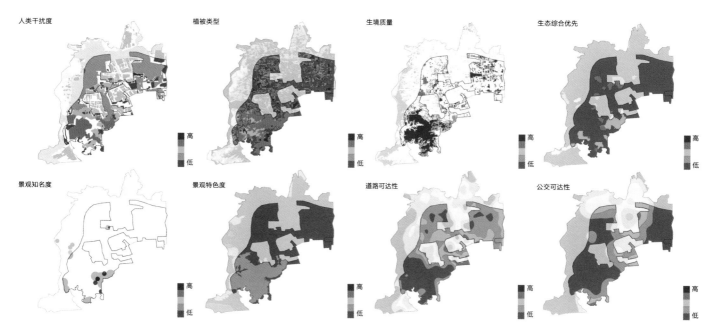

| 人类干扰度 | 植被类型 | 生境质量 | 生态综合优先 |

高
低

| 景观知名度 | 景观特色度 | 道路可达性 | 公交可达性 |

高
低

图 3-50 情景一指标层

3 基于浅山保育与营建理念的选址规划研究

（1）情景一——基于物种和栖息地保护优先

依据研究区现状和情景一需求，筛选出该地区与物种和栖息地保护相关的指标，包括人类干扰度、植被类型、生境质量、生态综合优先、景观知名度、景观特色度、道路可达性、公交可达性，并将单因子的恢复潜力分为5个等级，分别赋值为1、3、5、7、9，数值越高即保护优先级越高。对各因子进行叠加分析，生成基于物种和栖息地保护优先的综合评价图，图示颜色由深及浅分别代表适宜性由高到低。由图可知，较适宜建设为物种和栖息地的区域主要分布于场地南部。

图例
高
低

图 3-51 情景一综合适宜性评价图

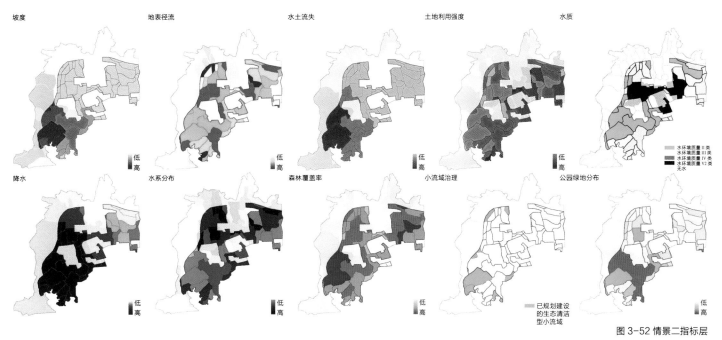

坡度　　　　　　地表径流　　　　　水土流失　　　　　土地利用强度　　　　水质

低　　　　　　　低　　　　　　　　低　　　　　　　　低

水环境质量Ⅱ类
水环境质量Ⅲ类
水环境质量Ⅳ类
水环境质量Ⅴ2类
无水

降水　　　　　　水系分布　　　　　森林覆盖率　　　　小流域治理　　　　公园绿地分布

低　　　　　　　低　　　　　　　　低　　　　　　　　低

已规划建设
的生态清洁
型小流域

低

图 3-52 情景二指标层

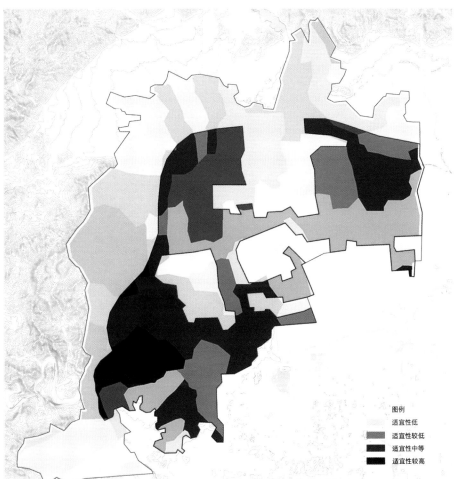

图例

适宜性低

适宜性较低

适宜性中等

适宜性较高

图 3-53 情景二综合适宜性评价图

（2）情景二——基于水敏感和水资源优先

依据研究区现状和情景二需求，筛选出该地区与水敏感和水资源相关的指标，包括坡度、地表径流、水土流失、土壤利用强度、水质、降水、水系分布、森林覆盖率、小流域治理、公园绿地分布。将单因子的恢复潜力分级赋值，并对各因子进行叠加分析，生成基于水敏感和水资源优先的综合评价图，图示颜色由深至浅分别代表适宜性由高到低。由图可知，适宜性较高区域主要分布于场地西南部以及北部小部分斑块。

高程 坡度 水体接近度 径流系数

植被优势 文化景点 人口密度 可达性

图 3-54 情景三指标层

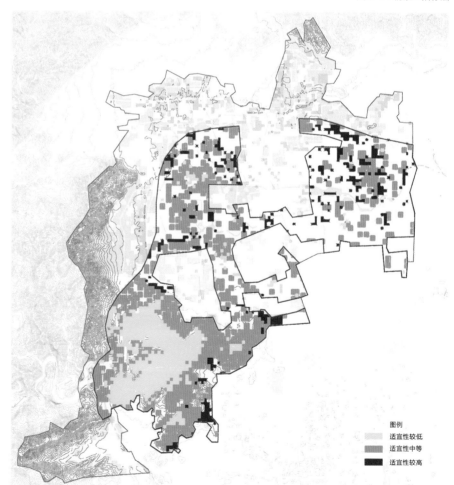

（3）情景三——基于风景游憩优先

依据研究区现状和情景三需求，筛选出该地区与风景游憩相关的指标，包括高程、坡度、水体接近度、径流度数、植被优势、文化景点、人口密度、可达性。将单因子的恢复潜力分级赋值，并对各因子进行叠加分析，生成基于风景游憩优先的综合评价图，图示颜色由深至浅分别代表适宜性由高到低。由图可知，适宜性较高区域在区域内零散分布。

图例

适宜性较低

适宜性中等

适宜性较高

图 3-55 情景三综合适宜性评价图

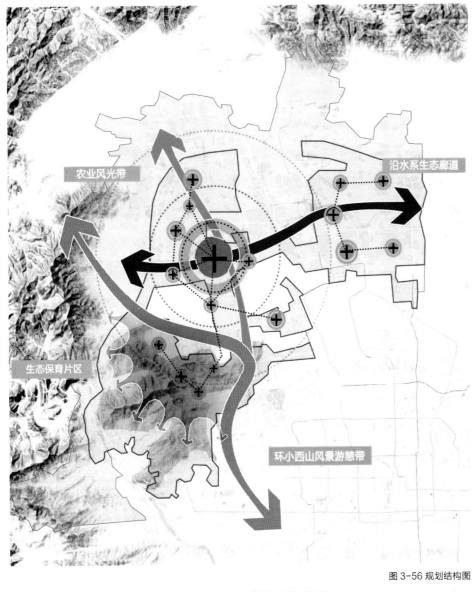

农业风光带

沿水系生态廊道

生态保育片区

环小西山风景游憩带

图 3-56 规划结构图

4 郊野公园体系构建

依据以上分析结构得出构建区域郊野公园规划结构为"一片一廊两带多组团",其中"一片"指生态保育片区,"一廊"指沿水系生态廊道,"两带"指农业风光带、环小西山风景游憩带,"多组团"指规划中的一系列郊野公园。

(1)浅山保育区

1)修复提升区域:注重幼林抚育,并逐步开展针叶林、阔叶林等纯林林分改造提升工作,改善森林结构。对生态控制红线内水质较差的水域有针对性地进行水质提升修复。

2)资源保育区域:对浅山林分好、生境退化程度低以及保护优先等级高的区域进行严格封育,对京密引水渠以及渠两侧区域进行严格封禁,保护饮用水源水质。

(2)浅山营建区

1)"平原区农+"模式:将基本农田结合湿地公园、森林公园、郊野公园等区域绿地,形成产游结合的多层次郊野公园群;对选址中未建成的郊野公园重点进行功能型规划。

2)构建环小西山浅山游憩体系:充分发掘绿隔游憩资源,完善现有的小西山游憩型绿地体系,打造环小西山游憩带。

3)结合现状资源进行风貌提升:对现状郊野公园进行景观提升和景观风貌营造;依托三山五园绿道和北京市级区级绿道,提升绿隔地区绿色空间连接度;沿绿道以及重要文化资源地,构建文化型绿道,延续区域文脉;沿绿道选线增加线性绿色空间,提升绿道可进入性。

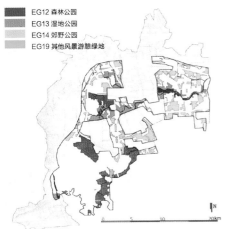

EG12 森林公园
EG13 湿地公园
EG14 郊野公园
EG19 其他风景游憩绿地

图 3-57 郊野公园体系规划图

京密引水渠道禁区
森林封育区
幼林抚育区
林分提升区
水质提升修复区

图 3-58 规划分区图

3.3 北京二道绿隔温榆河及周边区域郊野公园体系规划研究

3.3.1 三生共融视角下的温榆河及其周边区域郊野公园体系规划研究

本规划研究以二道绿隔地区东北地区为研究范围，包含了通州、顺义、朝阳、昌平四个区，研究面积800km²，重点规划范围面积285km²，范围内现状绿地占比29%。

研究将"开发—改造—保护"的建设模式与"生活—生产—生态"的用地功能进行对应，确定了"开发—生活空间、保护—生态空间"两条极轴，代表着最极端的建设模式：精品化建设与高度生活化结合的传统城市公园空间；关切场地生态修复和生态价值的当代生态园林空间。两者的选址评价手段对应绿地适建性、生态敏感性两个基础指数。通过对两个极端的综合分析，分别得出两个指数结果：综合适建指数用以指导区域绿地的定界；开发倾向指数用以划分区域绿地开发、改造以及保护的倾向。最终，确定了区域绿地体系的分类、面积比例及其具体范围，形成了"两带一轴一核多点三楔"的绿地空间结构（图3-59~图3-70，表3-6）。

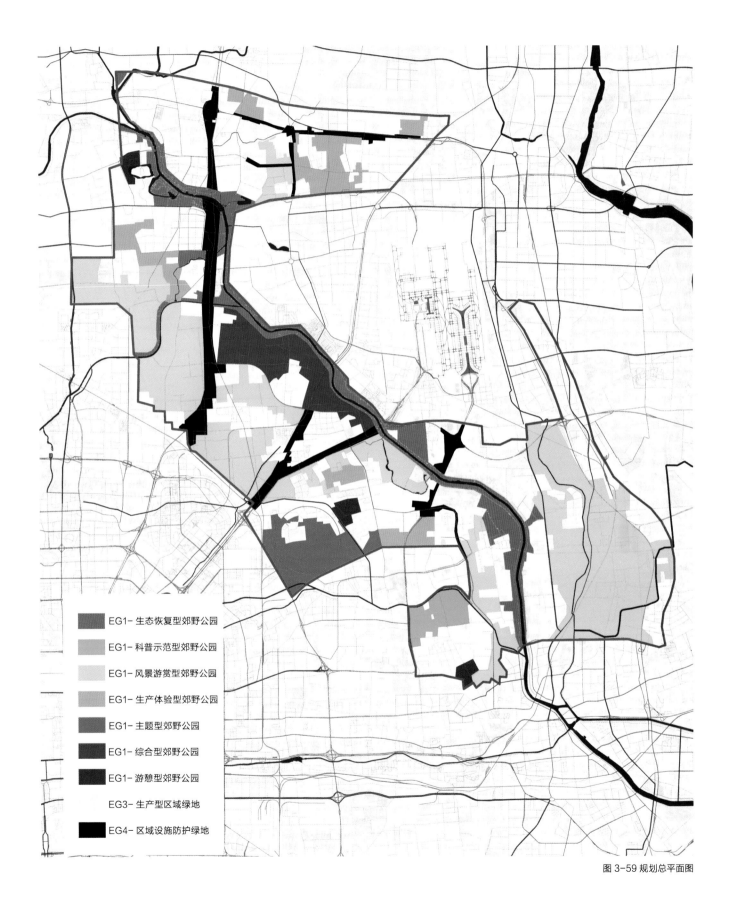

EG1- 生态恢复型郊野公园

EG1- 科普示范型郊野公园

EG1- 风景游赏型郊野公园

EG1- 生产体验型郊野公园

EG1- 主题型郊野公园

EG1- 综合型郊野公园

EG1- 游憩型郊野公园

EG3- 生产型区域绿地

EG4- 区域设施防护绿地

图 3-59 规划总平面图

1 前期分析

（1）区位概况

本次研究区域为北京二道绿隔东北区块。在上位规划中，本区域包含百万亩造林重点区块以及沿潮白、温榆河的湿地带风景名胜带。

（2）现状与上位规划对标

在实地调查并对上位规划进行充分整理后，得出现状及上位规划的用地性质总图，找出两者的主要变化：农林用地、居住用地减少，区域绿地大幅增加，占比达到55.56%。这一变动呼应了上位规划中"2020年二道绿隔绿色开敞空间比例达到63%，2035年达到70%"的要求。

2 规划理念与框架

本次规划以三生共融为规划目标，以多层次的开发模式与建设策略统筹生产、生态、生活空间的比例，充分利用原有的水、林、田景观资源，建设景观风貌、游憩功能有别于城市公园的郊野公园体系。

本次规划将"开发—改造—保护"的建设模式与"生活—生产—生态"的空间功能进行对应。通过对综合适建指数、开发倾向指数的计算并考察相对大小，对区域绿地进行了性质划分，以确立区域绿地空间体系。

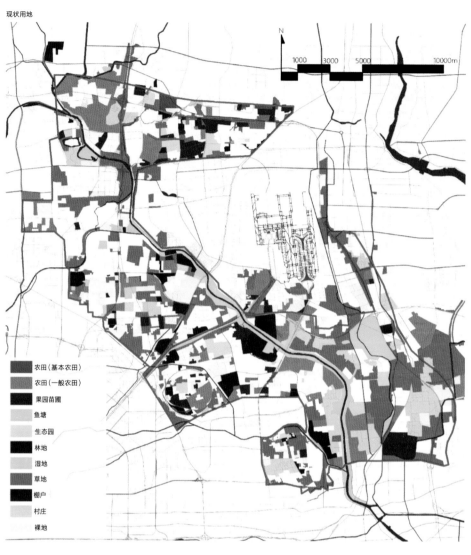

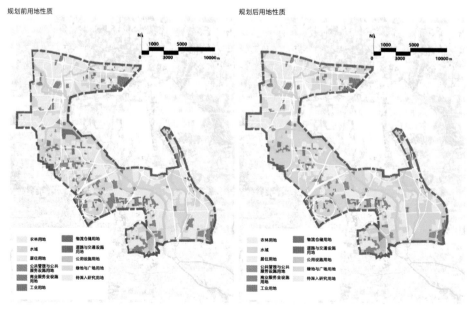

图3-60 前期分析图

3 基于三生共融的选址规划研究

（1）开发倾向指数 = 绿地适宜性 ÷ 生态敏感性

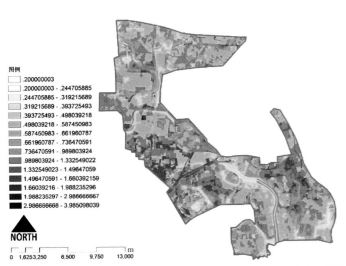

图例
- .200000003
- .200000003 - .244705885
- .244705885 - .319215689
- .319215689 - .393725493
- .393725493 - .498039218
- .498039218 - .587450983
- .587450983 - .661960787
- .661960787 - .736470591
- .736470591 - .989803924
- .989803924 - 1.332549022
- 1.332549023 - 1.49647059
- 1.496470591 - 1.660392159
- 1.66039216 - 1.988235296
- 1.988235297 - 2.986666667
- 2.986666668 - 3.985098039

图 3-61 开发倾向评价图

（2）综合宜建指数 = 绿地适宜性 × 生态敏感性

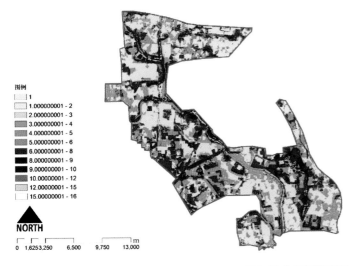

图例
- 1
- 1.000000001 - 2
- 2.000000001 - 3
- 3.000000001 - 4
- 4.000000001 - 5
- 5.000000001 - 6
- 6.000000001 - 8
- 8.000000001 - 9
- 9.000000001 - 10
- 10.00000001 - 12
- 12.00000001 - 15
- 15.00000001 - 16

图 3-62 综合宜建评价图

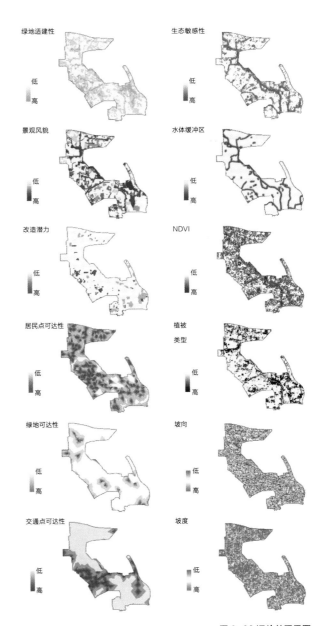

图 3-63 评价单因子图

4 绿色空间规划

通过对两个极端的综合分析, 得出综合适建指数用以指导区域绿地的定界、开发倾向指数, 用以划分区域绿地"开发—改造—保护"的倾向, 并最终确定了区域绿地体系的分类、面积比例及其具体范围。

区域绿地体系可以归纳为"人工营造的生活+"空间、"保护恢复的生态+"空间、"共同做功的生产+"空间以及"功能性绿色空间"四大类, 最终形成了"两带一轴一核多点三楔"的绿地结构。

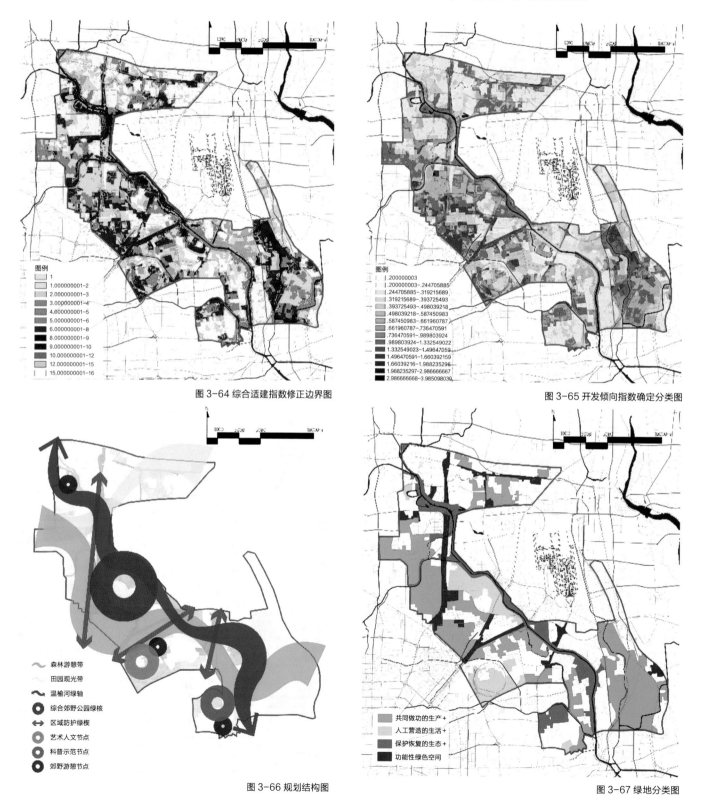

图 3-64 综合适建指数修正边界图

图 3-65 开发倾向指数确定分类图

图 3-66 规划结构图

图 3-67 绿地分类图

图 3-68 "生态 +"功能布局图

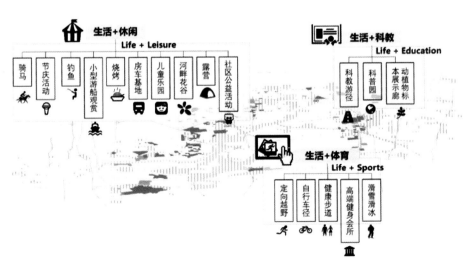

图 3-69 "生产 +"功能布局图

5 郊野公园体系构建

从生态、生产、生活三个层面综合考虑研究构建郊野公园体系。

"生态 +"层面：沿温榆河两岸构建生态走廊,满足生态防护需求的同时兼顾游人亲水、运动的游憩需求;同时在其支流坝河侧规划园林湿地技术科普示范郊野公园,集中展示园林科技成果。

"生产 +"层面：将原状大片林地、田地、荒地尽量连缀成片,进行功能、景观的转置,构成二道绿隔的主体部分,并根据立地条件不同采用多样的建设种植模式。

"生活 +"层面：在区域交通便利且综合条件较佳的区域规划综合型郊野公园,满足多样复杂的功能需求。将黑桥环铁区域原有的艺术家聚集区域改造为艺术人文型郊野公园,并在居民点密集的区域布置点状的社区游憩型郊野公园。

郊野公园类型及面积　　　表 3-6

大类	详细分类	数量	面积（hm²）	分类总面积（hm²）
生态 +	生态恢复型郊野公园	3	2447.2	2879.9
	科普展示型郊野公园	1	432.7	
生产 +	森林游憩型郊野公园	12	7601.0	8992.4
	田园观光型郊野公园	6	1391.4	
生活 +	艺术人文型郊野公园	1	893.8	2181.8
	综合型郊野公园	1	1044.2	
	游憩型郊野公园	3	243.8	
总面积				14054.1

图 3-70 "生活 +"功能布局图

3.3.2 弹性城市视角下的温榆河及周边区域郊野公园体系规划研究

本规划研究以二道绿隔地区东北地区为研究范围，包含了通州、顺义、朝阳、昌平四个区，研究面积 800km²，重点规划范围面积 285km²，范围内现状绿地占比 29%。

研究区域包括北京面向国际的首都枢纽空港，又有北运河、潮白河两大水系，是北京市东部发展带的重要节点之一。规划从弹性理念出发，从生态弹性、社会弹性、经济弹性与灾险弹性四个角度进行挖掘，以实现构建河网生态、服务文化生活、促进产业转型和保障城市安全的规划目标（图 3-71 ~ 图 3-83）。

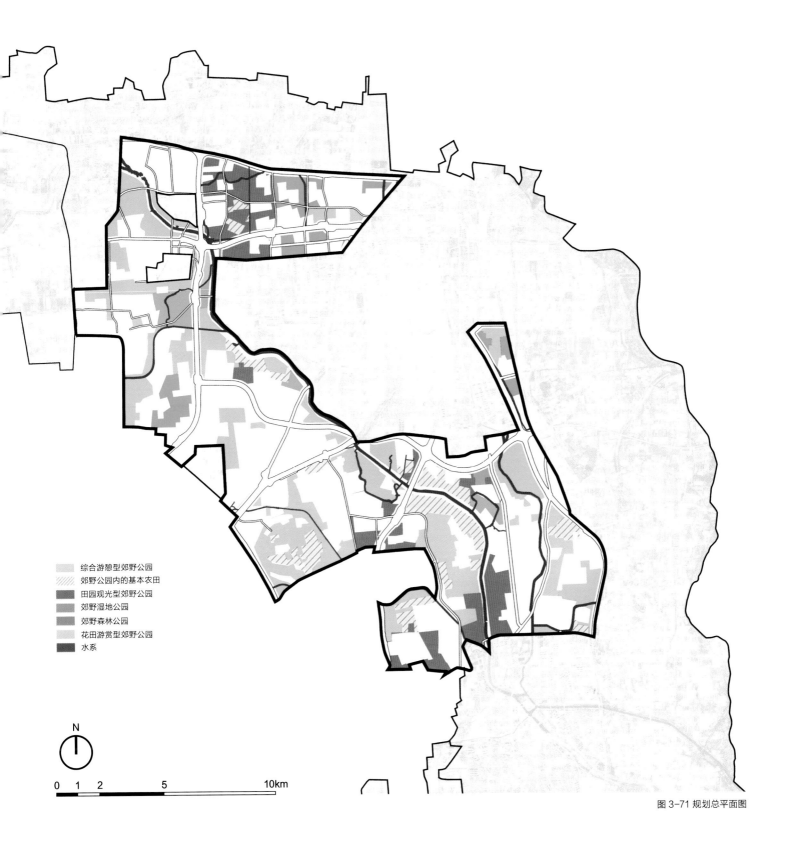

综合游憩型郊野公园
郊野公园内的基本农田
田园观光型郊野公园
郊野湿地公园
郊野森林公园
花田游赏型郊野公园
水系

N

0 1 2   5   10km

图 3-71 规划总平面图

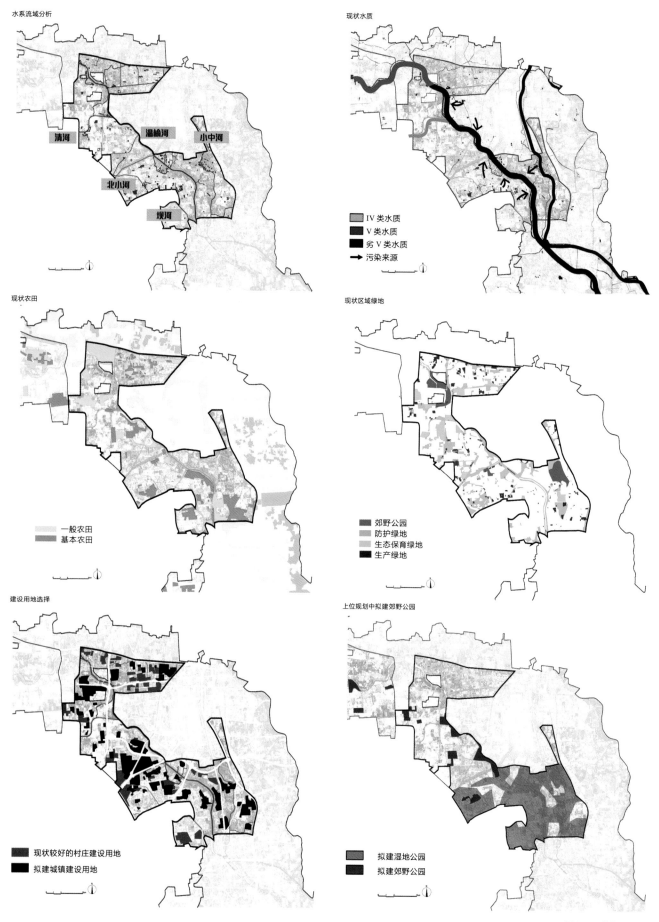

水系流域分析

清河　温榆河　小中河　北小河　坝河

现状水质

☐ IV 类水质
■ V 类水质
■ 劣 V 类水质
→ 污染来源

现状农田

☐ 一般农田
■ 基本农田

现状区域绿地

■ 郊野公园
☐ 防护绿地
☐ 生态保育绿地
■ 生产绿地

建设用地选择

■ 现状较好的村庄建设用地
■ 拟建城镇建设用地

上位规划中拟建郊野公园

☐ 拟建湿地公园
■ 拟建郊野公园

图 3-72 前期分析图

1 前期分析

（1）区位概况

本次规划研究区域位于北京市中心城区东北方向，地势平坦开阔；规划研究面积 800km²，重点规划范围面积 285km²。

（2）上位规划

上位规划对场地作出明确的规划指引，包括：利用平原造林与经济林本底进行郊野公园建设，构建生态保护带形成蓝绿交织的空间体系；建立以温榆河为主体的生态景观带，加强海绵城市建设，发展绿色产业；做好与副中心、国际机场和未来科技城周边绿地空间的衔接，发展新兴产业。

2 规划理念与框架

（1）规划目标

规划以构建河网生态、服务文化生活、促进城市转型、保障城市安全为目标，基于此制定生态弹性、社会弹性、经济弹性与灾险弹性四类规划策略。

（2）规划策略

为达成四类弹性目标，规划将以风景园林的手段，串联林田水网、营造蓝绿网络生态系统，实现生态弹性；融合历史文化、营造健康生活，实现社会弹性；发展田园和绿色产业、结合空港临空经济区，实现经济弹性；利用多功能绿色空间，满足城市安全与避险功能，实现灾险弹性。

图 3-73 规划理念与定位图

城市弹性	生态弹性	社会弹性	经济弹性	灾险弹性
风景园林手段	河网生态的弹性使用	文化生活的弹性保护	多元产业的弹性发展	应激情况的弹性管理
动态适应性	雨洪淹没	公众健康	新兴文创	暴雨防洪
复合多样性	生境多样	文化融合	一二三产	能源供应
网络连通性	水网廊道	交通设施	产业链条	避险路线
恢复转化性	水质气候改善	失地农民就业	田园综合转型	避险场地转换

图 3-74 规划技术路线图

3 基于弹性城市理念的选址规划研究

（1）基于生态弹性的绿色空间适宜性选择

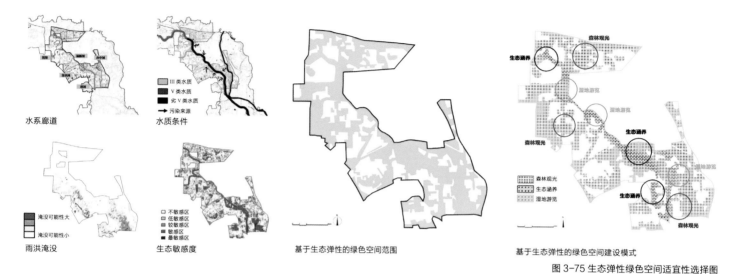

图 3-75 生态弹性绿色空间适宜性选择图

（2）基于社会弹性的绿色空间适宜性选择

图 3-76 社会弹性绿色空间适宜性选择图

(3) 基于经济弹性的绿色空间适宜性选择

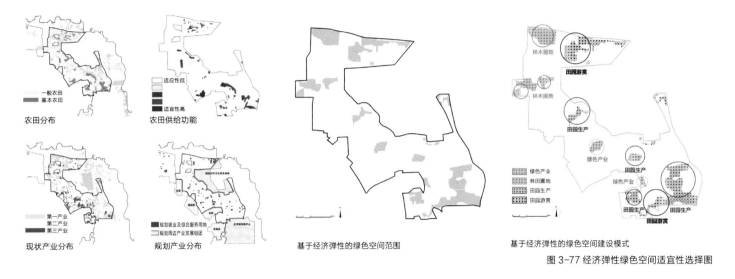

农田分布

农田供给功能

现状产业分布

规划产业分布

基于经济弹性的绿色空间范围

基于经济弹性的绿色空间建设模式

图 3-77 经济弹性绿色空间适宜性选择图

(4) 基于灾险弹性的绿色空间适宜性选择

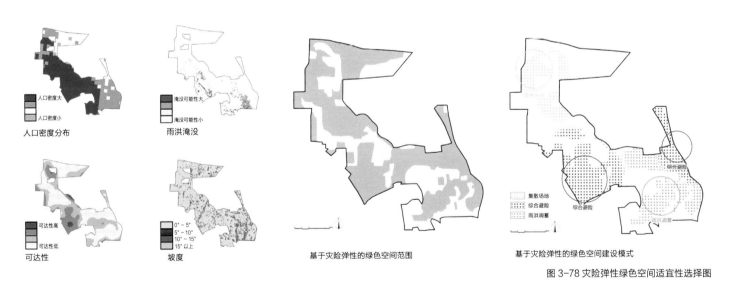

人口密度分布

雨洪淹没

可达性

坡度

基于灾险弹性的绿色空间范围

基于灾险弹性的绿色空间建设模式

图 3-78 灾险弹性绿色空间适宜性选择图

生态弹性潜力空间

社会弹性潜力空间

经济弹性潜力空间

灾险弹性潜力空间

规划建设用地

现状保留村庄建设用地

图 3-79 规划绿地生成过程图

4 绿色空间规划

　　将绿色空间适宜性选择的结果进行叠加，去除其中的规划建设用地以及现状保留村庄建设用地，结合现状绿色空间结构，形成规划绿色空间。

　　规划后的区域绿地中，风景游憩绿地规划总面积 131km²，占规划面积的比例为 45.9%；绿色产业用地规划总面积 10.9km²，占比 3.8%；

圃地规划总面积 20km²，占比 7%；防护绿地规划总面积 36.2km²，占比 12.7%；生态保育绿地规划总面积 9.7km²，占比 3.4%；圃地规划总面积 20km²，占比 7%。规划后绿色空间占规划总面积的比例为 72.8%，区域绿地的比例增加了 47.8%，建设用地占比 27.2%。

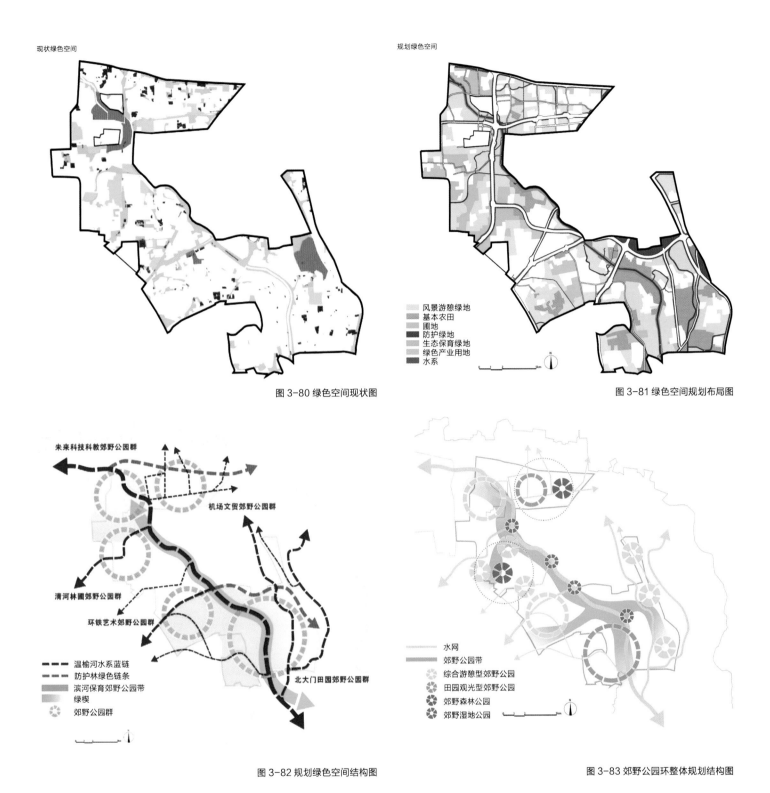

现状绿色空间

规划绿色空间

图 3-80 绿色空间现状图

图 3-81 绿色空间规划布局图

风景游憩绿地
基本农田
圃地
防护绿地
生态保育绿地
绿色产业用地
水系

未来科技科教郊野公园群

机场文贸郊野公园群

清河林圃郊野公园群

环铁艺术郊野公园群

北大门田园郊野公园群

温榆河水系蓝链
防护林绿色链条
滨河保育郊野公园带
绿楔
郊野公园群

图 3-82 规划绿色空间结构图

水网
郊野公园带
综合游憩型郊野公园
田园观光型郊野公园
郊野森林公园
郊野湿地公园

图 3-83 郊野公园环整体规划结构图

5 郊野公园体系构建

在绿色结构规划中，以温榆河水系为生态链条，拓展水系两岸形成生态修复和保育弹性条带；结合现有农田组团设立防护林带，保障田园生产和绿色产业转型；在两带基础上，形成五大郊野公园群以及郊野公园环整体规划，沿郊野公园带规划 36 个大小不同的综合游憩型郊野公园组团，总面积为 63.3km²，占规划总面积的 22.2%；河道交叉处利用郊野

湿地公园形成 4 个链接节点，规划总面积 5.7km²，占比 2%；结合现有农田发展 10 个田园观光型郊野公园，规划总面积 33.9km²，占比 11.9%；结合现有林地发展布置 9 个郊野森林公园，规划总面积 15.7km²，占比 5.5%；规划建设 4 个花田景观型郊野公园，规划总面积 12.2km²，占比 4.3%。

3.4 北京二道绿隔东部平原地区郊野公园体系规划研究

3.4.1 近人、近自然视角下的东部平原地区郊野公园体系规划研究

研究区域位于北京市总体规划中二道绿化隔离地区的东南侧，研究面积 723.2km²，重点规划范围面积 550.5km²。

规划前期将空间归类为城镇空间、农业空间、生态空间和其他空间四种类型。规划从国土风貌的视角对整个区域的空间，尤其是生态空间与绿色空间进行率先认知与规划。在绿色空间规划层面，提出"为现状郊野公园完型，补上消失的缺环，增加以自然空间为统领、有机组织城镇空间和乡村空间的平原区绿色空间"的策略。在郊野公园体系构建层面，提取绿色空间中的典型片段，建设近人、近自然的平原区郊野公园体系（图 3-84 ~ 图 3-96）。

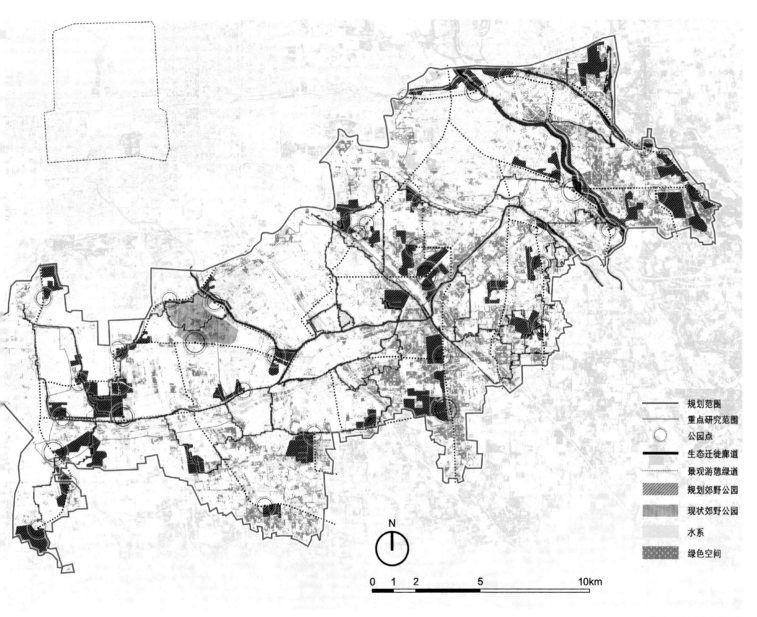

规划范围
重点研究范围
公园点
生态迁徙廊道
景观游憩绿道
规划郊野公园
现状郊野公园
水系
绿色空间

N

0 1 2 5 10km

图 3-84 规划总平面图

1 前期分析

首先对研究范围内的空间进行归类,分为城镇空间、农业空间、生态空间和其他空间四种类型。

(1)生态空间

生态空间是以提供生态产品或生态服务为主体功能的空间,既包括自然存在的河流、湖泊、森林等,也包括人工建设的人工林、水库等。对应到土地类型中,是指林地、草地、裸地与湿地水域。

(2)农业空间

农业空间包括耕地、园地、其他农用地等农业生产空间,农村居民点及其建设空间等农村生活空间。对应到土地类型中,指耕地、村庄建设用地。

(3)城镇空间

城镇空间包括城镇建设空间、工矿建设空间以及部分乡级政府驻地的开发建设空间。

(4)其他空间

其他空间指纵横于上述三类空间中的交通、能源、通信、水利等基础设施,以及军事、宗教等特殊用地构成的空间。

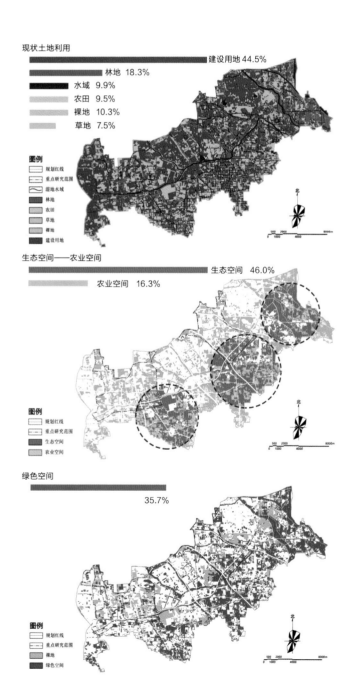

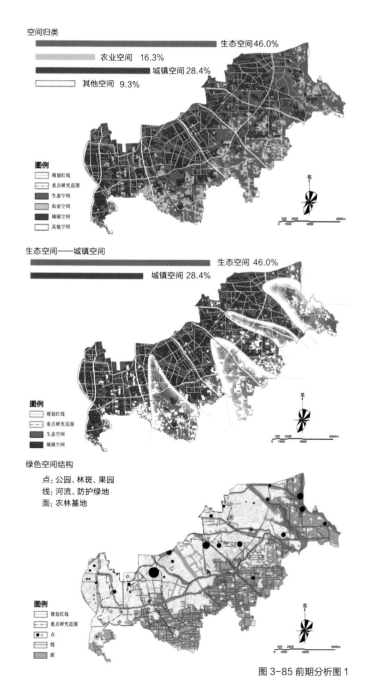

图 3-85 前期分析图 1

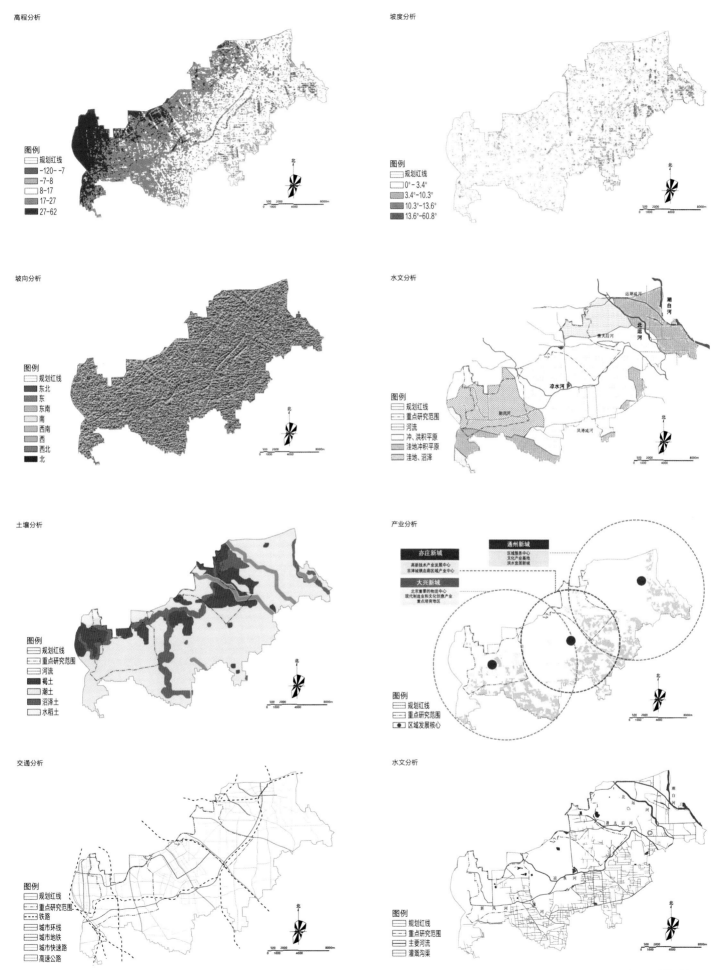

高程分析

坡度分析

坡向分析

水文分析

土壤分析

产业分析

交通分析

水文分析

图 3-86 前期分析图 2

2 规划理念与框架

　　在划分四类空间的基础上，进行郊野公园选址研究，首先从国土风貌视角下对整个区域的生态空间与绿色空间进行率先认知与规划，进而以绿色空间为基底，选择具有典型性的一系列区域作为建设郊野公园的区域。

　　规划在现状绿色空间的基础上，重新组织西北城镇空间和东南农业空间的绿色空间，补全北京消失的绿环。

3 绿色空间规划

　　基于规划区域裸地质量以及河流分布，得出可进行裸地提升范围；基于农田等级划分以及基本农田分布，得出农田转质范围；基于总体规划中通风廊道的规划以及 LST 分级分布，得出区域通风廊道规划；综合区域水文格局及生物格局，得出生态安全格局；综合绿色空间分布、历史绿色空间分布、农田分布及区域水文生态，得出绿色空间规划结果。

　　规划通过提取优质绿色空间，建设近自然的生态廊道、近人的游憩廊道；分析现状河网水系进行近自然绿色连接，联系遗址、乡村农业用地形成特色游憩斑块；结合现状郊野公园分布，增加以自然空间为统领、有机组织城镇空间和乡村空间的平原区绿色空间，组成近人、近自然的平原区郊野公园体系。

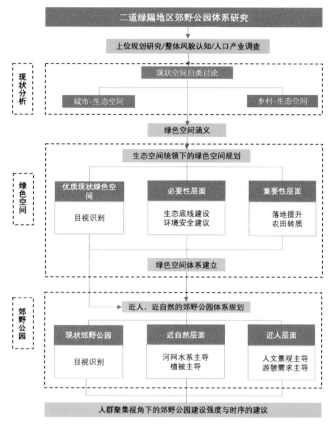

图 3-87 规划技术路线图

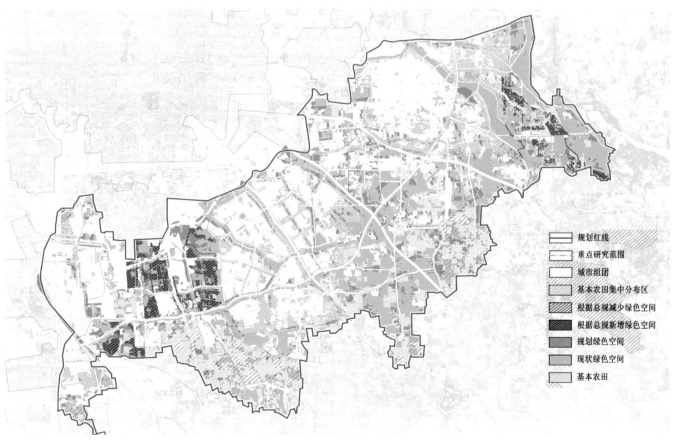

图 3-88 绿地布局图

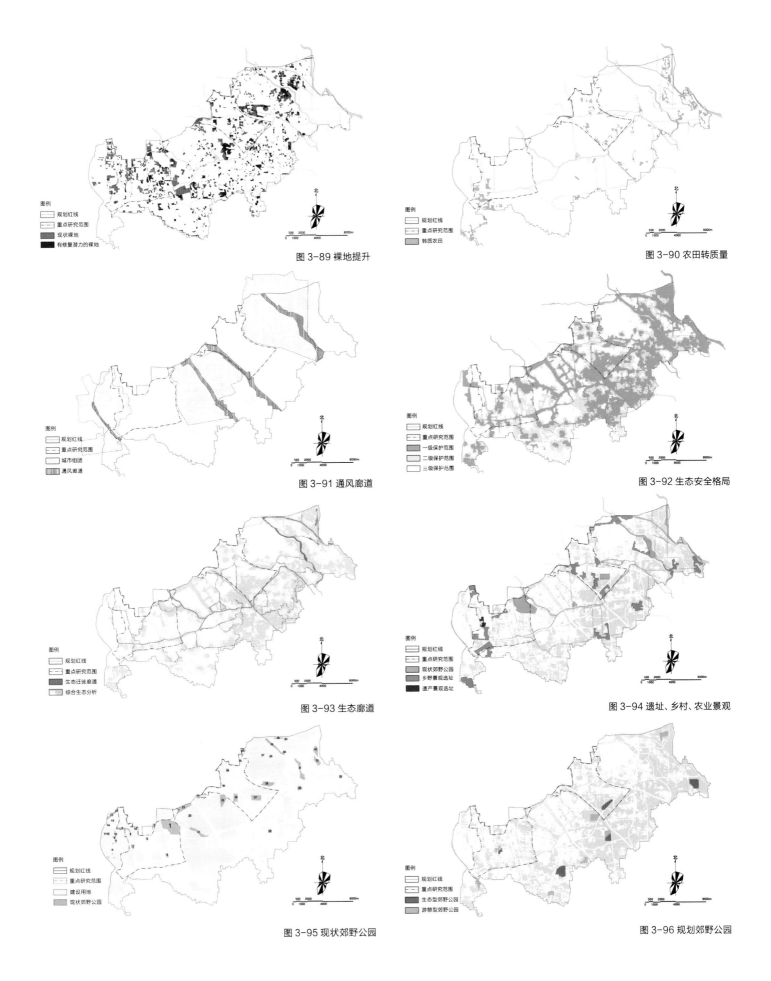

图例
规划红线
重点研究范围
现状裸地
有修复潜力的裸地

北
500 2000 8000m
0 1000 4000

图 3-89 裸地提升

图例
规划红线
重点研究范围
转质农田

北
500 2000 8000m
0 1000 4000

图 3-90 农田转质量

图例
规划红线
重点研究范围
城市组团
通风廊道

北
500 2000 8000m
0 1000 4000

图 3-91 通风廊道

图例
规划红线
重点研究范围
一级保护范围
二级保护范围
三级保护范围

北
500 2000 8000m
0 1000 4000

图 3-92 生态安全格局

图例
规划红线
重点研究范围
生态迁徙廊道
综合生态分析

北
500 2000 8000m
0 1000 4000

图 3-93 生态廊道

图例
规划红线
重点研究范围
现状郊野公园
乡野景观选址
遗产景观选址

北
500 2000 8000m
0 1000 4000

图 3-94 遗址、乡村、农业景观

图例
规划红线
重点研究范围
建设用地
现状郊野公园

北
500 2000 8000m
0 1000 4000

图 3-95 现状郊野公园

图例
规划红线
重点研究范围
生态型郊野公园
游憩型郊野公园

北
500 2000 8000m
0 1000 4000

图 3-96 规划郊野公园

4 北京市郊野公园设计模式研究

《北京城市总体规划（2014—2035年）》中提出建设二道绿隔郊野公园环，提高第二道绿化隔离地区绿色空间比重，推进郊野公园建设，形成以郊野公园和生态农业为主的环状绿化带，将是扩大绿色空间规模、提高生态服务质量的重要措施。国内目前尚未对郊野公园的定义有统一界定，但是其改善生态环境、休闲游憩和维护城市安全等协调城乡发展的功能已获得学界认可。

本次北京市郊野公园设计模式研究将在二道绿隔研究区域内，针对不同主导功能的郊野公园类型，选择恰当的模式进行研究性设计。

4.1 蓝绿协同模式下的郊野公园设计研究

4.1.1 冷岛效应模式下的沙河闸湿地郊野公园设计研究

场地位于温榆河上游初始段,面积为485.12hm²。

设计探究冷岛效应最大化的蓝绿空间组合模式,并据此制定水体、地形、植被营建策略,以期打造城市北郊蓝绿交映的湿地型郊野公园(图4-1~图4-11、表4-1、表4-2)。

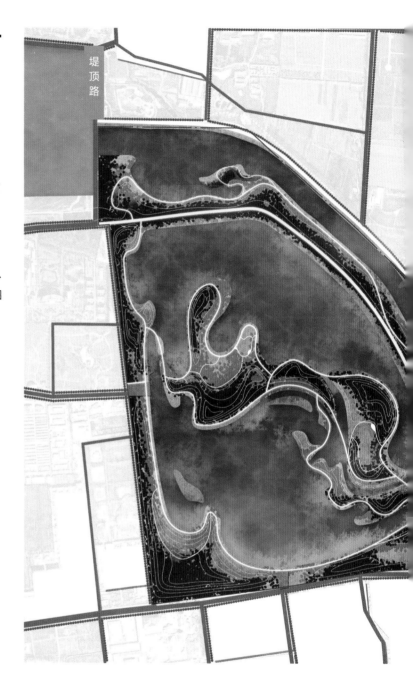

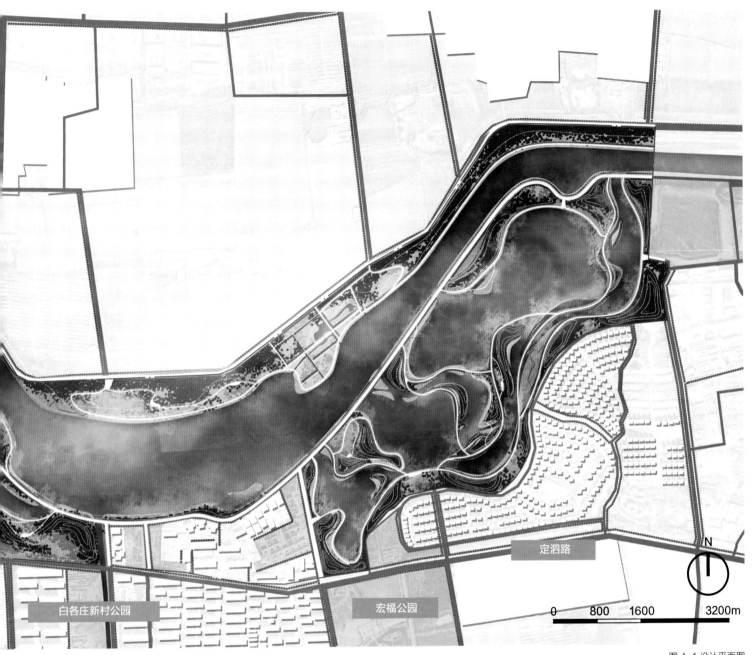

白各庄新村公园

宏福公园

定泗路

N

0　800　1600　3200m

图 4-1 设计平面图

1 前期分析

（1）区位分析

　　总体规划中，场地位于水源涵养廊道的一级风廊上，规划定位为湿地型郊野公园。

（2）用地分析

1）周边用地分析

　　周边建设用地以居住用地为主，南侧有部分商业用地及公共管理与公共服务设施用地，工业用地零散分布于场地周边。

　　非建设用地以农林用地为主，少部分荒地零散分布于场地周边。

　　场地周边具备一定蓝绿空间基础，温榆河上游初始段是由东沙河、北沙河、南沙河三条支流经沙河水库汇合而成。周边绿色空间连接紧密，以生产绿地为主，公园绿地有白各庄新村公园、宏福公园两处；风景游憩绿地有滨河森林公园、白鹭园等两处；区域设施防护绿地主要沿河分布。

2）内部用地分析

　　场地内部有少量居住用地，主要是三类居住用地，规划设计中将考虑适当拆除。

　　蓝绿空间基础方面，温榆河流经场地，此外内部还存在两处较大的水体。绿色空间包含两处公园绿地，一个风景游憩绿地，一个生产绿地，以及部分农田和荒地。

2 设计理念

（1）设计目标

　　构建基于冷岛效应的湿地型郊野公园，以实现冷岛效应最大化为设计目标。

（2）设计框架

　　探究水体空间、绿色空间布局对降温幅度、降温范围及降温梯度的影响，寻求蓝绿空间最佳布局模式。已有研究表明，水体和绿地主要分布在低温区和极低温区，容易形成冷岛中心，对城市冷岛效应贡献最大。

　　降温幅度表示地表温度曲线第一个转折点温度与公园内部温度之差，单位为℃；降温范围表示场地周边地表温度曲线第一个转折点位置到公园边缘的距离，单位为 m；降温梯度表示单位距离内的平均降温幅度，单位为℃/m。

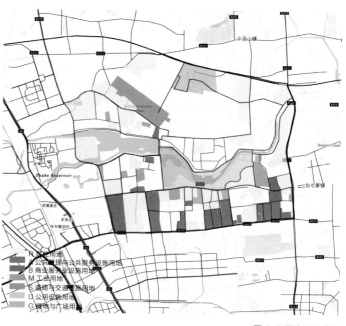

图 4-2 周边用地分析

图 4-3 内部用地分析

场地内部用地平衡表　　　　　　表 4-1

类型	体育用地	荒地	三类居住用地	生产绿地	农田	风景游憩绿地	二类居住用地	公园绿地	商业用地
面积（hm²）	131.5	97.1	30.3	15.5	15.1	10.8	5.7	5.4	0.9
占比（%）	27.1	20	6.2	3.2	3.1	2.2	1.2	1.1	0.2

3 冷岛模式研究

(1)蓝绿布局比例研究

设计六种不同蓝绿空间组合模式,运用 ENVI-MET 软件对其进行温度模拟,探究不同蓝绿比例组合下的降温幅度及降温范围。结果表明:在绿地面积为 40%,水体面积为 60% 时冷岛效应最佳。

(2)水体营建模式研究

运用 ENVI-MET 软件对不同水体布局、水体形状及周边不透水面布局进行冷岛效应模拟,探究最佳水体营建模式。结果表明:水体分散布局时,冷岛效应更佳;水体形状越复杂、周围不透水面越分散,冷岛效应越强。

(3)绿地营建模式探究

运用 ENVI-MET 软件对六种不同林草组合模式进行冷岛效应模拟,探究不同林地比例组合下的降温强度及降温效率。结果表明:林地比例上,林地占全部地类总面积的 80% 时,冷岛效应最佳;绿地斑块面积及形状指数上,在林地斑块接近 37hm²,形状指数接近 0.03 时,冷岛效应最佳;林地结构类型上,阔叶混交林且郁闭度在 0.6 ~ 0.85 之间时,冷岛效应最佳;风廊布局上,在廊道满足宽度 140m 左右、宽长比为 3∶16 时,冷岛效应最佳。

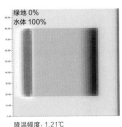
绿地 0%
水体 100%
降温幅度:1.21℃
降温范围:100m

绿地 20%
水体 80%
降温幅度:1.18℃
降温范围:90m

绿地 40%
水体 60%
降温幅度:1.05℃
降温范围:75m

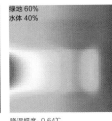
绿地 60%
水体 40%
降温幅度:0.64℃
降温范围:60m

绿地 80%
水体 20%
降温幅度:0.21℃
降温范围:55m

绿地 100%
水体 0%
降温幅度:-
降温范围:50m

图 4-4 蓝绿布局比例研究

水体模式 1
降温幅度:1.05℃
降温范围:75m

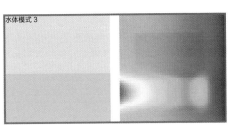
水体模式 3
降温幅度:1.05℃
降温范围:75m

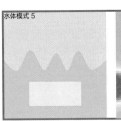
水体模式 5
降温幅度:1.16℃
降温范围:79m

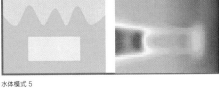

水体模式 2
降温幅度:1.23℃
降温范围:86m

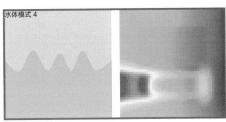
水体模式 4
降温幅度:1.23℃
降温范围:79m

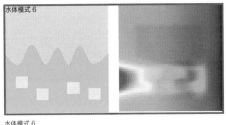
水体模式 6
降温幅度:1.21℃
降温范围:83m

图 4-5 水体营建模式研究

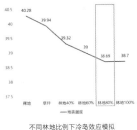
不同林地比例下冷岛效应模拟

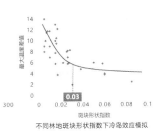
不同林地斑块面积下冷岛效应模拟

不同林地斑块形状指数下冷岛效应模拟

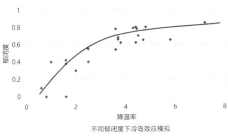
不同郁闭度下冷岛效应模拟

图 4-6 绿地营建模式研究

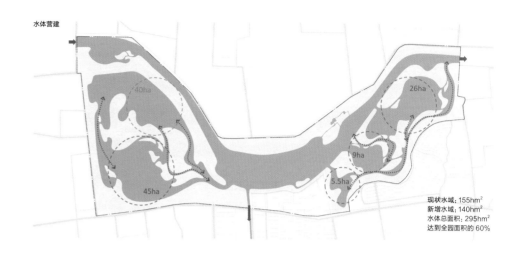

水体营建

现状水域：155hm²
新增水域：140hm²
水体总面积：295hm²
达到全园面积的 60%

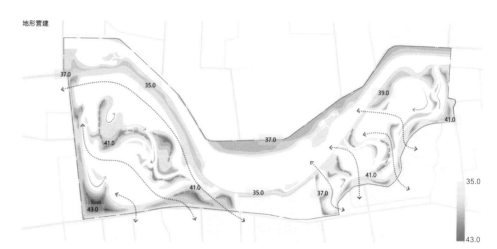

地形营建

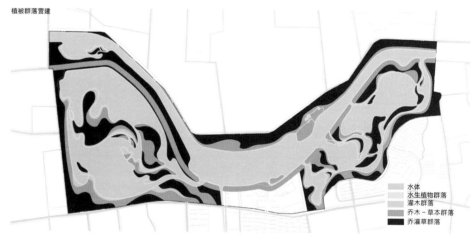

植被群落营建

水体
水生植物群落
灌木群落
乔木－草本群落
乔灌草群落

图 4-7 冷岛营建策略

4 冷岛营建策略

（1）水体营建

　　湖泊是冷岛效应最强的水体类型，设计利用 1 处现状湖泊、4 处新增湖泊进行水体营建，共形成 5 处冷岛中心。

（2）地形营建

　　整体地形的营建在水环境的基础上，顺应主风向，借助风廊将水体产生的冷岛效应向城市输送。营造微地形，增加局部气流微循环，形成舒适的小气候。

（3）植被群落营建

　　基于植被群落组合研究结果，保证林地比例占 80% 以上；同时丰富群落结构，以野生草本、灌木增加地被覆盖率，防止露土。

5 设计验证

　　分别对设计前后的场地气温进行模拟，发现设计后场地平均降温 3.7℃，降温可辐射至场地周边 1.5km 的范围。

植被群落组合研究　　　　　　　　　　表 4-2

林相	乔+灌+草	乔+草	乔+草
郁闭度	0.6~0.85	0.2~0.4	0.2
分布	顺应地形集中布置，单块最好不小于 3hm²	主要布置于地形两侧及水域的下风向	河流堤顶路两侧及主风向平行的园路两侧
目的	最大程度激发冷岛效应	顺应城市风向引导气流	顺应城市风向引导气流

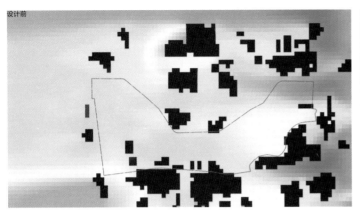
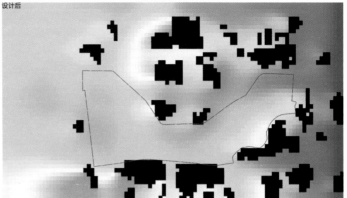

图 4-8 场地气温模拟验证

图 4-9 林荫慢行道效果图

图 4-10 湿地体验场地效果图

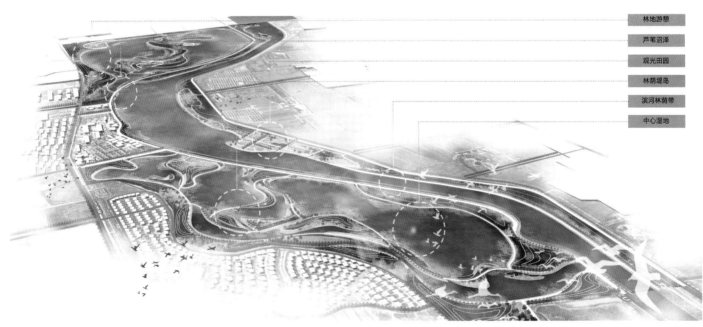

林地游憩

芦苇沼泽

观光田园

林荫堤岛

滨河林荫带

中心湿地

图 4-11 鸟瞰图

4.1.2 水质和水动力模拟模式下的南沙河湿地公园设计研究

场地位于南沙河上庄水库断面及玉河橡胶坝断面间，面积为 261.8hm²。场地所在河段是河流重要的水质提升段，是南沙河下游开展源头治理，以及上游翠湖湿地公园进行旱涝调节和生态治理的重要一环。

设计基于水质和水动力模拟测试，布局湿地净化体系，并在此基础上进行湿地游憩系统布局，希望为南沙河提供水体净化样板，打造蓝绿交织的湿地型郊野公园（图 4-12 ~ 图 4-22、表 4-3 ~ 表 4-6）。

图 4-12 设计平面图

1 前期分析

（1）用地分析

现状用地性质上，场地内有林地和一般农田，分布于河岸两侧；还存在大量建设用地，分散分布于河道周边。场地规划用地性质主要为风景游憩绿地。

（2）水系分析

场地内水系组织形式丰富，主河道形态较为自然，5 条支渠则多有硬化；场地内还存在零星的坑塘湿地。河段总体水质为 V2 类。

2 设计理念

（1）设计目标

从水质净化和郊野游憩两个角度打造"可居、可游、可亲"的湿地型郊野公园。

（2）设计框架

首先根据水质要求对设计场地全区所需湿地面积进行测算，之后结合游憩强度需求，提出满足游憩安全的水质提升核心区，并相应计算出此游憩核心区所需的净化湿地面积。接下来根据行洪条件、河道形状、流场条件开展详细湿地布局研究，形成湿地体系。最后在湿地布局的基础上进行游憩活动布局。

3 湿地净化布局研究

（1）全区湿地面积测算

首先，基于北京市水务局官网发布的 2018 年 9 月南沙河水质情况，以及《北京市"十三五"时期水务发展规划（2016 年）》提出的河道水质达到四类水的净化目标，进行全区湿地面积计算，再根据表流湿地与潜流湿地净化能力得出全区对湿地面积的需求是 153hm² 的表流湿地或 25hm² 的潜流湿地。

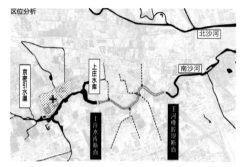

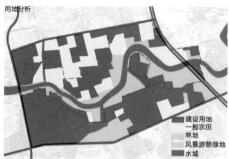

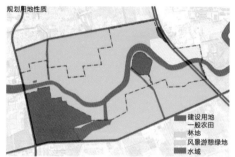

图 4-13 前期分析

全区湿地面积测算　　　　　　　　　　表 4-3

	湿地有效面积（m²）	处理水量（m³/d）	COD进水污染物浓度（mg/L）	出水污染物浓度（mg/L）	反应速率系数 $t=25$	有效水深（m）	孔隙率
	A	Q	C_i	C_e	K	h	m
表流湿地	267143	30000	60	30	0.278	0.4	0.7
潜流湿地	42723	30000	60	30	1.014	1.2	0.4

游憩核心区湿地面积测算　　　　　　　　表 4-4

	湿地有效面积（m²）	处理水量（m³/d）	COD进水污染物浓度（mg/L）	出水污染物浓度（mg/L）	反应速率系数 $t=25$	有效水深（m）	孔隙率
	A	Q	C_i	C_e	K	h	m
表流湿地	1538744	172800	60	30	0.278	0.4	0.7
潜流湿地	246087	172800	60	30	1.014	1.2	0.4

湿地类型对比研究　　　　　　　　　　表 4-5

	表流湿地	水平潜流湿地	垂直潜流湿地
污染物去除率（BOD）	40%~70%	45%~85%	50%~90%
湿地单元面积（m²）	<800	<1200	<1200
水深（m）	0.3~0.5	0.4~1.6	0.4~1.6
适宜长宽比	3:1~5:1	<3:1	<3:1
水力坡度	<0.5%	0.5%~1%	0.5%~1%
水力停留时间（h）	4~8	1~3	1~3
造价	较低	较高	较高

地表径流

洪水淹没范围分析

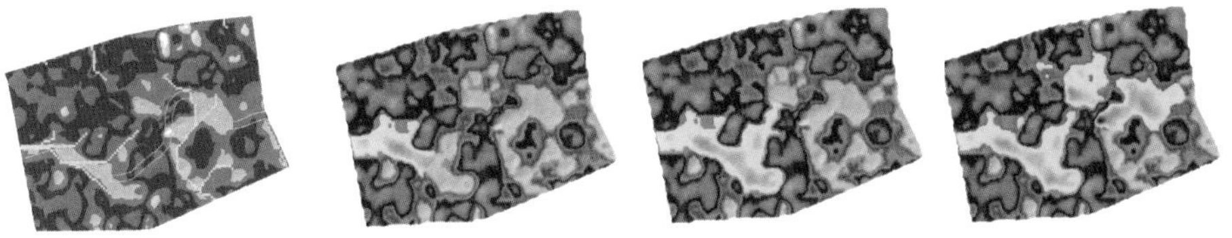

图 4-14 行洪条件分析

增加缓解行洪压力的泄洪廊道

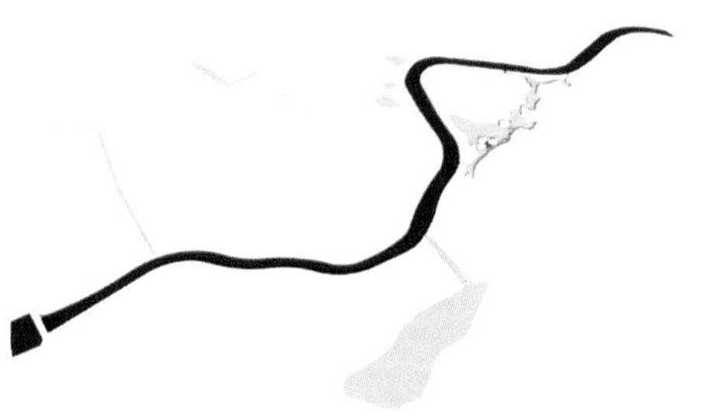

水质净化能力

构建曲直相结合的内河水系

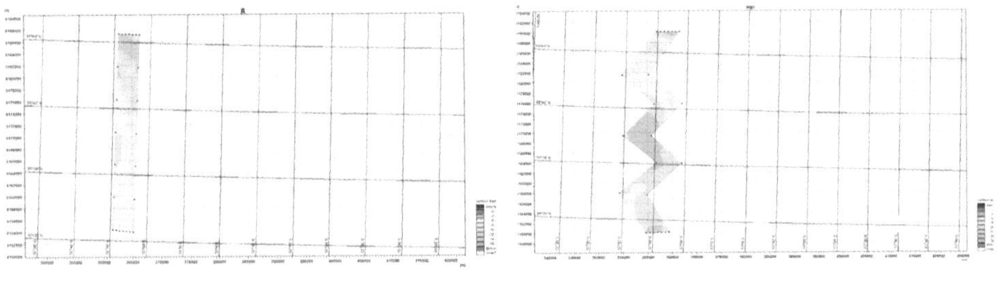

水流速度　　水位变化　　水流方向变化　　溶解氧浓度　　BOD 浓度

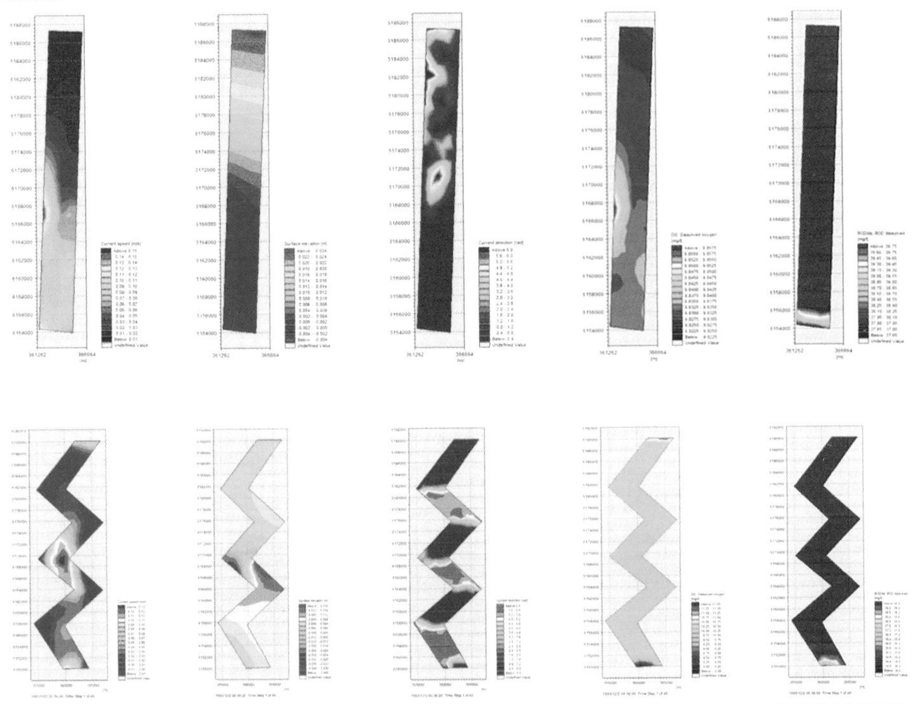

通过扩大水面,降低流速,达到深度进化

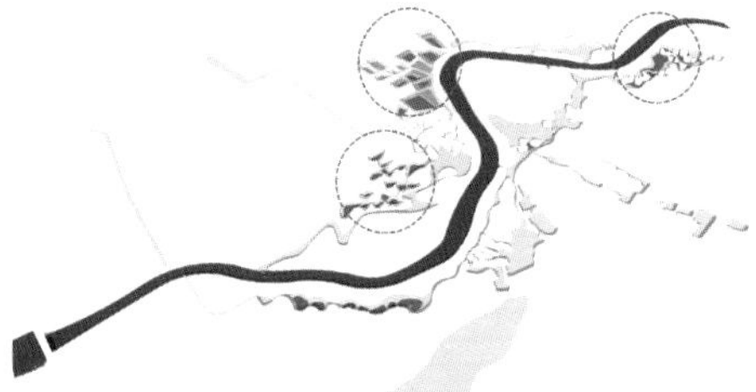

通过扩大淹没区面积,降低流速,达到深度进化

图 4-15 河道形状分析

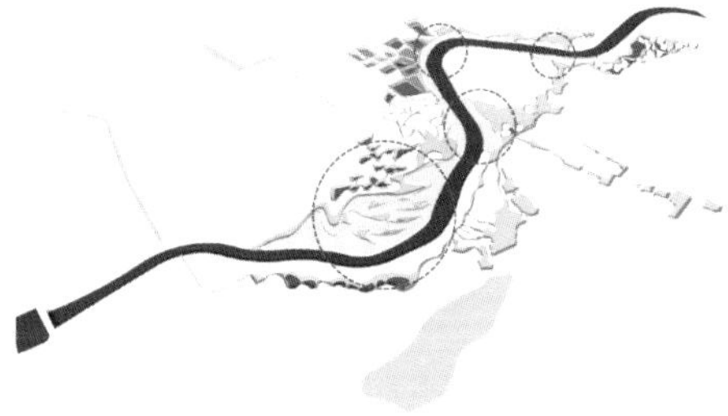

在污染干渠入河道的河口位置构建净化湿地

流场分析

流速条件模拟　　　　BOD 分布模拟

图 4-16 流场条件分析

图 4-17 湿地布局体系生成过程

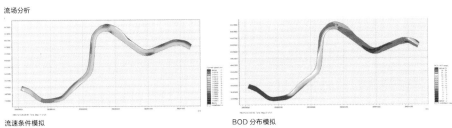

（2）游憩核心区湿地面积测算

对场地区位进行深入研究后，决定将核心区选址定在与城区联系更紧密、游憩需求更强的故宫北院区附近，得到核心区面积共计261.8hm²。用与计算全区湿地面积相同的步骤计算出游憩核心区对湿地面积的需求是 27hm² 的表流湿地或 4hm² 的潜流湿地。

（3）湿地类型对比研究

将表流湿地、潜流湿地（包括水平潜流湿地、垂直潜流湿地）两种湿地类型进行对比，得到游憩核心区基本的湿地布局原则，即在靠近水系上游人流量较小的区域布局潜流湿地，在大面积景观水体区域布局表流湿地。

（4）湿地净化布局的生成

从行洪条件、河道形状、流场条件三个角度出发探索它们对湿地布局的指导作用并逐步完成对游憩核心区的湿地布局设计。最终的净化湿地将在河道上游潜流湿地集中净化的基础上，以内河湿地为主，水泡湿地、坑塘湿地为辅进行布局，形成多类型、多深度的湿地净化布局。

1）行洪条件

利用 GIS 对设计场地进行地表径流分析，在地表径流较大的区域构建湿地廊道，缓解汇水压力；利用 HECRAS 水文模拟软件进行 2D 洪水淹没范围分析，构建行洪廊道，增加水文连通性；在河道以外的淹没区域加设湿地。

2）河道形状

在水流速度方面，曲折水系水体流速较慢，更适合做表流湿地，直水系则更适合潜流湿地；在水位变化方面，曲折水系可以更好地控制水位变化；在水流方向方面，直水系内部存在一定的水流方向变化，曲折水系在转角处水流方向变化较大，可容纳更多的净化单元。在净化效果方面，曲折水系对 BOD 等污染物净化效果更好，直水系更有利于提高溶解氧浓度。

3）流场条件

利用 SMS 与 MIKE 水文模拟软件对现状

图 4-18 湿地净化布局

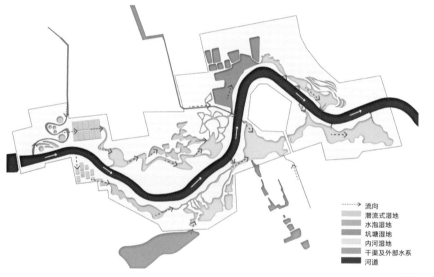

图 4-19 湿地类型

- - - → 流向
　　　　潜流式湿地
　　　　水泡湿地
　　　　坑塘湿地
　　　　内河湿地
　　　　干渠及外部水系
　　　　河道

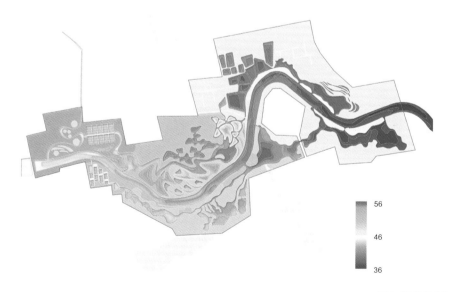

图 4-20 设计高程

河道的流速条件及 BOD 浓度分布进行模拟，得到河道中部及北侧水流速度较快，可在保证河道基本形态的前提下放大水面、降低流速进行深度净化；又因河道中部污染物浓度较高且有干渠污水汇入，应在该位置进行着重净化。

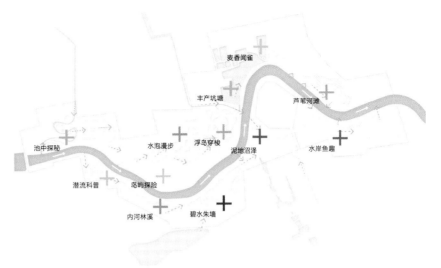

图 4-21 湿地游憩活动类型

4 湿地游憩营建策略

（1）"湿地 +"模式

考虑到人类活动对湿地系统的干扰，划分出三种承载不同人类活动强度的"湿地+"的营建模式。

湿地与林网结构复合模式：将内河与河滩湿地、林网结合，保留现有林地，使其作为动物繁殖、生长的栖息地。

生产型湿地模式：利用坑塘调蓄地表径流，提供灌溉用水并净化农田产生的污染。结合坑塘与农田营建生产型湿地，采用稍高的设计强度，营造丰富的活动空间。

景观型潜流湿地模式：将潜流湿地与低介入的林地结合。

（2）湿地游憩活动类型

结合现状条件布局游憩活动类型，结合现状湿地水系与活动布置游憩步道系统与游憩设施系统。

5 设计验证

设计后，场地内潜流湿地为 6.3hm²，表流湿地为 102hm²。利用 MIKE 水文模拟软件对设计后水质净化效果进行模拟，得到场地内河段污染物浓度从 60mg/L 降低到 31.7mg/L，基本达到地表水四类标准（COD、氨氮、TP 浓度全年不超过 30mg/L、1.5mg/L、0.3 mg/L）。

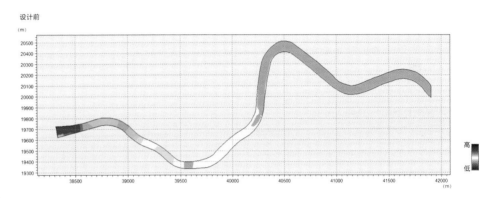

设计前

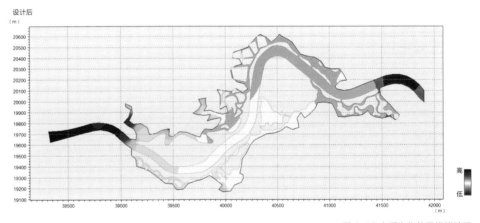

设计后

图 4-22 水质净化效果模拟验证

设计后水质净化效果计算　　　　　　　　　　　表 4-6

	湿地有效面积（m²）	处理水量（m³/d）	COD进水污染物浓度（mg/L）	出水污染物浓度（mg/L）	反应速率系数 t=25	有效水深（m）	孔隙率
	A	Q	C_i	C_e	K	h	m
表流湿地	1020502	72800	50.2	31.7	0.278	0.4	0.7
潜流湿地	63312	72800	60	50.2	1.014	1.2	0.4

4.1.3 通风廊道模式下的城市森林规划设计研究

　　研究设计场地位于北京市南五环路与团河路东侧，属于上位规划的二级通风廊道范围，面积为155hm²。

　　随着城市化进程不断推进，城市出现热岛效应、污染物富集等问题。在充分尊重上位规划的基础上针对通风廊道的营建与研究思路，对城市森林进行规划设计。通过计算流体力学软件评估与模拟得出的数据，对城市通风廊道建设具有现实参考意义（图4-23～图4-42）。

居住

居住

物流仓储用地

河流

林地

居住

林地

图 4-23 设计平面图

1 前期分析

（1）上位分析

地块位于中轴线南侧西红门北京新机场高速东侧，总面积 155hm²。地块在中心城区边缘，建设区与生态涵养区交界处，且处于北京市二级通风廊道和楔形绿地廊道上，通风潜力巨大。

（2）场地现状分析

场地地势平坦，内部及周边用地类型主要是工业用地、物流仓储用地及废弃地。局部有少量居住区用地，且根据上位规划，内部建筑均需拆除。场地旁有较好的水源条件，可作为水系营造引水使用。研究认为西红门地块适宜营建以提高通风质量为主要目标的通风型城市森林。

2 设计理念

北京市提出留白增绿，让森林进入城市的目标来应对多种城市病。城市森林具有多种生态功能，是城市生态系统的重要组成部分。构建城市通风廊道是提升城市空气流通能力和缓解城市环境问题的有效措施。本研究旨在探索通风廊道附近的城市森林营建策略，使城市森林成为提高城市通风质量的绿色空间，促进城市生态系统的可持续发展。设计提出从空间布局、骨干树种、植物群落类型、活动体系四个方面共同营建通风型城市森林，并以北京市西红门镇的一块腾退地区域为例，通过计算流体力学软件对城市森林的结构与布局进行模拟，得到最优空间布局，基于树种关联度和 i-Tree 模型对森林骨干树种选择，并提出营建通风性、降温增湿性、滞尘去污染性三种群落类型。通过对通风型城市森林营建策略研究可以为未来城市提升通风质量的森林建设提供参考依据。

3 通风廊道的结构研究

（1）廊道方向

通过数据分析发现北京地区偏北风和偏南风出现的频率最高，空气污染月份占全年 25%、空气优良月份占全年 4.1%，雾霾污染程度逐年加重。冬季为雾霾严重期，11月到次年3月的 PM2.5 值相对较高，因此采用冬季盛行风西北风向构建通风廊道。

（2）廊道风速

北京地区（尤其是在大兴地区）风速小于等于3m/s的风出现频率占85% 左右。通过八种风力等级下的廊道风速研究得出 0.3～3m/s 的风为软轻风，因此确定模拟风速为 3m/s 的结论。

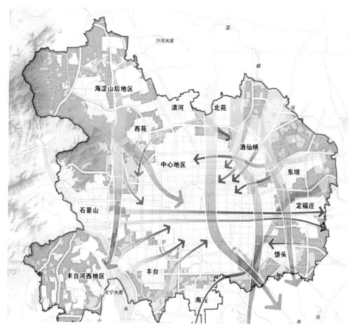

图 4-24 北京市中心城区通风廊道规划示意图
（图片来源：《北京城市总体规划（2016—2035 年）》）

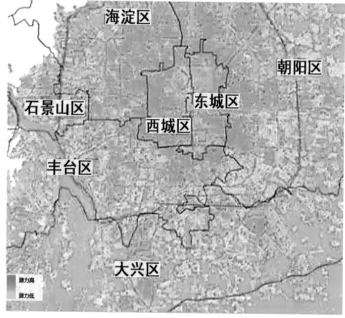

图 4-25 通风潜力评价

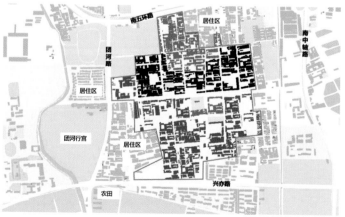

图 4-26 场地现状分析图

（3）评价方法

通过公式 $Q = \alpha A \sqrt{\dfrac{2\Delta \rho}{\rho}}$ 计算，其中 Q 为气体流量 m^3/h ，α 为系数，A 为截面面积 $\triangle \rho$ 是进风位置平均压强与出风位置平均压强差，ρ 为气体密度。再利用 Exotect 模拟得到具体数据代入进行评价比较。

（4）构建模式

竖向综合体的构成要素包括地形、植物、水体，构成要素的生风模式包括狭管效应、爬坡效应、风影效应。其中狭管效应是气流在廊道状狭长空间内挤压所造成的气流速度加快的现象，爬坡效应是气流在遇到坡地时，出现风速先减小后增加的现象，风影效应是阻碍气流表现出双重环境效应。最终通过三种生风模式形成场地结构和布局。

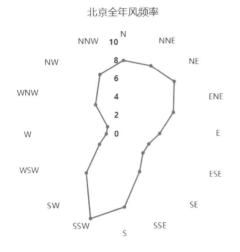

图 4-27 北京全年风频率示意图

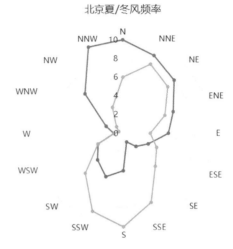

图 4-28 北京夏 / 冬风频率示意图

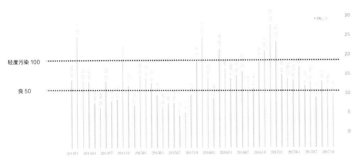

图 4-29 2014 ~ 2017 年每月 PM2.5 平均值图表

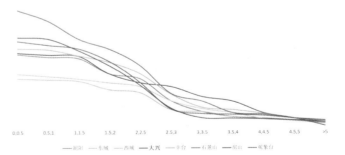

图 4-30 北京各区观象台不同风速段风出现频率统计图表

图 4-31 构建方法模式图

（5）结构模拟

1）极端情况对比

在极端情况对比下，通风效益模拟数值如下：全部草坪为1.0162N、全部水面为1.0420N、全部建筑为0.4150N、全乔草结构林冠层和全乔草结构林下层为1.0210N。全水面及全乔灌草结构通风效率最高。同时水与乔草2：1情况下结果为1.034N、水与乔草1：1结果为1.09N、水与乔草1：2情况下结果为1.1702N。由于树林林冠层与地面会形成水平向的横向狭管，因此场地内水体和乔草结构1：2较为适宜。

2）竖向综合体宽度

在模拟结构中竖向综合体的宽度，增长先增后减，发现宽度在140m左右效果最佳。其数据有四组：第一组竖向综合体宽度在70m时，截面积比例为0.785%、压力差为0.8Pa、气流量为0.7021N；第二组竖向综合体宽度在140m时，截面积比例为0.625%、压力差为1.3Pa、气流量为0.7126N；第三组竖向综合体宽度在280m时，截面积比例为0.47%、压力差为1Pa、气流量为0.4700N；第四组竖向综合体宽度正在560m时，截面积比例为0.31%、压力差为0.5Pa、气流量为0.2192N。

3）竖向综合体长宽比

长宽比先增加后减小，发现长宽比16：3时效果最佳。其数据包括以下四组：竖向综合体长宽比为4：3时，截面积比例为1%、压力差为0.42Pa、气流量0.6480N；竖向综合体长宽比为8：3时，截面积比例为1%、压力差为1Pa、气流量为1N；竖向综合体长宽比为16：3时，截面积为1%、压力差为2Pa、气流量为1.4142N；竖向综合体长宽比为32：3时，截面积比例为1%、压力差为2.5Pa、气流量为1.3811N。

4）竖向综合体个数

在竖向综合体个数模拟下通风效率先增加后减小，发现在3个竖向综合体的情况下效果较佳。其数据包括以下四组，竖向综合体个数为1时，截面积比例为1：4、压力差为0.6Pa、气流量为0.1936N；竖向综合体个数为2时，截面积比例为3：8、压力差为0.84Pa、气流量为0.3436N；竖向综合体为3时，截面积比例为1：2、压力差为2.5Pa、气流量为0.7905N；竖向综合体个数为4时，截面积比例为5：8、压力差为1.5Pa、气流量为0.7654N。

5）竖向综合体坡度

竖向综合体坡度上越大越好，地形有土壤安息角，但可以通过植物种植满足坡度。其数据包括以下四组，竖向综合体坡度为15°时，截面积为165.595hm²、压力差为1.5Pa、气流量为202.8116M；竖向综合体坡度30°时，截面积为162.595hm²、压力差为2Pa、气流量为229.9440M；竖向综合体坡度为45°时，截面积为161.5hm²、压力差为3.5Pa、气流量为302.1388M；竖向综合体坡度为60°时，截面积为159.595hm²、气压差为4Pa、气流量为319.19M。

6）竖向综合体迎风角度

竖向综合体迎风角度方面，风廊与盛行风方向夹角越小越好，0°～5°最佳。数据包括以下四组：竖向综合体迎风角度为0°时，截面积比例为7：8、压力差为3Pa、气流量为1.5155N；竖向综合体迎风角度为15°时，截面积比例为3：5，压力差为2.5Pa、气流量为0.9486N；竖向综合体迎风角度为30°时，截面积比例为1：3、压力差为3.5Pa、气流量为0.6236N；竖向综合体迎风角度为45°时，截面积为1：5、压力差为2Pa、气流量为0.2828N。

(6)最优模式总结

竖向综合体宽度随着宽度增长先增后减小，宽度在140m左右最佳。竖向综合体长度长宽比先增后减小，长宽比16：3最佳。狭管个数通风效率先增加后减小，3个狭管通道较佳，狭管通道坡度越大越好，通过地形与植物共同达到。迎风角度与盛行风方向夹角在0°～30°时，0°最佳。

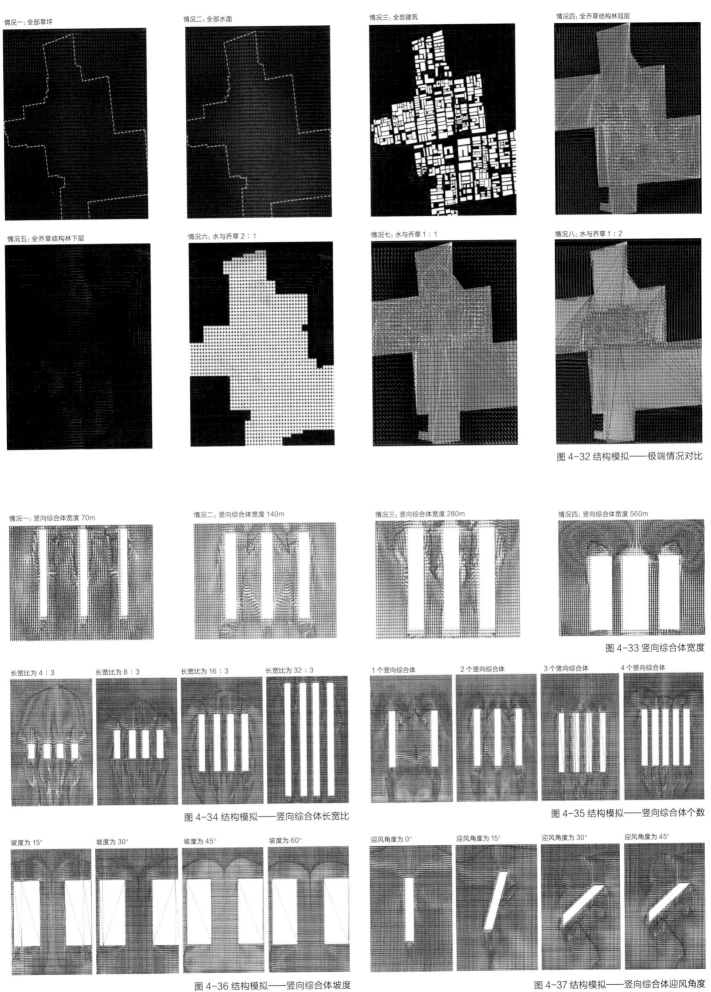

情况一：全部草坪　情况二：全部水面　情况三：全部建筑　情况四：全乔草结构林冠层

情况五：全乔草结构林下层　情况六：水与乔草 2：1　情况七：水与乔草 1：1　情况八：水与乔草 1：2

图 4-32 结构模拟——极端情况对比

情况一：竖向综合体宽度 70m　情况二：竖向综合体宽度 140m　情况三：竖向综合体宽度 280m　情况四：竖向综合体宽度 560m

图 4-33 竖向综合体宽度

长宽比为 4：3　长宽比为 8：3　长宽比为 16：3　长宽比为 32：3

图 4-34 结构模拟——竖向综合体长宽比

1 个竖向综合体　2 个竖向综合体　3 个竖向综合体　4 个竖向综合体

图 4-35 结构模拟——竖向综合体个数

坡度为 15°　坡度为 30°　坡度为 45°　坡度为 60°

图 4-36 结构模拟——竖向综合体坡度

迎风角度为 0°　迎风角度为 15°　迎风角度为 30°　迎风角度为 45°

图 4-37 结构模拟——竖向综合体迎风角度

4 通风廊道模式营建策略

(1)选取最优结构

延续上位规划的通风廊道情况下,气体流量约为 1.2649N;采用防护林阻隔,气体流量约为 0.6324N;采用最优模式的通风廊道,气体流量约为 1.8708N。最优模式模拟风廊比上位风廊增加 48%、比防护林增加 195.8%。因此上位通风廊道规划并非最优,营建通风廊道非绿地简单连接,应考虑内部结构。

 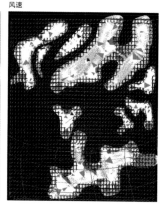 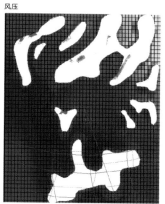

图 4-38 延续上位规划的通风廊道结构模拟示意图

(2)方案生成

通过对北京全年风频率及夏冬两季风率数据整理,发现北京偏北风和偏南风出现频率较高,且对多年 PM2.5 数据分析发现冬季 PM2.5 值相对较高,因此最终选择冬季盛行风西风向来作为构建通风型城市森林的通风廊道的主导方向。据气象部门统计,北京区域风速在 3m/s 以下的风占 85%,以软轻风为主。由此确定模拟平均风速为 3m/s。使用ECOTECT软件对竖向综合体(由植物、地形、水体组成)宽度、竖向综合体长度、狭管宽度及坡度,迎风角度进行模拟,通过比较单位时间气体交换流量,得到最终的空间布局。在北京盛行风西北方向上设置3条长度约为 700m 的狭管通道其通风效率最优。

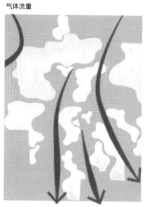 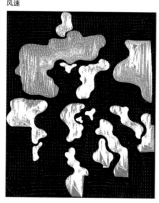 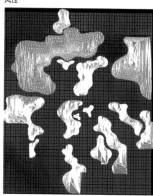

图 4-39 防护林阻隔结构模拟示意图

(3)植物群落模式

植物群落模式要求既满足城市森林构建,又满足城市通风廊道建设。城市森林构建要求其构建体系的尺度不小于 0.5hm²,森林覆盖率不低 35% ~ 60%;郁闭度不低于 0.2%,达到 0.67%最佳;林分类型种类多样结构丰富;林分蓄积量大于 40m³/hm²。通风廊道建设目标为加快空气流动性,缓解热岛效应,减缓污染物扩散。

植物群落构建的三种类型为通风型、降温

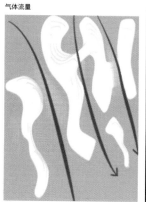  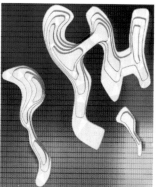

图 4-40 最优模式下通风廊道结构模拟示意图

增湿型、滞尘去污染型。

通风型采用乔草模式,郁闭度 0.2%,常绿落叶比为 0:1,疏密度 0.4%~0.6%。为了提高空气流动性,冬季采用落叶乔木 1~2 层林冠,采用深根性植物。

降温增湿型乔灌草模式比例为 1:5:25,郁闭度为 0.67%,常绿落叶比为 3:7,疏透度小于 0.3%。降温增湿型目的为了缓解热岛效应,其结构由灌木,乔木组成紧密的 3 层林冠组成。

滞尘去污型乔灌草模式比例为 1:6:20,郁闭度为 0.67%,常绿落叶比为 5:5,疏透度 0.3%~0.4%。滞尘去污型的目的为减缓污染物扩散,其结构为 2~3 层林冠叶面积大的针阔混交林组成。

三种模式的位置分别为水面布置于通风廊道上,通风型群落布置于通

风廊道上部及两侧,滞尘去污染型群落主要位于冬季下风向,降温增湿型群落集中布置,最好单块面积大于 3hm²。

(4)活动功能模式

活动功能模式分为通风廊道活动模式、风影效应活动模式、竖向综合体活动模式三类。

(5)效益验证

针对空气流动性差、热岛效应、污染物富集三大问题进行具体指标验证。

年气体交换流量 90440.25m³,年平均降温量 2.6~4.8℃,年滞尘量 3522.71t,达到良好的通风廊道营建效益。

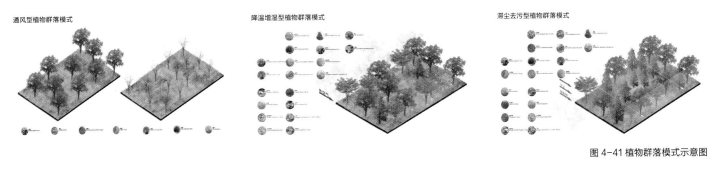

图 4-41 植物群落模式示意图

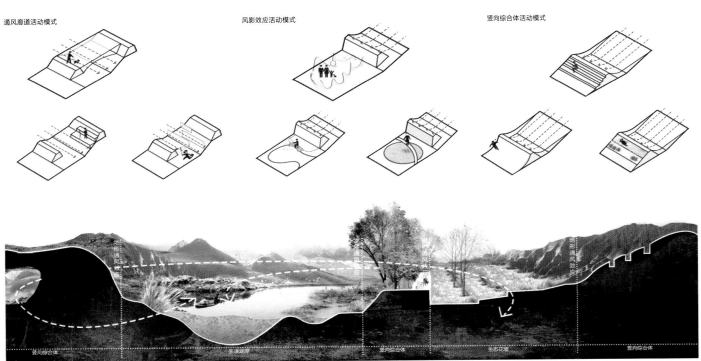

图 4-42 活动功能模式示意图

4.2 生境营建模式下的郊野公园设计研究

4.2.1 生境营建模式下的大兴新城郊野公园设计研究

场地毗邻大兴新城，距离北京中心城区 20km，距亦庄新城 12km，面积为 264hm²。

设计基于生境营建视角对林地、农田、水体空间以及三种空间两两复合形成的三种组合空间进行研究，并据此形成生境设计策略，打造以林地、农田、水体为生境骨骼，展现地域风貌和良好人居环境的郊野公园（图4-43～图4-49、表4-7）。

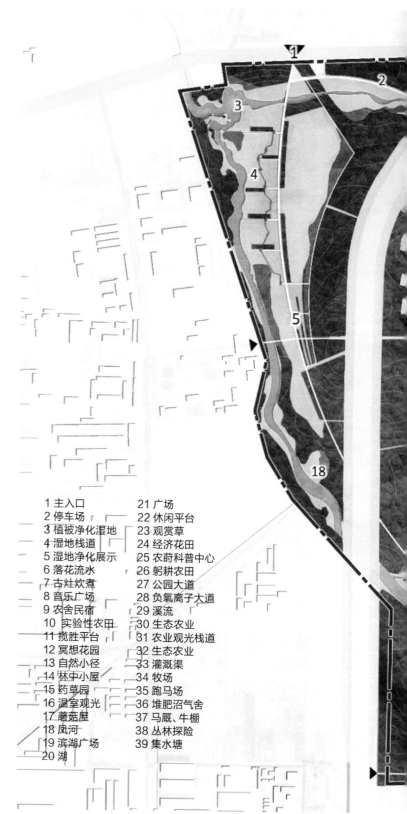

1 主入口	21 广场
2 停车场	22 休闲平台
3 植被净化湿地	23 观赏草
4 湿地栈道	24 经济花田
5 湿地净化展示	25 农莳科普中心
6 落花流水	26 躬耕农田
7 古灶炊煮	27 公园大道
8 音乐广场	28 负氧离子大道
9 农舍民宿	29 溪流
10 实验性农田	30 生态农业
11 揽胜平台	31 农业观光栈道
12 冥想花园	32 生态农业
13 自然小径	33 灌溉渠
14 林中小屋	34 牧场
15 药草园	35 跑马场
16 温室观光	36 堆肥沼气舍
17 蘑菇屋	37 马厩、牛棚
18 凤河	38 丛林探险
19 滨湖广场	39 集水塘
20 湖	

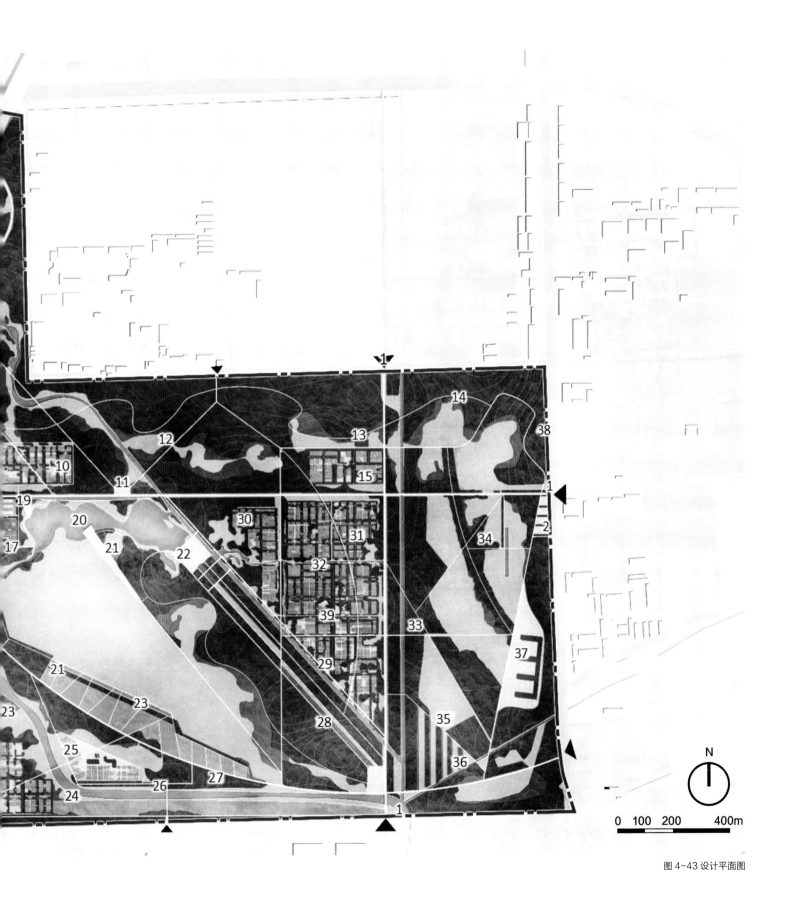

图 4-43 设计平面图

1 前期分析

本研究对场地地形、交通、用地、植被、河网水系等现状条件,以及场地内潜在的集水区、土壤质地、养分和污染情况进行分析。

通过对现状植被分布空间的分析可以发现现状场地拥有较好的植被覆盖情况,但是由于农田与经济片林的人工痕迹明显,空间结构单一,故无法为生物栖息提供良好条件。

2 设计理念

(1)设计理念

设计以"高林低水,林田伴生"为理念,依据总规在平原区建设生物多样性丰富的生态系统的指示,尝试进行生境营建。

(2)设计框架

首先对场地进行细致的前期分析,发现场地内林地、农田、水体空间结构上的问题,再以生境营建为视角研究林地、农田、水体三种空间以及它们两两复合形成的三种组合空间的生境营建要点,并据此形成生境设计策略。

3 生境营建模式研究

为了找出场地现状条件与林地、农田、水体空间的恰当关系,构建利于动植物生存繁衍的良好生境,从坡度高程、土壤、水三个方面进行土地适宜性评价,并根据评价结果得出林地、农田、水体三种单一生境的理想空间分布及林地+水体、农田+水体、林地+农田三种复合生境的理想空间分布。然后通过重点研究生境营建视角下的林地、农田、水体空间,得出对应的三类单一生境及三类复合生境的营建模式:

现状地形　　　　　　现状土壤　　　　　　现状土壤养分

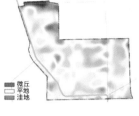

理想林地分布　　　　理想农田分布　　　　理想水体分布

理想林地+水体空间分布　　理想农田+水体空间分布　　理想林地+农田空间分布

图4-44 前期分析

土地适宜性评价　　　　　　　　　　表4-7

类型		分级	因子权重	耕地0.4	林地0.4	沼泽地0.2
坡度高程	坡度	<2%	0.20	45	30	55
		2%~4%		30	30	30
		4%~15%		20	25	10
		>15%		5	15	5
	集水区域	高而干燥	0.20	10	10	10
		平地		60	30	30
		低而湿润		30	60	60
土壤	表土之地	轻壤土	0.16	60	30	75
		砂壤土		40	70	25
	土壤养分	低	0.15	5	5	10
		中		25	35	30
		高		70	60	60
	土壤污染	低	0.04	80	50	45
		中		20	35	30
		高		5	15	25
水	距水源距离	<25m	0.25	50	45	75
		25~75m		30	25	20
		75~150m		15	20	5
		>150m		5	10	0

（1）林地模式

林地模式下营造具有明显优势种的块状交错混交林。在林地树种选择上以乡土树种为主，将其比例控制在 80% 以上；针阔比在 3：7 以上，郁闭度在 70% 以上，林下植被高度不低于 20cm，乔灌草的比例不低于 1：6：21，形成丰富完整的植物群落。

（2）农田模式

农田模式下营建农田与人之间的观赏植物隔离带，降低田间小路密度并实现部分架空，降低人对环境的干扰。

（3）水体模式

水体模式下构建区域连续的水系统，水系由城市河道起始，逐渐向园内湿地及与湿地相连的灌渠与洼地渗透。

（4）林地 + 水体模式

构建林水互融的空间关系，设置不同宽度的水体防护林带，实现水穿林间，水绕林缘，木缀水边的空间关系。

（5）农田 + 水体模式

构建田间洼地和生态沟渠。在田块内、田块间保留低洼地。田间洼地的干湿变化有利于沟渠沉积物对氮的去除，有水时还能形成洼地水田景观。

（6）林地 + 农田模式

形成片林、林团、单体树、农田的过渡序列。在田边营造一系列近于 50m×100m 的单元树群，在树群周边辐射半径在 1～3 倍树高的范围内做观赏性种植；在 3～21 倍树高的范围，由于风速较低、土壤湿度较高、太阳辐射量最大，故将其作为营建农田生境的重点区域。

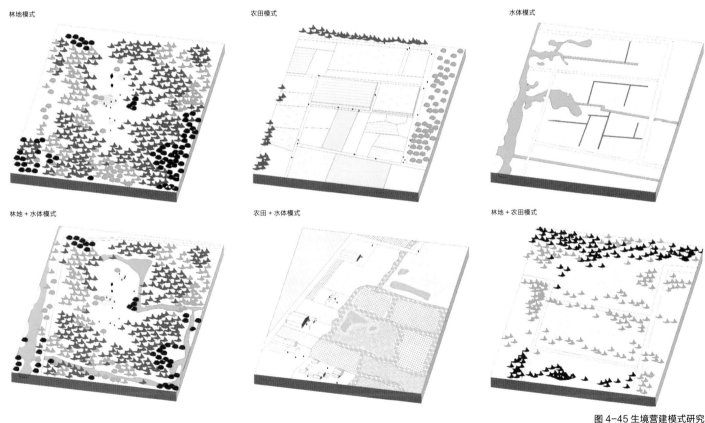

林地模式　　　　　　农田模式　　　　　　水体模式

林地 + 水体模式　　　农田 + 水体模式　　　林地 + 农田模式

图 4-45 生境营建模式研究

4 生境营建策略

以林地、农田、水体为主的生境进行有针对性的空间营建，提出了三类生境的营建策略：

（1）林地生境策略

以林地为主的生境考虑了林地中乔木郁闭度及灌木高度，划分出 4 种一级植物搭配模式；又根据生境中通风、光照等条件的不同，细分成 12 种二级植物搭配模式，营造适合不同林鸟、哺乳动物的生境空间。

（2）农田生境策略

在农田生境中，构建树篱和沟渠，使它们可以像生态过渡带一样成为自然或半自然生境的补充；通过减小田块大小、增加作物种类，使生物多样性得到提升。

（3）水体生境策略

在水体生境中，营建不同水体深度、植被种类及覆盖度的滨水生境，形成适合不同游禽、两栖动物栖息的空间。

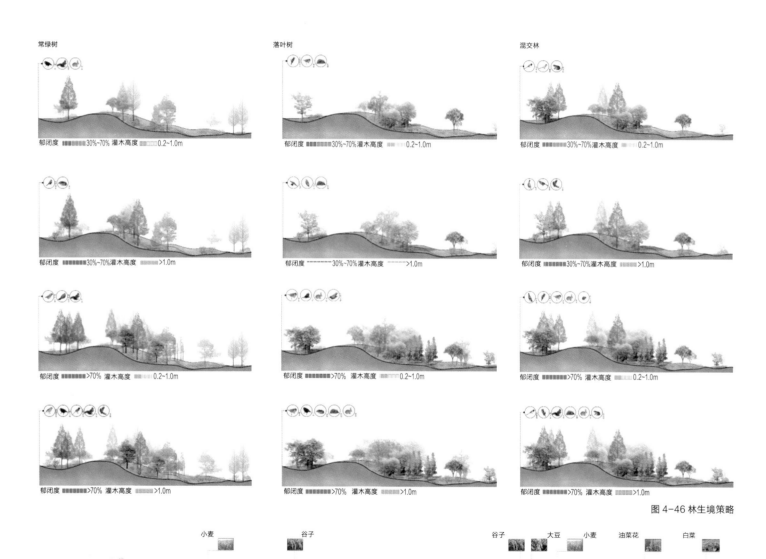

图 4-46 林生境策略

图 4-47 田生境策略

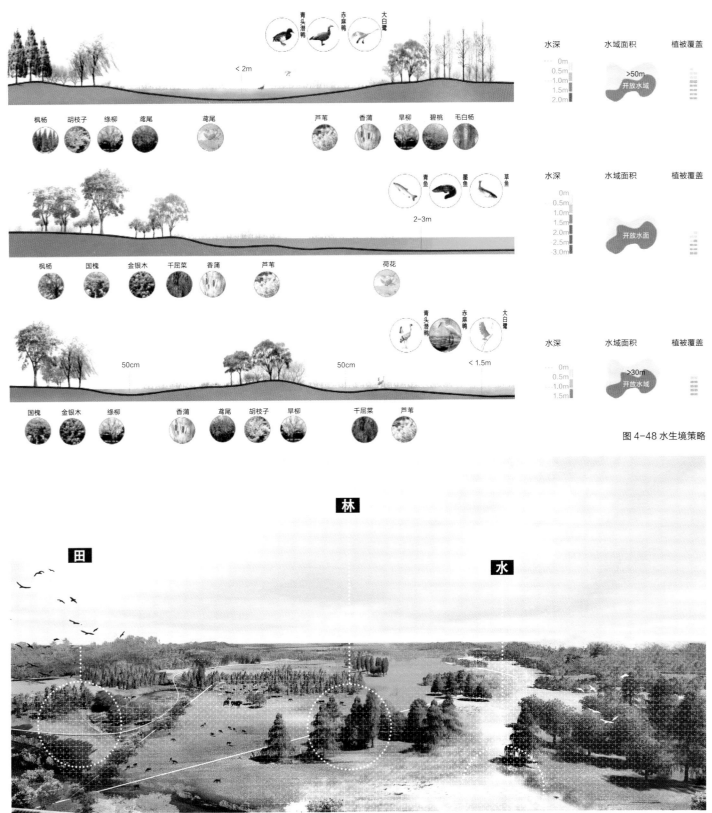

青头潜鸭　赤麻鸭　大白鹭

水深　　水域面积　　植被覆盖
0m
0.5m
1.0m　　>50m
1.5m　　开放水域
2.0m

< 2m

枫杨　胡枝子　绦柳　鸢尾　　鸢尾　　芦苇　香蒲　旱柳　碧桃　毛白杨

青鱼　墨鱼　草鱼

水深　　水域面积　　植被覆盖
0m
0.5m
1.0m
1.5m
2.0m　　开放水面
2.5m
3.0m

2-3m

枫杨　国槐　金银木　千屈菜　香蒲　芦苇　　　　荷花

青头潜鸭　赤麻鸭　大白鹭

水深　　水域面积　　植被覆盖
0m
0.5m　>30m
1.0m　开放水域
1.5m

50cm　　　　　50cm　　　　< 1.5m

国槐　金银木　绦柳　　香蒲　鸢尾　胡枝子　旱柳　　千屈菜　芦苇

图 4-48 水生境策略

林

田

水

图 4-49 鸟瞰图

4.2.2 生境营建模式下的大羊坊郊野公园 设计研究

  地块位于北京市东南五环与京沪高速交汇的大羊坊桥西侧,该地块属一道绿隔带的范畴内,位于北京市郊野公园环带上,面积为62.6hm²。

  设计基于场地生态多样性偏低的特征,提出打造生命共同体,营建以尊重生物多样性为基本原则的栖息生境型城市森林。以解决生境条件恶劣等问题为导向,实现生态文明的长远发展(图4-50~图4-64、表4-8)。

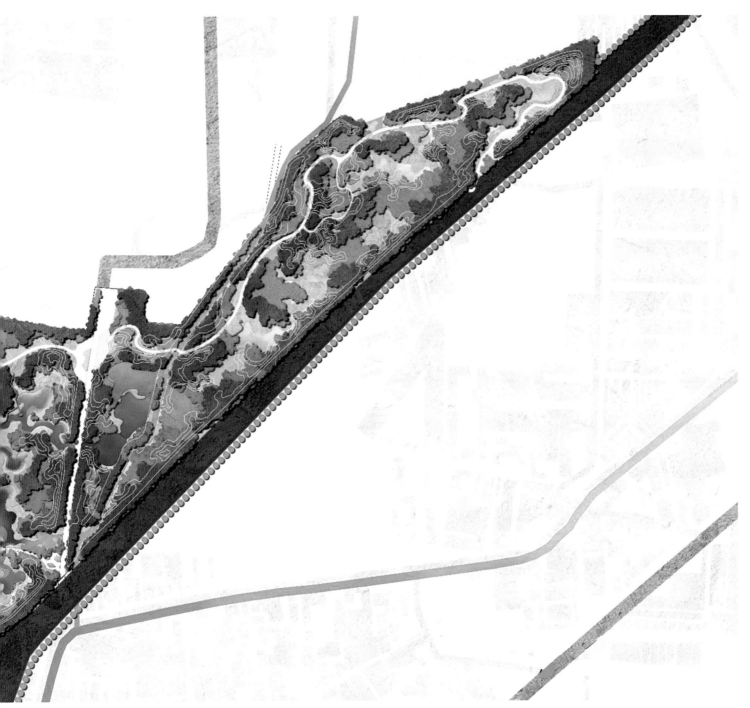

图 4-50 设计平面图

1 前期分析

（1）区位分析

地块位于东南五环与京沪高速交汇的大羊坊桥西侧，总面积62.6hm²。同时，该地块位于北京市一道绿隔带的范畴内，位于北京市郊野公园环带上。

（2）周边分析

场地附近现有镇海寺郊野公园、鸿博公园、海棠公园、老君堂公园、国际企业文化园、苗圃、鸿禧高尔夫俱乐部等多处绿地。镇海寺郊野公园植物设计精细，划分各具植物特色景观区，营造植物氛围。鸿博公园植物设计季相分明，植物色彩丰富。海棠公园以海棠为植物特色，打造老村落的人文情怀。老君堂公园野趣十足，融合现代健康运动、休闲理念。国际企业文化园设施完善，景观性较强，养护精细，景观结构丰富，但苗圃树种单一，采用阵列式种植。鸿禧高尔夫球场现状采用封闭边界，导致生态效益低，草坪面积大，养护成本高。

场地周边绿地数量较多、功能较为完善，能够满足人们日常活动及假日休闲的需求，但不同人群对该场地的核心功能需求较少。

根据北京市园林植物多样性分析，发现整个郊野公园环的植物多样性指数最低。

2 设计理念

城市化进程迅猛推进后，建设城市森林成为协调人与自然关系、发展生态城市的重要手段。然而城市森林建设受到诸多因素影响，如何确定城市森林主导功能类型成为一大难点。因此对"生物多样性"背景下的城市森林功能类型进行探讨以期为城市森林营建提供目标指引。因此根据场地生物多样性低的现状，提出打造生命共同体的目标，改善恶劣生境条件力求实现生态文明、人与自然和谐共生。设计定位为营建以尊重生物多样性为基本原则的栖息生境型城市森林。

3 生境营建策略

区别于传统绿化模式，打造以栖息生境营建为出发点的营建策略可分为水体策略、地形策略、植物策略、游线策略、建筑策略、科普策略。

（1）水体策略

对传统绿化模式下圆滑流畅的水体边界进行弯曲、褶皱化处理。最佳斑块为以圆形核心，具有弯曲边界和有利于物种传播的指状突起的空间。水系越蜿蜒，湿地多样性越高，湿地作用越大，生物多样性越高。由此生物多样性高低与水系蜿蜒程度呈正相关。在岛屿空间设计方面，岛屿面积小于3000m²，每公顷水域0.9~1.4个岛屿较好。

水体驳岸采取软质驳岸，打造丰富的水底地形，营造分层水生生境。利用淤泥打造池底环境，保证渗水率逐年下降，从而形成季节性水生生境。

（2）地形策略

传统绿化模式下的地形起伏平缓，风环境单一，风向呈线性，空间单一。栖息生境模式下的地形复杂，余脉众多，空间多样化。在地形围合的空间中打造复杂的指状地形，形成局部风循环，加入地洞，洼地等地形要素，制造生物栖息的避风港。

（3）植物策略

在植物的水平结构上，不同于以往过于人工化的造林方式，运用交错美观的块状混交模式，对斑块的数量及面积进行规定，其中乔木层大、中、小

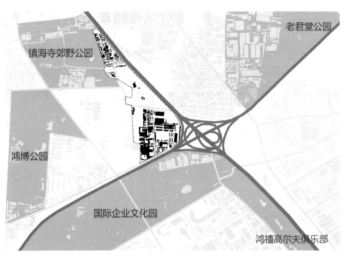

图4-51 周边绿地分析

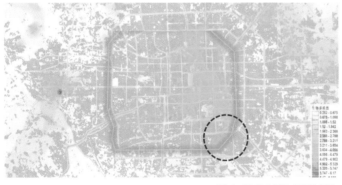

图4-52 北京植物多样性指数
（图片来源：《北京市园林植物多样性分析与评价研究》）

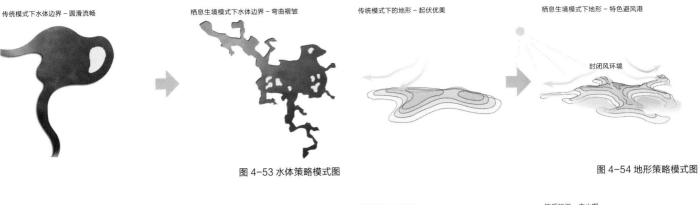

传统模式下水体边界 - 圆滑流畅　　栖息生境模式下水体边界 - 弯曲褶皱　　传统模式下的地形 - 起伏优美　　栖息生境模式下地形 - 特色避风港

封闭风环境

图 4-53 水体策略模式图　　　　　　　　图 4-54 地形策略模式图

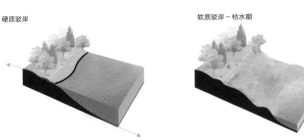

硬质驳岸　　软质驳岸 - 枯水期

软质驳岸 - 平水期　　软质驳岸 - 丰水期

图 4-55 驳岸类型图

型斑块的比例控制为 3：5：2。再根据动物对生境中通风、光照等条件的偏好，通过对乔木、灌木覆盖度的控制，得到植物垂直搭配模式。在地被层上，除去节点及游览路径周边景观需求度较高的区域之外，还为自生地被提供适宜的生境条件，使其自播繁衍，逐渐形成自生地被层。自生地被的概念为能在城市中自发生长繁衍的植被而被冠以"杂草"之名。这类野趣美感十足的自生植物逐渐引起了人们的关注，继而在风景园林领域开展了相关的理论和实践研究。与人工种植地被层或铺设人工草皮所造成的维护成本高和养护管理难相比，自生植物具备以下三个优点：第一是养护成本低：自发生长繁衍、可持续景观、野趣十足、生态效益高可作为动物栖息地并吸附棕地土壤重金属。第二是适应性极强：如狗尾草、蒲公英、草地早熟禾等植物，在环境贫瘠的场地中可作为建群种考虑。第三是地域性特色如抱茎苦荬菜、蒲公英等，形成植物景观地域特色风貌。

(4)游线策略

传统绿化模式下，路网密度高，多分布在 200～380m/hm² 之间，生境斑块破碎，如果游人进入内部，则对生态系统干扰强。栖息生境模式下，路网密度低，不再以等级划分园路，密度降为 100m/hm² 左右，同时对斑块整合，保护生境核心区，园路与动物生境之间采取地形、植物、水系、木制挡墙等措施进行隔离。最大限度保护生境核心区域。

（5）建筑策略

传统绿化模式下，建筑使用工业材料，建筑位于地形顶部，供游人观赏。建筑层高较高时，会破坏生态环境。栖息生境模式下，建筑使用原生态乡土材料，将建筑放置于地形背光处，消隐于山林。建筑层高控制在两层以下，减少生态破坏。

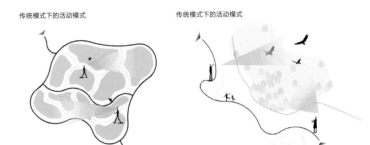

传统模式下的活动模式　　传统模式下的活动模式

图 4-56 游线策略模式图

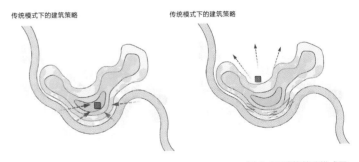

传统模式下的建筑策略　　传统模式下的建筑策略

图 4-57 建筑策略模式图

（6）科普策略

传统绿化模式下，科普策略以导游引导讲解为主要方式，游客紧密跟随，填鸭式灌输导览内容。栖息生境模式下，采用电子地图、VR 全景视图、动植物扫码介绍、全园生境点视（音）频的策略。以自导式游览为主导，提高游客自主性人性化科普栖息生境。因此实现了科普方式从引导式转变为自导式，从近距离交织型观赏转变为隔离型观赏。

根据以上营造策略，将建筑与构筑、游憩线路、种植斑块、地形水系、周边环境相互叠加得到栖息生境的整体结构。

4 生境专项解读

详细设计阶段,为了提高生物多样性,需要构建完整的食物链。首先,依据北京常见的动植物种类,结合部分珍稀物种确定目标种。再根据目标物种的生态习性,划分水生生境和陆生生境,下一步按照不同物种的偏好进行详细设计。

(1)水生生境

水生生境将根据食物链体系逐层营造生境,顺序为:底栖类生境、两栖类生境、鱼类生境;鸟类生境。

1)底栖类生境营造

底栖动物是生活在水体底部肉眼可见的动物群落,以河虾、中国田园螺、河蚌为代表。其生境营造有以下要点:首先,基底的营造除了泥沙等松软基质外,还需设置岩石等坚硬的基体。其次,栽植底栖动物喜欢附着的水生植物,如芦苇。同时,为底栖动物提供食源,包括悬浮物与沉积物两种,沉水植物的茎叶,增加了垂直方向上水生生物的栖息地面积,植物根部可以稳定底质,为攀爬类和营穴类底栖动物提供栖息地,同时也为这类型底栖动物和小型鱼类躲避捕食者提供重要的避难所。最后,通过增设一些阻隔设施如金属隔网等减少鱼蟹对湿地植被生长的影响。

2)两栖类生境营造

两栖动物是典型的湿地动物,以龟、泥鳅、蟹、黑斑蛙、中国林蛙为代表。其生境营造有以下要点:首先,利用枯树投入浅水区域,用于控导水流,似自然倒伏的树干为两栖类等生物提供庇护、阴凉、攀爬的媒介和食源。其次,在基底处理中可人为营造一些小的栖息洞穴,适当提高水下地形的丰富度。最后,通过对生长习性的了解将各类两栖类生物分布至于不同的标高层,平均水深约0.6m。水系周边设计了大小不一的滩面,为生物提供良好的陆上栖息场所。

3)鱼类生境营造

鱼类群落的动态可以用来监测水质,以白条鱼、棒花鱼、鲤鱼、鲫鱼、黑鱼、草鱼、青鱼为代表。其生境营造有以下要点:首先,在基底放置石块或石块群增加水系结构的复杂度和水力条件的多样性,石块间空隙是水生生物的庇护所,石块群稳定于0.5%~4%的较小宽浅式水系中,往往由3~9块砾石组成,石块间距在1m以下。其次,增加鱼类喜嗜植物,如金鱼藻、黑藻、苦草、慈姑等。

4)鸟类生境营造

在鸟类生境营造中,对鸣禽、涉禽、游禽进行了具体考虑。

鸣禽杂食昆虫、杂草、野生植物种子(浆果、仁果、核果)等食物,游人观赏距离为20~30m。典型物种包括:麻雀、灰喜鹊、喜鹊、家燕、黄雀、小鹀、栗鹀等。麻雀常常在林下地被层开展活动并拾取草籽;灰喜鹊等偏

建筑与构筑物

游戏策略

种植斑块

地形水系与周边环境

图4-58 建构生成模式图

爱株型开展的阔叶乔木,并在中上层活动;小鸦、栗鸦等对常绿针叶树种有一定偏好,常喜欢在松柏林间飞跃。其植物群落构建类型应以阔叶植物为主要优势种,乔木下层相对开阔,灌木可选择小灌木与草本层共同覆盖地表,给鸟类预留飞翔空间。为其营建针阔混交、下层相对开阔、灌草覆盖地被的生境条件。比如山雀科,偏爱在岸边的芦苇、香蒲等植物的茎干上停栖,岸际 15m 以内植物阻碍越少越好。构建植物群落要注重草本植物的应用,尤其是在滨水岸边草本植物需要有一定的密度等级。综上,可得出山雀科栖息地平面图。

涉禽多为候鸟,常栖息于水塘、芦苇沼泽等湿地环境,植物群落以绦柳或旱柳为主要乔木优势种,种植较高的草本植物,给其提供落脚点。例如鹭科鸟类喜欢在近水域或水中岛屿的高树上营巢,其生境以从沉水、挺水植物覆盖率 40%～60% 之间最适宜。比如山雀科,偏爱在岸边的芦苇、香蒲等植物的茎干上停栖,岸际 15m 以内植物阻碍越少越好。构建植物群落要注重草本植物的应用,尤其是在滨水岸边草本植物需要有一定的密度等级。

涉禽多为候鸟,常栖息于水塘、芦苇沼泽等湿地环境,植物群落以绦柳或旱柳为主要乔木优势种,种植较高的草本植物,给其提供落脚点。例如鹭科鸟类喜欢在近水域或水中岛屿的高树上营巢,其生境以从沉水、挺水植物覆盖率 40%～60% 之间最适宜。

游禽多为候鸟,食性复杂,水生植物种植对游禽觅食很重要。游禽对水体要求:鸭科鸟种栖息地水深不宜超过 2m,主要在浅水区(水深 10～30cm 的水域)觅食;开放水域(挺水植物郁闭度小于 10%,水深 0.5m 以内)占水域 50% 以内越高越好。栖息地水域植被覆盖率 50%～75% 为宜,其中 30%～50% 灌木、40%～70% 挺水植物、0～10% 乔木,以及 25% 水面。水深 0.9m 以内水域中宜有些倒伏树干,300～500m² 池塘更宜栖息。以鸭科为例,比如鸳鸯,喜欢 12hm² 左右生境环境,偏好隐秘近水生境,水道区域宽度至少 30m。

水生生境营造过程中根据生物的具体习性,形成了具有差异性的交织式近距离、远距离观赏,隔离式近距离观赏三种游览模式,为开展科普活动提供多样的游览方式。

针对不同类型生物的特点,进行水生植物配置。第一种生境类型为大面积水域植物生活型配置模式(水—岸边),适宜配置方式为沉水植物群落—浮水植物群落—挺水植物群落—湿生植物群落—耐水湿乔灌丛+地被草花群落。第二种生境类型为小面积水域低洼水坑植物生活型配置模式,适宜配置方式为湿生植物群落—耐水湿乔灌丛+地被草花群落。第三种生境类型为洲、岛植物生活型配置模式(雨水冲刷及土壤沉积),适宜配置方式为耐水湿植物群落—湿生植物群落—挺水植物群落。

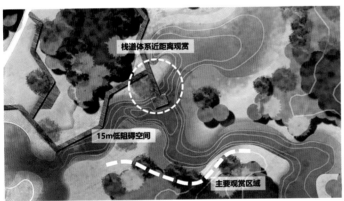

图 4-59 鸣禽生境平面图

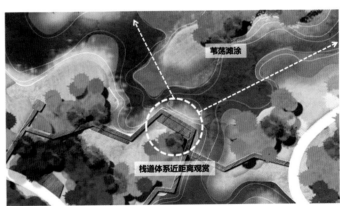

图 4-60 涉禽生境平面图

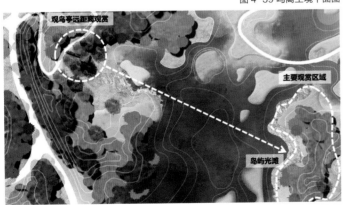

图 4-61 涉禽生境平面图

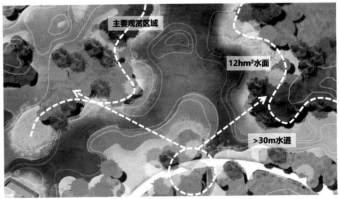

图 4-62 游禽生境平面图

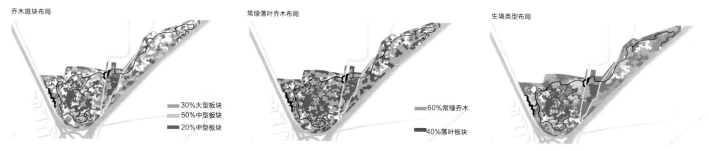

乔木斑块布局　常绿落叶乔木布局　生境类型布局

30%大型板块
50%中型板块
20%中型板块

60%常绿乔木
40%落叶板块

图 4-63 植物斑块分析图

陆生生境植被类型表

表 4-8

生境类型体系名称	说明	偏好动物
单种优势草地	草本, 木本地被覆盖<30%, 草本高度<0.5m	麻雀
管理型杂草地		乌鸫
野生型杂草地		雉鸡
常绿矮灌丛	丛生灌木, 乔木覆盖<30%, 灌木高度<1.0m	棕头鸦雀
落叶矮灌丛		雉鸡、蜜蜂、蝴蝶
混交矮灌丛		雉鸡、蜜蜂、蝴蝶
常绿灌丛	高度高于1m的丛生灌木, 高度低于1.5m的独干花灌木, 乔木覆盖<30%	树莺
落叶灌丛		赤颈鸫
混交灌丛		树莺、雉鸡、画眉、白眉鸫、灰头鸫
常绿疏林草地	乔木覆盖30%~70%, 无灌木或者灌木覆盖<15%	丝光椋鸟、大嘴乌鸦
落叶疏林草地		星头啄木鸟、家燕
混交疏林草地		黄腰柳莺、燕雀
常绿密林草地	乔木覆盖>70%, 无灌木或者灌木覆盖<15%	红嘴蓝鹊、珠颈斑鸠、丝光椋鸟、沼泽山雀
落叶密林草地		灰喜鹊、喜鹊、黄腹山雀
混交密林草地		红喉姬鹟
常绿疏林灌丛草地	乔木覆盖30%~70%, 灌木覆盖>15%	红嘴蓝鹊、赤颈鸫、黄腹山雀、大嘴乌鸦、小嘴乌鸦
落叶疏林灌丛草地		麻雀、乌鸫、蜜蜂、蝴蝶
混交疏林灌丛草地		赤颈鸫、树鹨、褐柳莺、大斑啄木鸟、黑尾蜡嘴雀、燕雀
常绿密林灌丛草地	乔木覆盖>70%, 灌木覆盖>15%	喜鹊、红嘴蓝鹊、丝光椋鸟、黄眉柳莺、大嘴乌鸦
落叶密林灌丛草地		八哥
混交密林灌丛草地		灰喜鹊、八哥、丝光椋鸟、燕雀、黑尾蜡嘴雀
常绿多层林地	乔木覆盖>30%, 灌木覆盖>15%	白头鹎、大嘴乌鸦
落叶多层林地		四声杜鹃、大杜鹃
混交多层林地		灰喜鹊、喜鹊、珠颈斑鸠、灰椋
常绿乔木灌丛	乔木覆盖>30%, 灌木覆盖>70%	小鹀、栗鹀
落叶乔木灌丛		白腹鸫
混交乔木灌丛		红嘴蓝鹊

（2）陆生生境

与水生生境不同的是在陆生生境中, 植物是最核心的要素。因此, 根据目标种取食、筑巢、躲避的习性, 结合北京乡土植物资源发展名录, 得到植物苗木表, 分为乔木、灌木、草本三个种类。根据斑块尺度和比例的控制, 得到乔木斑块布局, 其中 30% 为大型斑块, 50% 为中型斑块, 20% 为小型斑块。

根据鸟类习性, 将常绿与落叶的比例提高到 4：6, 再根据生境需要, 划分了九种种植模式。第一种种植模式分两层为木本地被覆盖 <30%、草本高度 <0.5m; 第二种种植模式分三层为丛生灌木高度 <1.0m、乔木覆盖面积 <30%、灌木覆盖面积 > 50%; 第三种种植模式分两层为乔木覆盖面积 30% ~ 70%、灌木覆盖面积 <15%; 第四种种植模式分两层为乔木覆盖面面 > 70%、灌木覆盖面积 > 15%; 第五种种植模式分三层为独干灌木 > 1.5m、乔木覆盖面积 <30%、灌木覆盖面积 > 50%; 第六种种植模式分两层乔木覆盖面积 > 70%、灌木覆盖面积 <15%; 第七种种植模式分两层为乔木覆盖 面积为 30% ~ 70%、灌木覆盖面积 > 15%; 第八种种植模式分两层为乔木覆盖面积 < 30%、灌木覆盖面积 > 15%; 第九种种植方式分两层为乔木覆盖面积 > 30%、灌木覆盖面积 > 70%。

这些模式结合常绿落叶构成, 叠加出了 27 种三级生境类型, 用来吸引我们预期的目标种。

（3）动态生长模型

对场地整个过程进行了数字化模拟，得出了生境动态生长模型。第一步构建水体及地形骨架；第二步种植水生植物及乔灌木，吸引底栖动物和昆虫，适当投放鱼类、两栖类动物；第三步（2年后），植物生长，出现自生地被。吸引少量鸟类；第四步（5年后），自生地被覆盖，形成较稳定的植物群落。引来大量鸟类和部分哺乳动物；第五步（10年后），形成相对完整且稳定的生物链，生境体系完整构建，生物多样性显著提高。最终，形成以尊重生人与自然和谐共生为基本原则，以提高生物多样性为核心目标的栖息生境型城市森林。

第一步：构建地形及水系

第二步：种植水生植物、树木、地被、投放鱼类、两栖类动物

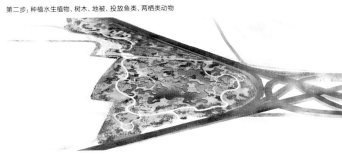

第三步（两年后）

第四步（五年后）

第五步（十年后）

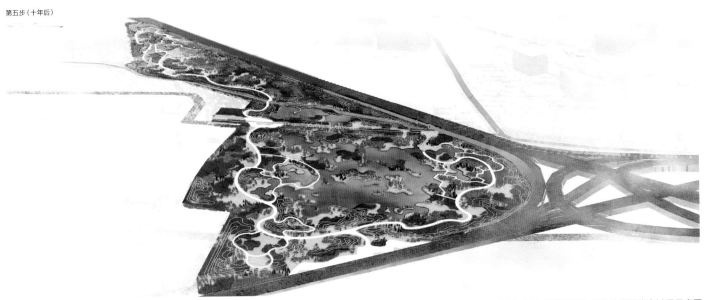

图4-64 时间维度下动态生长模型演变过程示意图

4.3 弹性模式下的郊野公园设计研究

4.3.1 社会弹性模式下的环铁艺术郊野公园设计研究

场地位于朝阳区环铁西南角、温榆河生态水网廊道上，是北京九大绿楔之一的起点，紧邻城市组团，也是环铁艺术郊野公园群的核心。场地红线跨越 1/2 环铁线路，面积为 216hm²。

设计基于弹性模式，从生态基底保护、公共设施建设、文化艺术交流、社会群体服务四个方面进行研究并制定相应设计策略，以期建设基于社会弹性视角的综合游憩型郊野公园（图 4-65 ～图 4-77）。

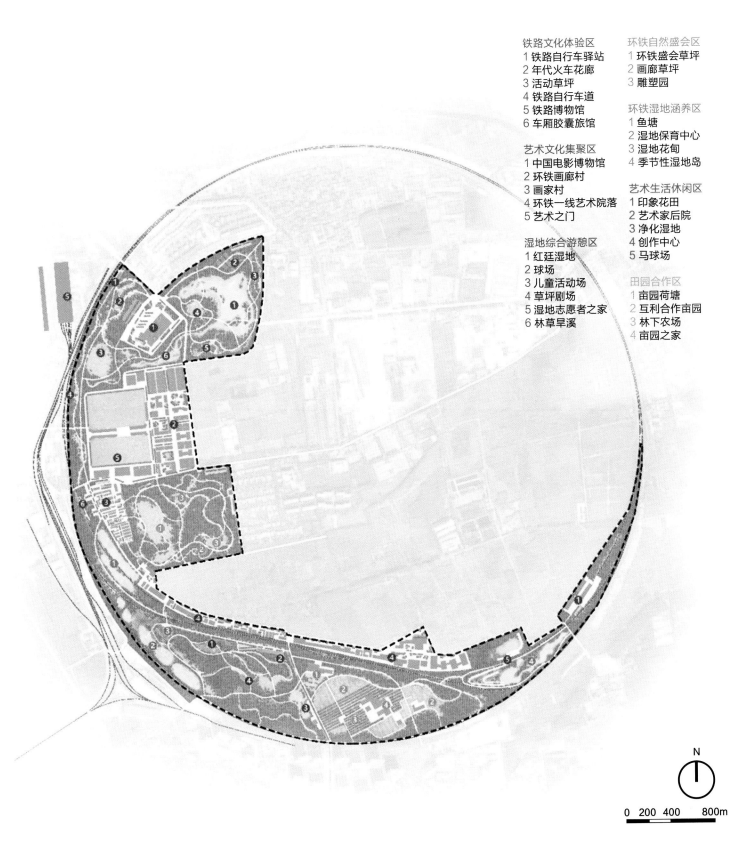

铁路文化体验区
1 铁路自行车驿站
2 年代火车花廊
3 活动草坪
4 铁路自行车道
5 铁路博物馆
6 车厢胶囊旅馆

艺术文化集聚区
1 中国电影博物馆
2 环铁画廊村
3 画家村
4 环铁一线艺术院落
5 艺术之门

湿地综合游憩区
1 红廷湿地
2 球场
3 儿童活动场
4 草坪剧场
5 湿地志愿者之家
6 林草旱溪

环铁自然盛会区
1 环铁盛会草坪
2 画廊草坪
3 雕塑园

环铁湿地涵养区
1 鱼塘
2 湿地保育中心
3 湿地花甸
4 季节性湿地岛

艺术生活休闲区
1 印象花田
2 艺术家后院
3 净化湿地
4 创作中心
5 马球场

田园合作区
1 亩园荷塘
2 互利合作亩园
3 林下农场
4 亩园之家

N

0 200 400   800m

图 4-65 设计平面图

1 前期分析

（1）场地区位

场地位于北京二道绿隔较靠近城市中心区的位置,具有发展为城市重要游憩目的地的潜力。

（2）环铁概况

环铁建于 1958 年,是中国乃至亚洲唯一的铁路综合试验基地。环铁共有三条环线,其中大环线周长为 9km,环内土地面积约 600hm²。三条环线目前只进行车辆低速检测,未来将逐渐废弃。

（3）周边分析

1）周边交通

场地临近机场高速和北五环,周边交通便利。有 7 个出入口可以进入环铁。环铁与其内部场地存在 3m 左右的高差,区域可达性一般。

2）周边水系

场地周边有北小河和坝河两条排水河道,其中北小河水质较差。

3）周边绿地

场地周边公园绿地众多,集中分布在东五环内,功能导向性明显。现状黑桥村及周边正在建设面积为 122.5hm² 的黑桥公园,公园以湿地森林景观为主,同时承载北小河的滞洪功能。

4）周边居住用地

场地内部有以黑桥村和后街村为主的城中村,以及红廷别墅、将府庄园等居住组团,南侧沿环铁有八个艺术家村。

5）周边艺术文化区

场地周边有包括中央美院、酒厂艺术区在内的十几个艺术园区,具备浓郁的艺术氛围,为文化艺术及相关产业提供了发展基础。

6）周边人群需求

综合对场地周边现状的分析将场地的潜在使用人群分为艺术家、居民、游客、社会团体四类,根据他们不同的需求确定各自的活动场所。

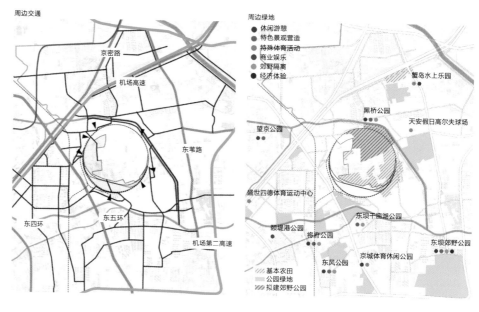

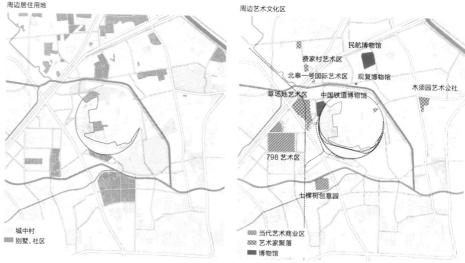

图 4-66 周边分析

（4）内部分析

1）环铁与道路的关系

场地内有 8 条道路与环铁相接,交接方式有平接、环铁外环架高内环与道路相连、道路下挖与环铁立交三种方式。

2）内部植被与水系

场地内的植被空间以林地、草地和苗圃为主,水系方面存在三处湿地。

3）内部建设用地

现状建设用地多为商业用地,包括当代艺术商业区、艺术家聚落和博物馆。

2 设计理念

（1）设计目标

建设基于弹性视角的综合游憩型郊野公园，弥合环铁内外条件差异，实现绿色生态的发展飞跃、环铁交通的便捷穿越、未来艺术的成长跳跃以及社会群体的交流跨越。

（2）设计结构

构建"一廊两带七区六景"的设计结构。依托环铁内环沿线，利用植物、地形、湿地等自然资源打造一条景观效果连续且丰富的环铁风景画廊；将现状环铁艺术区、环铁一线与设计新增的艺术场所结合，与环外798、草场地等艺术区呼应，形成一条贯穿全园的环铁文创产业带；利用现状沟渠、鱼塘、湿地等资源，向北与规划建设的黑桥公园及北小河水系相连，向南与坝河水系连接，形成一条连续的环铁生态栖息带。

3 弹性模式研究

从生态基底保护、公共设施建设、文化艺术交流、社会群体服务四个方面进行弹性模式的研究。

生态基底保护方面，应动态适应不同时期的场地本底特征，进行场地分期生态网络恢复和多元功能转化；通过湿地修复、林地改造、田园、草地提升形成弹性适应的郊野公园绿色生态基底。

公共设施建设方面，近期完善道路交通体系，改善环铁内部与外部城市区域的交通联系；远期逐步转变环铁的测试功能，对环铁设施进行绿色更新。

文化艺术交流方面，挖掘铁路文化，加强环铁内部业态与周边艺术区的互动，通过提供多种多样的活动内容与方式为场地注入持续发展的艺术活力。

社会群体服务方面，打造适应不同时段、不同人流量和不同人群类型的弹性活动空间。

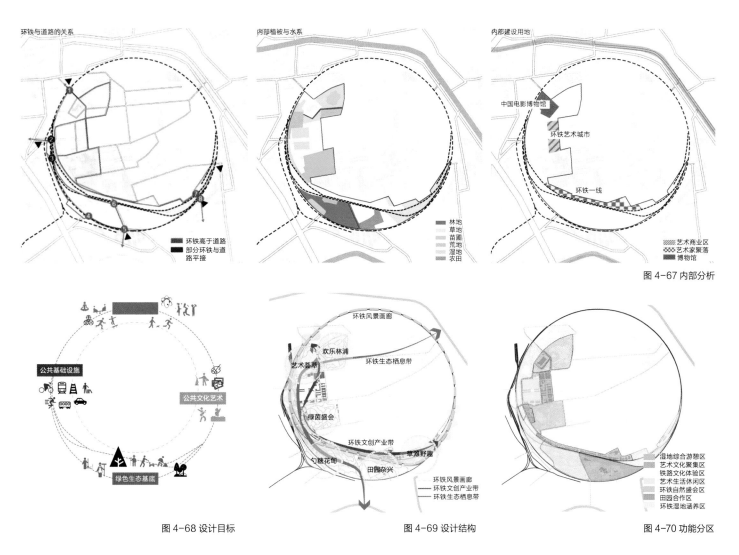

图 4-67 内部分析

图 4-68 设计目标　　　　　图 4-69 设计结构　　　　　图 4-70 功能分区

4 社会弹性营建策略

（1）生态基底保护——弹性的绿色发展

1）分期绿色发展规划

初期通过水体净化和林木补植，进行导向性的生态本体建设；在生态系统逐步完善的同时建设游憩系统；建立试验点和探索基地，即时反馈公园的更新需求，通过生产链条和弹性的资源补给方式，实现可持续发展。

2）弹性生态恢复网络

对应不同时期的自然本底条件，构建弹性适应的生态系统。以水为先导，带动林地、草地、农田系统的生长。

（2）公共设施更新——弹性的网络联通

1）道路交通规划

园区内沿环铁向外开设 7 个主要出入口，在城市道路与内部主园路的

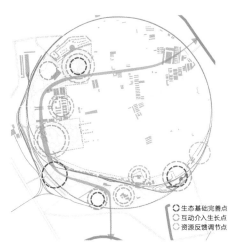

图 4-71 分期绿色发展规划

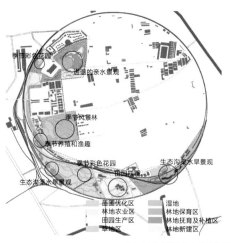

图 4-72 弹性生态恢复网络

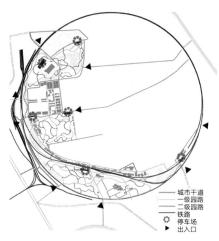

图 4-73 道路交通规划

环路运行时期的系统梳理：设立观景平台

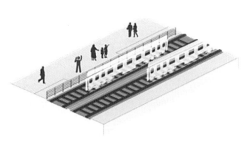

铁路边设场地

铁路两侧一平一底：栈道

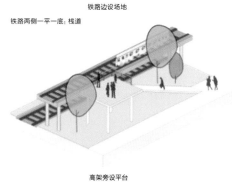

高架旁设平台

图 4-74 环铁运行时期的系统梳理

环铁废弃时期的绿色改造：连通环铁内外交通

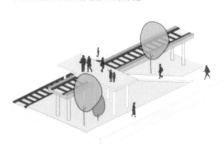

铁路高架：人行天桥平接

铁路高架：下挖涵洞

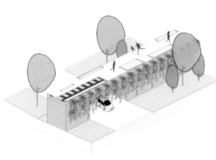

环铁废弃时期的绿色改造：废弃铁路功能置换

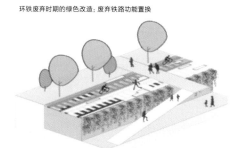

小环复线——自行车道及轮滑道

小环试验线——步行道及跑步道

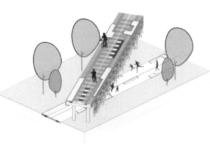

图 4-75 环铁废弃时期的绿色改造

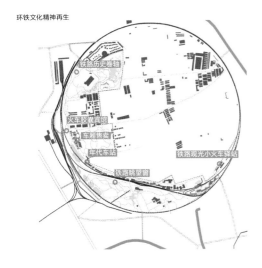

环铁文化精神再生

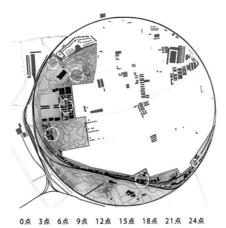

0点 3点 6点 9点 12点 15点 18点 21点 24点

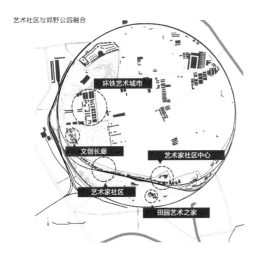

艺术社区与郊野公园融合

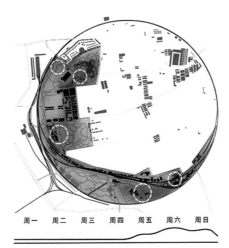

周一 周二 周三 周四 周五 周六 周日

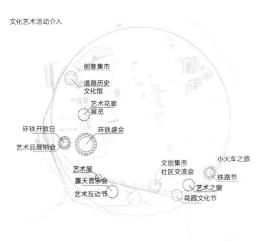

文化艺术活动介入

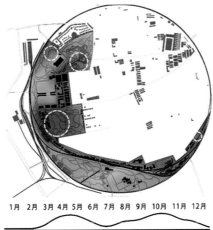

1月 2月 3月 4月 5月 6月 7月 8月 9月 10月 11月 12月

图 4-76 文化艺术交流策略　　　图 4-77 社会群体服务策略

重要交叉口设置 6 个停车场。

2）环铁运行时期的系统梳理

梳理园区内部交通系统，在靠近铁路沿线处增设观景平台和活动空间，为各类人群提供停驻观望、摄影、创作的场所。

3）环铁废弃时期的绿色改造

增强环铁内外交通系统的连接，利用平交、下穿等方式，连接环铁内外交通；将废弃铁路转化成为骑行道、步行道等，促进灰色基础设施向绿色基础设施转化。

（3）文化艺术交流——弹性的成长保护

尊重场地环铁记忆，设置铁路历史卷轴、铁路车厢胶囊餐厅、纪念品商店等。提升现有的艺术村，将废弃建筑转化为艺术工作室和展销空间；发展园艺花园等特色景观，艺术家承包邻近艺术型花园景观的营建，促进艺术家社区与郊野公园的融合。通过举办环铁艺术博览会、与 798 艺术区等联合举办艺术节等文化艺术活动，在公园中拉进民众与艺术的距离、推动公园建设。

（4）社会群体服务——弹性的社会服务

应对四大人群不同的空间需求，提供功能复合型场地；合理规划公园各类活动空间，预留大型城市事件发生场地，从容应对使用人群在不同循环周期下的潮汐变化；平衡公园活动与生态效益的同时尊重和发展艺术群体的创作、展示、交流需求，保护本土群体的乡情需求，响应游客群体的休憩、特色运动需求。

4.3.2 生态弹性模式下的未来科学城郊野公园设计研究

本设计场地东临温榆河，西邻京承高速，现状植被条件本底良好，周边有较多商务用地及居住用地，面积为147hm²。

设计承接上位规划总体要求，将场地定位为以生态弹性为基础，生态游览为核心的城市郊野公园。整体设计尊重场地现有林木资源与水系特色，融入"弹性发展"策略，塑造绿色海绵及多样生境，实现景观良性发展，打造一个集雨洪调蓄、生态保育、社会参与、教育科普等多项功能于一体的弹性郊野公园模式（图4-78～图4-85）。

0 50 100 200m

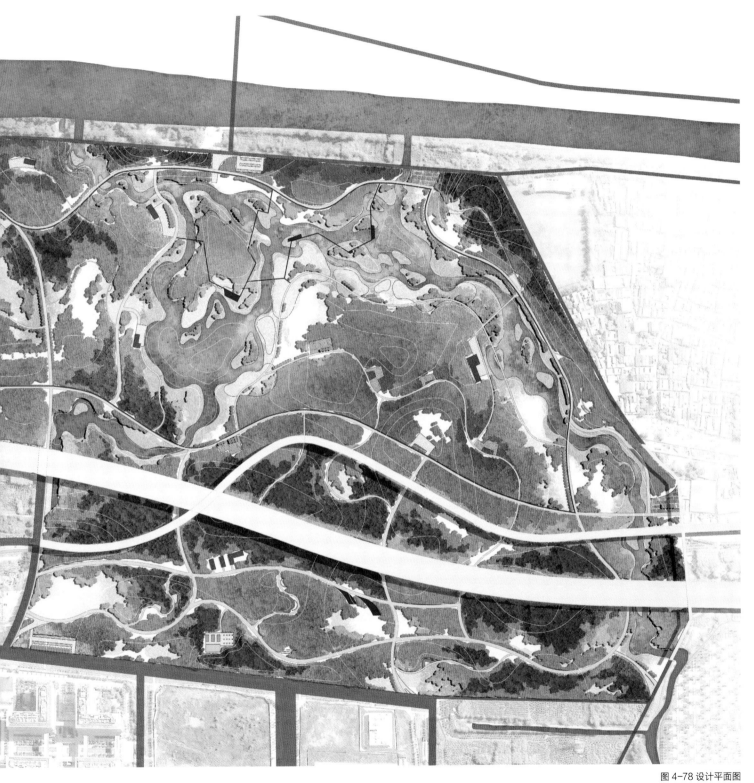

图 4-78 设计平面图

1 前期分析

（1）场地概况

设计场地临近河流与高速公路，地块面积147hm²，场地现状植被本底良好，以林地为主，植物生长状况良好，且种类丰富，在设计中应对多数植被予以保留。

（2）周边现状用地

场地周边现状用地主要为商务用地、居住用地、村庄建设用地、农林用地、区域绿地等。

其中周边商务用地主要为高新产业、商务办公等居住区用地包括别墅区、普通小区；周边绿色空间主要由生态保育绿地和郊野公园组成。

（3）周边水文状况

场地内部水系可通过水闸与温榆河连接，形成季节性弹性景观，一定程度缓解周边防洪压力。

（4）周边现状交通

设计场地西邻京承高速、定泗路，东邻规划城市其他道路。高速桥下空间较为消极且被地形阻隔。

（5）现状高程

设计场地现状较为平坦，局部有微地形，形成低洼地势，为空间造景及水弹性空间提供了一定条件。场地最高高程为34m，最低高程为27m。温榆河河底高程为27m，河岸高程为29.5m。

2 设计理念

（1）设计定位

场地定位为以构建海绵弹性体系为基础，以生态游览为核心的城市郊野公园。充分挖掘利用场地现有林木资源和水系特色；以实现"弹性发展"的设计核心策略，塑造绿色生态视角下的多样生境，实现景观良性发展；同时复合雨洪调蓄、生态保育、社会参与、教育科普等多项功能。

（2）设计原则

遵循减量化原则，从场地源头提升弹性，减少资源消耗浪费；以耐久性原则，提升时间维度韧性，从多角度确保公园可持续发展；以本土化原则应用乡土资源，保证场地自给自足，提高对外界变化的适应性。

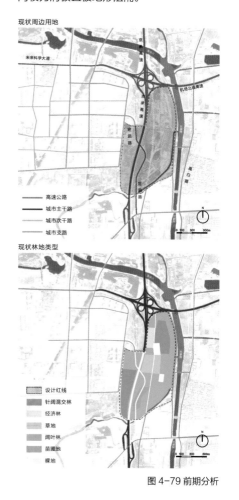

图4-79 前期分析

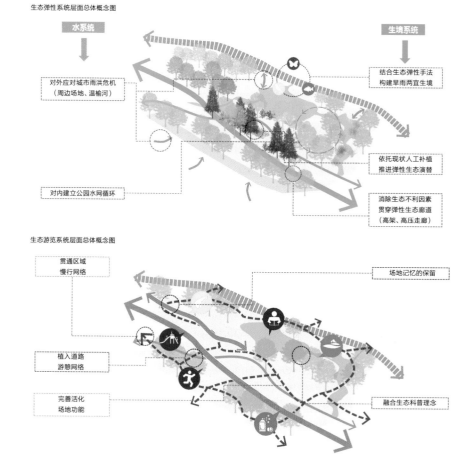

图4-80 目标与策略

3 生态弹性模式营建策略

（1）海绵弹性营建策略

1）海绵弹性系统与内外联系

温榆河沿岸的防洪标准现状营建按 50 年一遇设计，由于该段不会常年泛滥，仅需在突发暴雨时短时间处理洪峰，公园在暴雨时可起到"缓冲"作用。

暴雨情况下，水闸 1 打开而水闸 2 关闭，场地各类绿色雨水基础设施可收纳来自温榆河的多余河水以及场地周边的雨水，弹性应对雨洪风险。

常态情况下，水闸 1 与水闸 2 同时打开，保持场地内水体与温榆河的连通，公园内拥有丰富宜人的湿地景观。

旱季情况下，水闸 1 与水闸 2 同时关闭，场地通过之前存蓄、收纳的雨水实现水景的自给自足，无水的区域露出卵石与观赏草，形成旱雨皆美的景观。

2）海绵系统竖向设计

根据场地现状地势以及设计需求，竖向设计在营造宜人空间的同时，满足雨水收集需求。

3）湿地净化策略

温榆河水质较差，以人工湿地净化水质。

4）植被生态演替模式

通过竖向设计，将场地划分为高、中、低三种地势，针对不同地势现状植被特性，补植乡土地被、灌木和乔灌，恢复土壤肥力，推进植物演替。

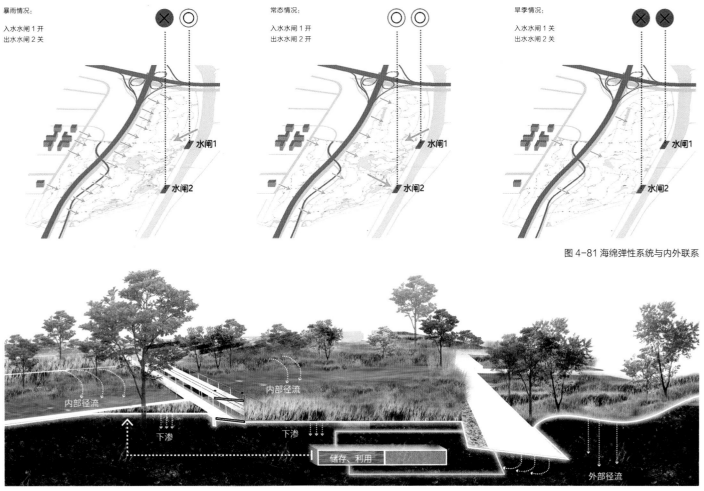

图 4-81 海绵弹性系统与内外联系

图 4-82 海绵弹性营建策略剖透视

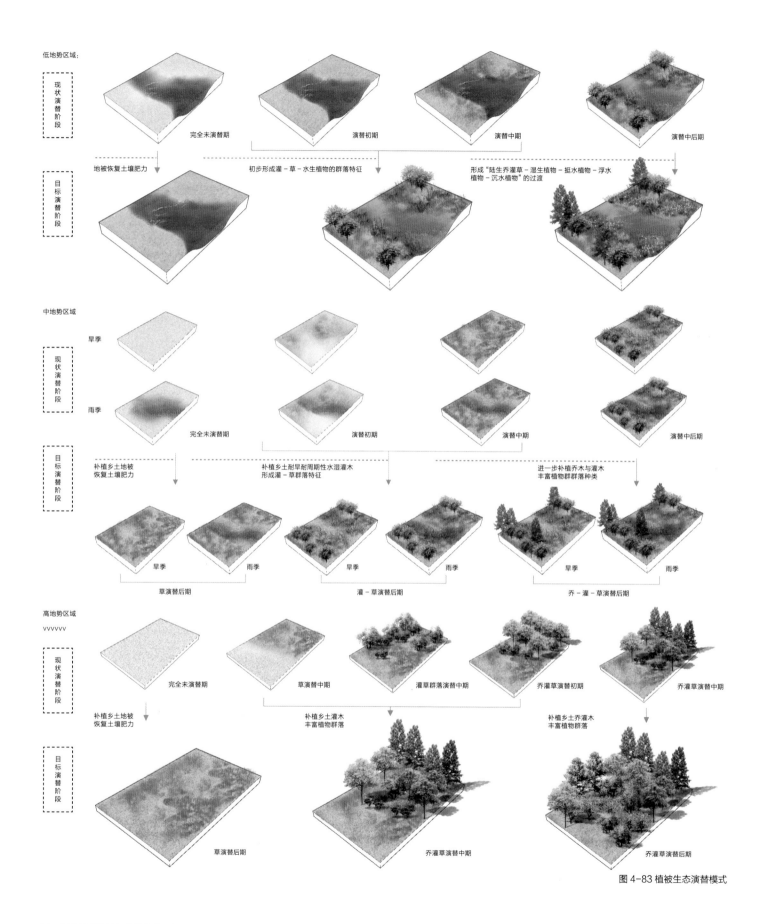

低地势区域：

现状演替阶段

完全未演替期　　演替初期　　演替中期　　演替中后期

目标演替阶段

地被恢复土壤肥力　　初步形成灌-草-水生植物的群落特征　　形成"陆生乔灌草-湿生植物-挺水植物-浮水植物-沉水植物"的过渡

中地势区域

现状演替阶段

旱季

雨季

完全未演替期　　演替初期　　演替中期　　演替中后期

目标演替阶段

补植乡土地被恢复土壤肥力　　补植乡土耐旱耐周期性水湿灌木形成灌-草群落特征　　进一步补植乔木与灌木丰富植物群落种类

草演替后期　　旱季　　雨季　　灌-草演替后期　　旱季　　雨季　　乔-灌-草演替后期

高地势区域
∨∨∨∨∨∨

现状演替阶段

完全未演替期　　草演替中期　　灌草群落演替中期　　乔灌草演替初期　　乔灌草演替中期

补植乡土地被恢复土壤肥力　　补植乡土灌木丰富植物群落　　补植乡土乔灌木丰富植物群落

目标演替阶段

草演替后期　　乔灌草演替中期　　乔灌草演替后期

图 4-83 植被生态演替模式

（2）生境营建细策略

1）植物生境策略

保留现状植被，进行补植，丰富植物群落。通过繁衍自播花卉与地被，以自由生长代替人工培育。自然演替与人工辅助结合，营造林地优良生境。

水陆交错区种植干湿两宜的植物，形成生境过渡带，打造弹性景观。同时根据设计水位不同，有针对性地进行湿地植物种植。

2）动物生境营建

哺乳动物生境构建策略：保护现有林地植被，在现有基础上扩大湿地的面积，为小型哺乳动物创造栖息、庇护、活动、捕食和繁衍的空间；沿溪流等线性空间设计动物迁徙廊道，打造植物屏障，结合道路和桥梁设置涵洞，便于动物穿越，减少城市基础设施对其迁徙的影响。

鸟类动物生境构建策略：结合人工林近自然化补植，扩大生态斑块的面积，丰富群落结构。增种鸟类喜食等树种，合理设置观鸟屋等设施。

鱼类和两栖动物生境构建策略：打造自然化水域形态，外围建设防护林带，构建不同深浅的驳岸与水域栖息地环境。

昆虫生境构建策略：根据不同昆虫所需要的环境条件，设计林地灌丛，缀花草地，湿地等栖息地类型，根据昆虫喜好、食性配植相应植物。

3）高架生态廊道构建

打通高架下阻隔空间，在桥下设置生物穿越路径和防护林带型空间，为生物穿越预留足够空间。

在植物种类上多选用可作为动物食源、蜜源与营巢处的乡土树种，营造多样植物群落，满足动物不同的生境栖息需求。

湿地科普观景

森林露营基地

魅力乡土花海

图 4-84 效果图

图 4-85 鸟瞰图

4.3.3 土地弹性模式下的老君堂艺术郊野 公园设计研究

场地位于北京市朝阳区万亩森林公园南部，西靠京津塘高速，南至五环，东接大羊坊路，北至老君堂路及规划路，与规划近自然林保育区隔路相望，面积为 50.8hm²。

设计基于城市边缘区的不确定性特征，引入弹性视角，通过对场地进行土地弹性度评价，科学分析其未来发展动向，以打造一个满足生态适应性要求、预见性地区分建设强度、处于动态性发展、为未来留有余地的城市边缘区绿色空间（图 4-86 ~ 图 4-103、表 4-9）。

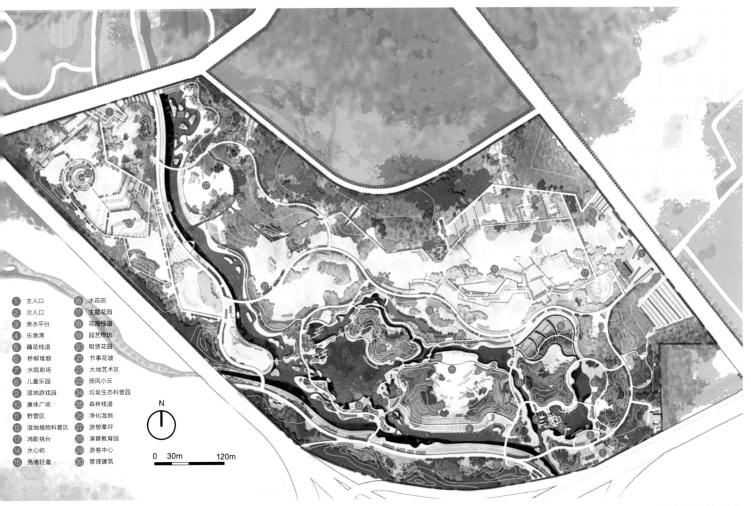

①	主入口	⑯	水花田
②	次入口	⑰	主题花园
③	亲水平台	⑱	花海栈道
④	乐渔湾	⑲	园艺作坊
⑤	藕花栈道	⑳	租赁花园
⑥	桥柳堆烟	㉑	节事花坡
⑦	水院剧场	㉒	大地艺术区
⑧	儿童乐园	㉓	扬风小丘
⑨	湿地游戏园	㉔	垃圾生态科普园
⑩	康体广场	㉕	森林栈道
⑪	野营区	㉖	净化湿地
⑫	湿地植物科普区	㉗	游憩草坪
⑬	鸿影挑台	㉘	演替教育园
⑭	水心屿	㉙	游客中心
⑮	凫渚轻邀	㉚	管理建筑

N

0 30m 120m

图 4-86 设计平面图

1 前期分析

场地东、西、北三面均为城市绿地,南部邻居住区;北侧与东侧平交主干道,贯穿慢行系统,人流较大;南侧临五环辅路,部分平交可以进入场地;西侧为京津塘高速,空间较为封闭,仅一桥洞供慢行系统穿过。

湿地公园依托河道延伸进入场地,北部衔接近大片自然林,成为场地的绿色背景。

场地内部有大量棚户建筑,部分已经完成拆迁,人口正在搬迁疏解。

场地内部地势比较平坦,整体西高东低。内部最高处约37m,河道入水口常水位31m。

东部棚户区内植被稀少,质量不佳。场地内仅少量区域植被基础较好。

大羊坊沟的驳岸形式为混凝土渠化河岸,间或植被混凝土;横街子沟宽度较大,河岸形式为混凝土渠化河岸。横街子沟在汇入大羊坊沟,两河均已渠化,河岸距常水位3~4m。

2 设计理念

快速城市化带来的复杂性与不确定性成为城市发展的突出特点。基于弹性视角,主张风景园林主动应对多元、未知城市变化的理念得到越来越多的关注。

城市边缘区介于城市与乡村之间,土地特征具有渐变性,并且人口流动大,产业结构多样,社会经济复杂。伴随城市的扩张辐射以及城乡关系的不断演化,城市边缘区相比发展基本定型的中心城区体现出高度的不稳定性,是城乡地域中变化最快、最强烈、最突出的区域,因而关注时间维度的动态变化在此显得更为重要,使其成为弹性视角的主要立足点。

研究提出了评价土地弹性,预留发展空间,结合预判与反馈进行动态调控等策略,形成城市边缘区绿色空间过程性规划框架。

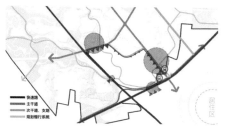

图 4-87 交通分析图

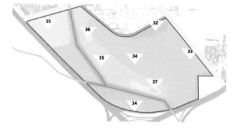

图 4-88 竖向分析图

图 4-89 绿地系统分析图

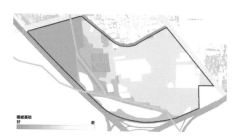

图 4-90 植被分析图

图 4-91 基址概况图

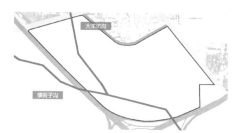

图 4-92 水系分析图

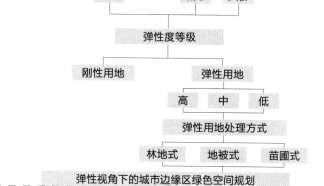

图 4-93 技术路线图

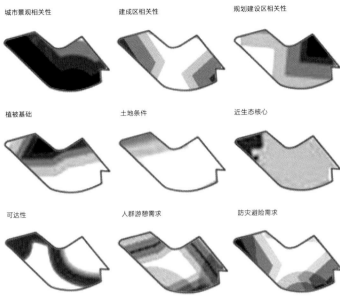

城市景观相关性　　建成区相关性　　规划建设区相关性

植被基础　　土地条件　　近生态核心

可达性　　人群游憩需求　　防灾避险需求

图 4-94 评价因子可视化表达

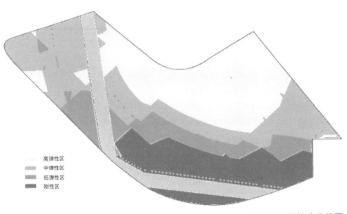

　高弹性区
　中弹性区
　低弹性区
　刚性区

图 4-95 弹性度分级图

评价因子及权重表　　　　表 4-9

要素层	权重	弹性评价因子	权重
城市	0.3	城市景观相关性	0.4
		建成区相关性	0.4
		规划建设区相关性	0.2
自然	0.4	植被基础	0.5
		土地条件	0.3
		近生态核心	0.2
人群	0.3	可达性	0.3
		人群游憩需求	0.5
		防灾避险需求	0.2

3 土地弹性度评价

　　深入理解边缘区绿色空间本身及其周边的复杂变化,对场地进行土地弹性评价,可以更加科学的分析其未来发展的动向。

　　土地弹性的影响因子可以从城市、自然、人群三个层面进行筛选。城市层面可以考虑城市景观需求、建设程度,潜在建设区等;自然层面考虑主植被基础、土地条件、生态核心临近度、潜在廊道临近度等生态影响因子;人群层面考虑可达性、不同人群类型的游憩使用与防灾需求等。

　　影响因子的选取需结合场地特征,对各因子进行评价比较,建立评价模型,利用 AHP 层次分析法计算得到各项因子的权重值。接着,借助ArcGIS 软件进行叠加分析,得到土地弹性评价图。最后可以依据土地弹性高低,整合并划分土地等级,以针对性引导不同的规划策略。

　　将城市、自然、人群三个层面内所有因素按照权重叠加形成完整的用地弹性度评价图。颜色深浅代表弹性度的高低。颜色越深,因素评级越高,需求度越高,越不适宜转变,弹性度就越低,越应该优先建设;颜色越浅,因素评级越低,需求度越低,越适宜转变,弹性度就越高,建设越滞后。依据需求高低将场地分成刚性区、低弹性区、中弹性区和高弹性区四个区域。

4 土地弹性营建模式研究

(1)刚性区规划策略

　　刚性区针对现阶段基本需求,提供多样的社会服务功能,体现较高的生态服务价值,同时满足城市安全防护要求,进行高强度与高完成度的规划建设。在空间、功能、形式等层面其规划策略与常规园林绿地打造方式基本一致,在此不再赘述。

(2)弹性区规划策略

　　弹性区因其面临高不确定性与变化性,建设需求较弱,需要一种低建设强度且高灵活性的园林绿地营造方式,同时能兼具生态价值、景观美化以及简单的使用功能。参考城市闲置用地处理方式与临时绿地建设等相关研究,研究将生态优先性、经济节约性、转型灵活性确定为弹性绿地处理方式的核心原则,并总结出林地式、地被式、苗圃式三个主要类型。对于城市边缘区,在刚性区满足基本需求的前提下,这种较为粗放的模式化绿地处理方式,可以简化规划设计流程,降低成本,同时为公众的自发性参与提供可能。

1)林地式

　　林地式主要包括近自然林、游憩林、景观林三种类型。近自然林突出生态效益,通过人工营造异龄林,加速提早诱发灌木草本发育,形成乔灌草复合为主的植物景观。经过一系列演替,最终形成近自然林。游憩林提供游憩功能,根据需求适当增加游步道穿越场地,植入少量场地空间与设施,使用场地废弃材料或是一些轻质材料以减少资金投入以及硬质景观对生态的影响，但单一植物组团较大，植物层次较少。景观林植物层次丰富，注重组团空间的开合搭配以及季相变化，突出景观美化作用。

2）地被式

地被式包括草坪、花海、花田、农田四种类型。草坪以草坪建设为主，局部可点缀乔灌木。该营建方式资金投入较少，未来也可将草坪移植，重新利用。整体呈现开阔大气的景观效果，可为居民提供郊游、野餐的场地。

花海指自然成景的花卉景观效果，一般采用野花组合或野花单一品种大面积撒播，形成大尺度的景观效果，同时还可以改良土壤。花田指人工打造的花卉景观效果，通过上盆、移栽、做垄的形式营造的景观效果。农田呼应城市边缘区景观风貌，在场地现有遗留农田肌理及周边区域种植农作物，可在日后形成有特色的城市农田景观。

3）苗圃式

苗圃式包括生产苗圃、景观苗圃、游憩园圃三类。生产苗圃是苗木储备基地，可提供基地未来建设所需苗木，作为场地建设的"植物银行"，节约成本。景观苗圃兼具经济苗圃地的储备功能，有较名贵珍稀品种，同时具有一定的科普性。游憩园圃可种植可食用作物，结合公众参与，市民自发融入场地感受种植、栽培、采摘过程，体验自然乐趣。

5 方案设计

（1）分区规划

1）湿地休闲区

依托两河交汇，水系聚散结合，形成大水面、小水面、线性水系等类型丰富的水域空间，并依据空间尺度植入湿地科普、水上游憩、探索娱乐、野营、垂钓、观鸟等活动。

2）艺术感知区

结合风廊的处理原则（爬坡效应、狭管效应）设置一系列梭状地形，在人工艺术感强的起伏地形上结合风与花两种元素，打造"山花拂风"之景。主要的活动类型有观赏、摄影以及围绕主地形缓坡开展音乐节等节事活动。

3）花野园艺区

区别于旷美粗放的艺术区，该区以较精致的花卉景观为主，大片的花田肌理结合栈道，每年不同季节园艺作坊开展鲜切花售卖与园艺体验等活动。同时还设置租赁花园与主题花园等。

4）森林静心区

结合大片的游憩林与近自然林，架设森林栈道，营造密闭的林下空间，

图 4-96 湿地休闲区效果图

图 4-97 艺术感知区效果图

图 4-98 花野园艺区效果图

图 4-99 森林静心区效果图

呼应南部花海形成眺望平台。利用近自然林的科普性,设置演替教育园,提供树木认知与科普教育。

森林水泡的处理方式。

(4)植物景观规划

植被类型主要分为两类,刚性区植被和弹性区植被。刚性区线性水区域打造花溪,将花田、花海景观氛围向南延续。游憩林打造秋色叶,丰富季相变化性。形成东部野花组合,中部节事性花田和西部缀花草坪的景观结构。北侧弹性区近自然林和游憩林与南部刚性区的园林化种植将花海的视线通廊夹制出来。出入口与密植区围合出一系列透景线,空间相互渗透。

(2)竖向设计

北侧沿河的区域打造通风狭管,形成全园制高点;两河交汇处扩挖为湖,丰富水景类型,保证填挖平衡;其余部分基本保留现状,进行微地形改造,丰富空间感受;弹性区主要针对大片花海的区域微调等高线形态,打造优美变化的花坡走势。

(3)水系统规划

对永久性水面采取柔化河岸的处理方式,两河交汇处扩挖为湖,形成全区主水面;对季节性水体,采取在地形沟谷汇水处建造雨水花园与沼泽

(5)道路交通规划

一级路成环系统包裹刚性区,弹性区路网密度与道路等级较弱,未来将进行道路拓宽升级与新增,现阶段弹性区部分道路采用节约式建设。

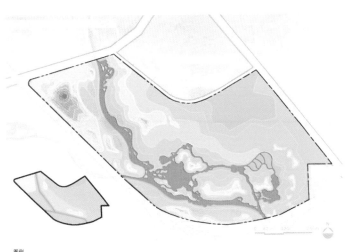

图 4-100 竖向设计图

图 4-101 水系统规划图

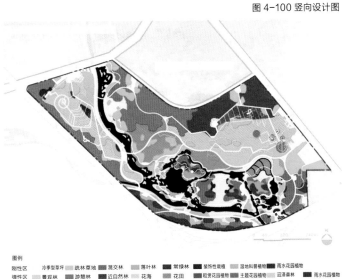

图 4-102 植物景观规划图

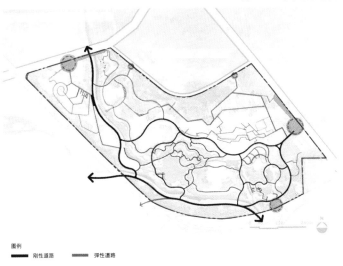

图 4-103 道路交通规划图

4.4 观光游憩模式下的郊野公园设计研究

4.4.1 边界效应模式下的双桥郊野公园设计研究

场地毗邻亦庄新城，距离北京中心城区 20km，位于五环与京—哈高速交汇处，面积为 188.2hm²。

设计为满足作为二道绿隔郊野公园的隔离需求以及对破碎地块的空间整合功能，基于边界效应研究进行农野体验公园设计。通过塑造城市与自然过渡带的边界，形成游憩体验景观；进行内部林斑修补、景点连缀以形成大尺度近自然的平原景观风貌（图 4-104 ~图 4-108）。

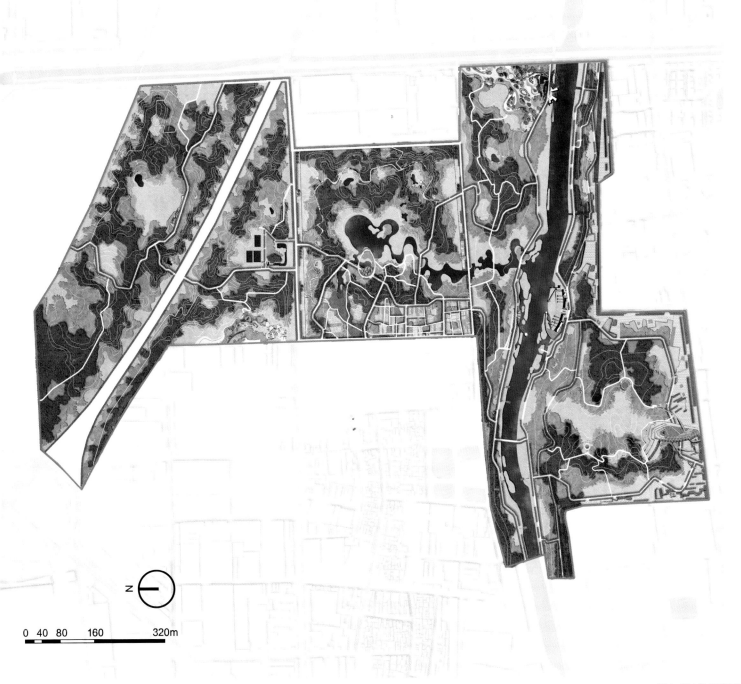

0 40 80　　160　　　　320m

图 4-104 设计平面图

1 前期分析

（1）场地现状分析

1）场地周边绿色空间分析

郊野公园选址位于萧太后河与通惠河灌渠交界处，周边分布多个湿地公园、休闲公园和待建的农业观光园，整个区域拥有较为完善的绿地系统和游憩功能体系。

2）道路交通分析

重点研究范围位于东南五环，东至六环路，北侧有京津高速、南侧有京哈高速穿过。其交通运行效率和服务水平不高，各绿地之间未能串联形成体系，现有地铁线路不能直达，周边公交系统亦不完善。

3）道路交通分析

规划用地周边用地类型复杂，主要包括居住用地、工业用地、物流仓储用地、商业用地、公园绿地、生产绿地、防护绿地等。根据上位规划，未来场地周边工业及仓储用地将被防护绿地和公园生产绿地所取代，居住用地品质提升，对公园绿地的需求度将大大提高。

4）现状植被资源分析

首先，现状植物类型单一，植物种植缺少层次，且常绿植物种类少，场地中绿地覆盖率低，有大面积荒地。其次，水生植物类型较少，滨河景观效果差。但场地内局部具有良好的植物群落，可保留利用，进一步营造多层混交林及丰富的灌木层生境。最终修复完善植物群落，为动物提供一个安全隐蔽的环境，同时为景观增添色彩。

5）场地水文资源分析

郊野公园选址位于通惠河灌渠与萧太后河交叉位置，水量充沛。场内有鱼塘、灌渠，曾用以养鱼、灌溉蔬菜、种植莲藕等农业生产活动。

（2）现状问题总结

设计尝试着将场地空间特征进行抽象示意，发现其主要存在以下三点问题：内部基底较好，但是边界问题突出；场地边界的活跃度、使用度较高，但是风貌不佳，极易受到侵蚀；场地被城市基础设施分隔导致其破碎化。

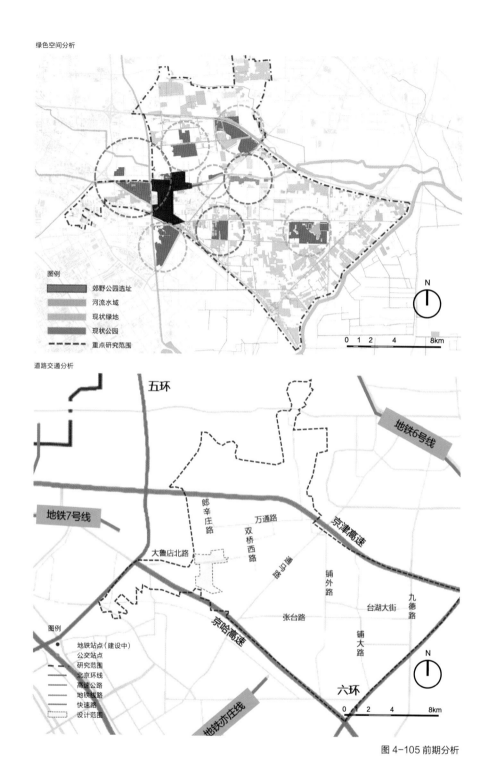

绿色空间分析

道路交通分析

图4-105 前期分析

植物策略

宽度有限的边界空间
——丰富植物群落结构

铺装面积大的边界空间
——提高植物覆盖率

通透的植物边界
——增加边界宽度

宽度有限的边界空间
——提高植物覆盖率

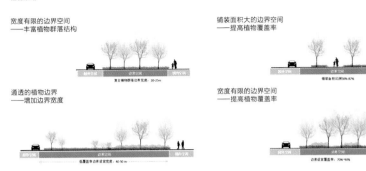

水体策略——河岸生态化

一般意义上的滨河空间规划

重视边缘区的滨河空间规划

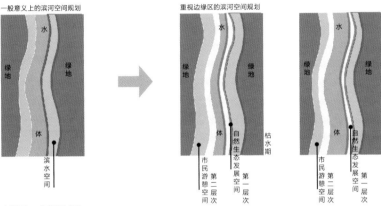

水体策略——沟渠多功能化

枯雨季景观

雨季景观

2 设计理念

结合现状调研及边界相关理论研究，着重于场地边界、场地斑块提出规划策略，以实现边界景观的重塑提升与破碎景观的空间整合，营造"城林之畔，生机之沿"的农野体验公园。

3 边境效应模式营建策略

（1）设计策略

1）地形策略包括适宜游憩的地形改造、适宜生物栖息的地形改造。

2）植物策略包括改变边缘植物种植模式、强化场地内部植物组团。

3）水体策略包括河岸生态化、沟渠多功能化。

4）道路策略包括路缘、路径的多样化处理。

5）游憩策略包括游憩活动依托、林田资源分布。

（2）技术路线

利用微地形分隔空间，形成场地竖向空间格局；沟渠与坑塘相接形成连通的水系统，结合竖向形成山水格局体系。在山水格局基础上叠加道路，并在边界处形成较密集的路网。种植规划采用列植与波浪形种植相结合的方式，将零散的林斑连缀成片。叠加竖向空间、水网系统、道路系统、种植规划形成总平面图。

（3）边界处理

与传统公园采取块状分区的手法不同，基于边界效应研究的郊野公园是一个由外而内、由散到整的绿色空间。传统公园线性的边界不再存在，取而代之的是具有多种功能的景观生态带。从边界效应研究的角度进行郊野公园规划设计有助于解决郊野公园"隔离与沟通"之间的矛盾，同时整合破碎绿地，实现将生产性用地向景观游憩资源的转变，最大限度地发挥二道绿隔的景观与生态功能。

| 市民游憩（远水） | 雨水花园 | 市民游憩（近水） | 自然生态河道 | 自然生态空间（生态岛、水生植物） | 市民游憩 | 森林生态保护 | 道路 |

图 4-106 设计策略

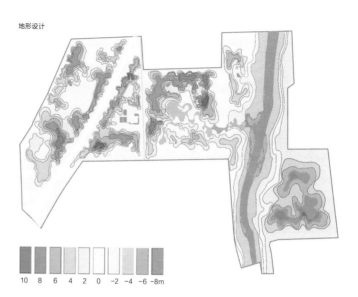

地形设计

10 8 6 4 2 0 -2 -4 -6 -8m

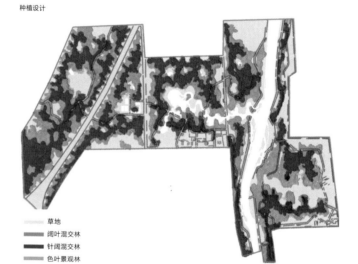

种植设计

草地
阔叶混交林
针阔混交林
色叶景观林
行道树

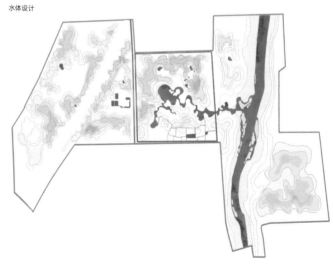

水体设计

（4）节点分析

1）园艺体验

最北端界面向城市街道方向打开，由外而内形成三个层次的过渡带，发挥景观、生态、游憩三重功能。

2）湿地野趣

沿城市河道重构滨水空间，增加边界市民游憩空间和自然生态空间；植被分隔组合形成多层次的滨水游憩空间，利用不同的水生植物构建湿地群落。

3）林间步道

对于分割场地的道路，增加其南北方向的路径连接，延续东西方向的植被廊道，行道树一侧每隔一定距离打开林窗，另一侧道路边沟种植旱雨两栖植物，形成雨水花园。

4）农野观光

中部农田种植边界防护林提升生态效益，充分利用现有鱼塘和农田肌理打造都市田园风光，为市民提供农事体验、鱼塘垂钓、林田观光等活动。

5）林中拾趣

对于场地内现存的林地区域，微地形自然汇水形成季节性坑塘湿地，补植乡土植物，人工加速演替，丰富现状片林的空间层次，高架栈道从林间蜿蜒穿过，为游人提供多视角的林中穿梭体验，同时为部分野生动植物创造适宜的栖息环境。

图 4-107 设计内容

林间步道

农野观光

滨水游憩

图 4-108 效果图

4.4.2 艺术观光模式下的环铁郊野公园设计研究

设计地块位于北京市朝阳区五环路与机场高速路的交叉口，距离首都机场8km，面积为42hm²。

研究希望打造首都空中景观地标，延续环铁艺术文化，将其定位为艺术型城市森林。提出了"时空之间"的设计概念，营建"季节流转—昼夜更替"的多时段景观，创造"天空—铁道—林下"的多层次结构。最终实现以森林为基底，大地艺术景观为特色，传承文化记忆，融入艺术体验的城市森林（图4-109～图4-123）。

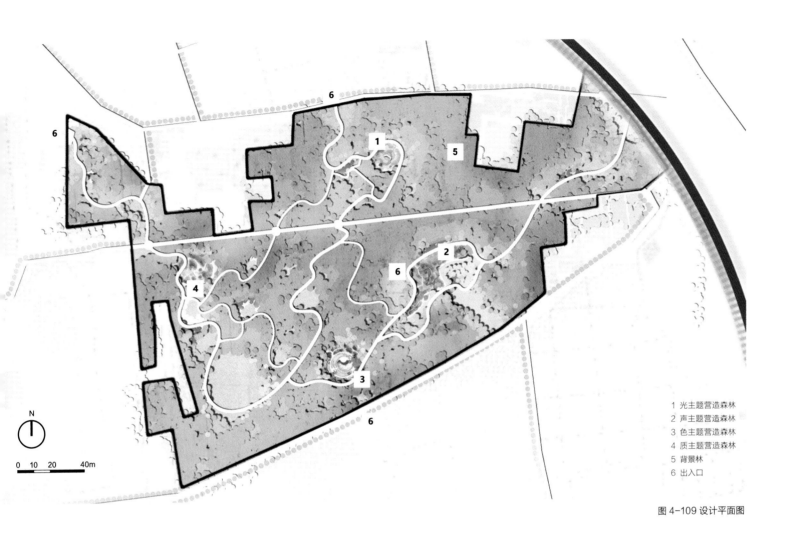

N

0 10 20   40m

1 光主题营造森林
2 声主题营造森林
3 色主题营造森林
4 质主题营造森林
5 背景林
6 出入口

图 4-109 设计平面图

图 4-110 周边用地类型分析图

1 前期分析

（1）区位分析

设计地块位于北京市朝阳区，五环路与机场高速的交叉口，距离首都机场仅 8km，国家铁路试验中心环形试验场内，场地总面积 42hm²。现存在明显的环形铁道肌理，数百条航线经过设计地块，具有形成城市空中地标景观的潜力。

（2）周边环境

设计人员对整个环铁区域及周边用地进行了调研和分析。周边除环形铁路以及铁道博物馆外，现状多为苗圃、废弃地、厂房、简易住宅。研究发现此处最为重要的特点是内外分布多个艺术区，是北京艺术家的聚集地，具有非常浓郁的艺术氛围。

2 设计理念

设计希望在留白增绿的背景下，打造首都空中景观地标，延续环铁艺术文化，将其定位为艺术型郊野公园。为此提出了"时空之间"的设计概念，希望营建"季节流转—昼夜更替"的多时段景观，创造"天空—铁道—林下"的多层次结构。

总体结构以大地艺术景观为载体，包括承载文化记忆的森林环，以及以绿色森林为基底，融入艺术体验的森林核。

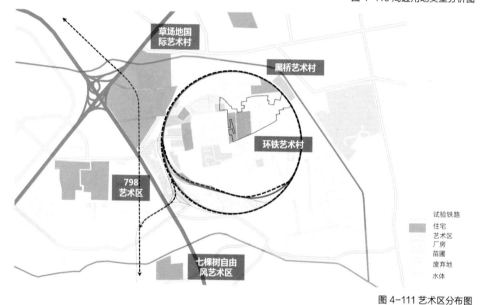

图 4-111 艺术区分布图

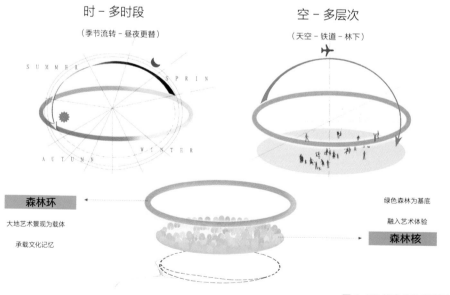

图 4-112 概念结构示意图

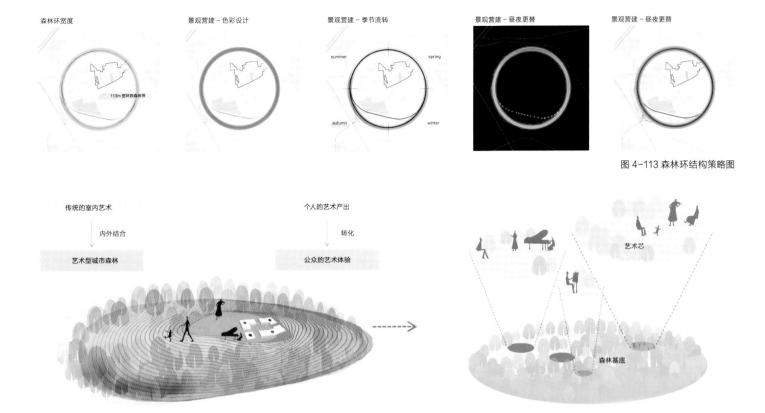

森林环宽度　景观营建 – 色彩设计　景观营建 – 季节流转　景观营建 – 昼夜更替　景观营建 – 昼夜更替

113m 宽环铁森林带

summer　spring
autumn　winter

图 4-113 森林环结构策略图

传统的室内艺术　个人的艺术产出
内外结合　转化
艺术型城市森林　公众的艺术体验

艺术芯
森林基底

图 4-114 森林核结构策略图

3 设计结构

(1) 森林环

1) 林环宽度

旅行客机的飞行高度以舒适、经济为原则。中小型客机在数千米高度上飞行，大型客机则在平流层内（大约 11000m 高度）飞行。由于瞳孔的最小分辨视角约为 1 角分，人们能够短时间内迅速分辨物体的视角约为 5 角分，因此我们按照大型客机的通常飞行高度为 11000m 来计算。代入人眼成像公式 $actg(u/2) = PQ/PO \geqslant 5'$，由于区域地标及整体性景观的构想，因此可得森林环宽度为 113m。

2) 景观营建

森林环色彩设计方面提出了一系列营建策略，外围区域环境是以蓝绿色为主的冷色调，根据色彩互补的原理，形成以红黄色为主的暖色调森林环。季节流转的体现是运用 "50% 秋色叶 +30% 常绿 +20% 常年异色叶树种"形成季节变化的动态大地景观。昼夜更替通过以环铁为载体，利用现代化灯光技术，延续其夜间的地标地位，形成多彩且变幻的整体性装置景观。

3) 复层功能

森林环包括植物防护带、文化更新带、休闲游憩带、灰色遗留带、色叶景观带的复层结构，迎合奥运五环色彩，可作为 2022 年北京冬奥会的特色配套服务设施。

(2) 森林核

森林核打造目的是希望将个人的艺术产出转化为公众的艺术体验，传统

的室内艺术转化成内外结合的艺术森林核，总体策略是将公共艺术体验集聚于多个艺术芯内，并以绿色森林作为其基底。

4 艺术观光模式营建策略

光、声、色、质原本是空间美学不可缺少的重要元素，以艺术芯为物质空间载体，极致表现森林独有的美学特征，营造艺术森林。根据主题进行分区，通过不同的自然要素与艺术形式，尝试不同的种植模式与方法，运用林加坊的模式进行打造，创造多样的森林环境。最后选择每个分区内的核心部分进行详细设计。

(1) 光主题营造

"光"主题力图利用植物为载体，通过郁闭度、盖度、叶面积指数三个指标的差异，设置开阔、相对围合、林荫封闭的三种空间模式营造不同光环境。郁闭度反映水平方向上的种植密度，盖度反映垂直层面上植物枝叶之间的重叠程度，叶面积指数指导树种选择，以上三者共同作用，控制"光"主题下的植物配置与景观营造。同时将光敏物质涂抹至高分子材料上形成景观装置，种植密度不同将使得倒影密度各异，光照强度不同使得颜色发生变化。同时利用艺术化手法让参与者直观感受到森林植物及空间的变化所带来多样化的光环境。

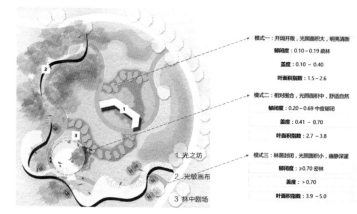

模式一：开阔开敞，光照面积大，明亮清新
　　郁闭度：0.10 ~ 0.19 疏林
　　盖度：0.10 ~ 0.40
　　叶面积指数：1.5 ~ 2.6

模式二：相对围合，光照面积中，舒适自然
　　郁闭度：0.20 ~ 0.69 中度郁闭
　　盖度：0.41 ~ 0.70
　　叶面积指数：2.7 ~ 3.8

模式三：林荫封闭，光照面积小，幽静深邃
　　郁闭度：≥ 0.70 密林
　　盖度：> 0.70
　　叶面积指数：3.9 ~ 5.0

1 光之坊
2 光敏画布
3 林中剧场

图 4-115 光主题分区平面模式图

郁闭度：0.10 ~ 0.19 疏林　　郁闭度：0.20 ~ 0.69 中度郁闭　　郁闭度：≥ 0.70 密林

图 4-116 郁闭度营建模式图

（2）声主题营造

通过声音印象组合协调度较高的声音，形成差异化的三种森林声模式。游人穿梭其间，感受或清冽或震撼的森林乐音。模式一利用竹林与泉声，结合 $D : H = 1$ 的下凹内聚地形增强音效。模式二种植响叶杨为主的发声阔叶林，并种植引蝉植物，利用 $D : H = 1 : 2$ 的狭长风道，增大声音响度。模式三结合舒缓地形，设置缓流，种植多种针叶树形成松涛环境空间。

（3）色主题营造

"色"主题将按照光谱顺序打造种植色彩环。丰富的色彩将给人带来多样的感受。红色给人艳丽、芬芳和成熟青春的感觉，极具注目性、诱视性和美感；橙色具有明亮、健康的感觉；黄色给人以光明、灿烂、柔和、纯净之感，象征希望、快乐和智慧；绿色给人以宁静、休息和安慰之感，作为生命之色，青春、希望和平；青色象征沉稳，庄重，自然，肃穆，镇静；蓝色为典型的冷色和沉静色，给人安静、空旷之感；紫色高贵、庄重、优雅之色。明亮的紫色令人感到美好和兴奋。根据色彩选择植物进行呈现：红色种植带用常彩红色叶，植物包括紫叶矮樱、红叶杨、王族海棠、红叶寿桃、紫叶接骨木、紫叶女贞、紫叶复花矮紫薇、中华太阳李、紫叶矾根；橙色种植带用橙色地被，植物包括金盏菊、旱金莲、孔雀草、万寿菊、百日草、萱草、非洲菊、硫华菊、花毛茛；黄色种植带使用常年黄色叶，植物包括金叶榆、金叶复叶槭、金叶刺槐、金叶国槐、金叶绣线菊、金叶矾根、金叶景天；绿色种植带用乡土阔叶树，主要树种包括榆树、毛白杨、楸树、杜梨、臭椿、国槐、山桃；青色种植带用常绿树，树种包括白皮松、华山松、白扦、圆柏、油松、侧柏、雪松、青扦、粗榧；蓝色种植带用蓝紫色地被，植物材料为瓜叶菊、风信子、紫藤、三

盖度：0.10 ~ 0.40　　盖度：0.41 ~ 0.70　　盖度：> 0.70

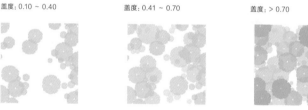

图 4-117 植物盖度营建模式图

光敏画布种植密度—倒影密度

光敏种植光照强度—颜色变化

模式一：低光照强度光敏种植　　模式二：中光照强度光敏种植　　模式三：高光照强度光敏种植

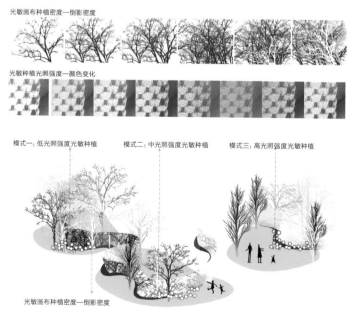

光敏画布种植密度—倒影密度

图 4-118 光敏效果示意图

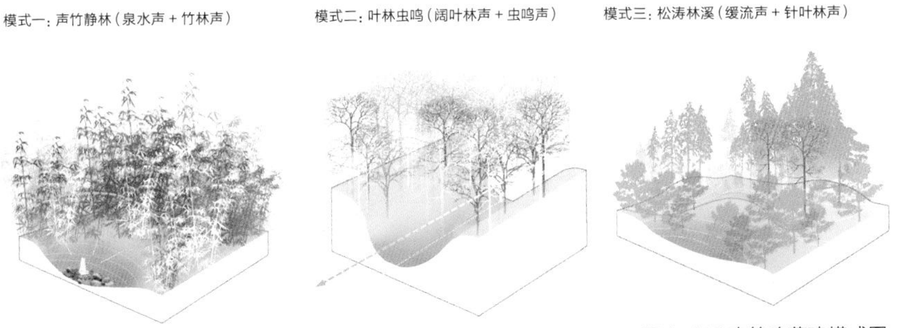

模式一：声竹静林（泉水声＋竹林声）
模式二：叶林虫鸣（阔叶林声＋虫鸣声）
模式三：松涛林溪（缓流声＋针叶林声）
图 4-119 声策略营建模式图

1 声竹幽林
2 叶林虫鸣
3 松涛林溪
4 声之坊
图 4-120 声主题分区平面模式图

1 色之坊
2 林色种植带
3 花色地被
4 反光镜
图 4-121 色主题分区平面模式图

1 质之坊
2 树皮体验小径
3 树叶体验小径
4 老木桩展示
5 景观木桩
图 4-122 质主题分区平面模式图

横纹树皮
光滑树皮
树皮步道
革质叶片
长方形裂纹树皮
纵裂树皮
革质叶片
革质叶片
松针步道
革质叶片
革质叶片
图 4-123 质策略营建模式图

色堇、蓝花鼠尾草、蓝亚麻、羽扇豆、马蔺；紫色地被带用常彩紫色叶植物，植物材料包括紫叶李、紫叶合欢、紫叶小檗、紫叶红栌、紫叶风箱果、紫叶锦带、紫叶紫荆、红莲草、紫叶酢浆草。最后通过加入镜面构筑，以镜面为画布，呈现森林中的本色，形成无限的色彩空间。

(4) 质主题营造

通过不同的树皮质感与树叶质感，营造多样化的质环境模式。树皮类型包括横纹树皮（山桃、樱花）、光滑树皮（梧桐、白皮松、白桦）、长方裂纹树皮（柿树、君迁子）、纵裂树皮（栾树、黄栌、元宝枫）。叶片类型包括革质叶片（大叶黄杨、白玉兰、紫玉兰）、草质叶片（狼尾草、大油芒、细叶芒、斑叶芒）、纸质叶片（七叶树、银杏、国槐、刺槐）、肉质叶片（佛甲草、三七景天、八宝景天、垂盆草）。两类展示植物沿两条树皮、松针步道集中布置，感受森林之质。

(5) 坊主题营造

根据“光、声、色、质”的主题，在每个区域核心位置营建艺术工坊，材料源于森林，实现传统展陈模式到新型互动模式的转变。

(6) 绿色基底营造

从生态角度出发，选取对环境的改善和供给具有较好作用的植物材料，如可以改善空气质量、减轻噪声污染、提供绿色视野、局部降温增湿、丰富物种种类。打造可以杀菌抑菌、除尘降噪、负氧离子、特定分泌物的功能性群落，为公众提供放松心灵的舒适环境空间，塑造绿色森林“底”，烘托艺术森林“芯”。

5 方案设计

场地紧邻环铁部分，根据前期对于森林“五环复合”的整体策略进行设计，保证大地景观的整体性。

(1) 植物防护带

植物防护带选择降尘降噪树种，打造更加舒适的森林核环境。环带常绿树比例 60%，保证森林环冬季大地景观效果，形成青绿色条带。主要树种有侧柏、圆柏、油松、华山松、青扦、粗榧、白皮松。

(2) 色叶景观带

色叶景观带按比例种植色叶树种，呼应大地景观。配置 50% 秋色叶树种、30% 常绿树种、20% 常年异色叶树种、主要树种有元宝枫、金叶榆、栾树、七叶树、鹅掌楸、银杏、金叶国槐。

(3) 文化更新带

以火车发展历程的五个阶段为文化内涵进行展示，即蒸汽→内燃→电力→动车→高铁，根据火车在发展过程中的外形、工作原理、声音、速度等变化，结合铁路布置系列展示体验活动。

(4) 休闲游憩带

利用现状铁轨，布置具有趣味性和参与性的日常休闲活动及节事活动，包括滑轨互动花园，铁道艺术剧场、儿童活动场地、休闲草坪、铁路艺术节。

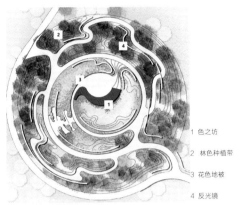

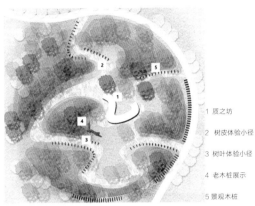

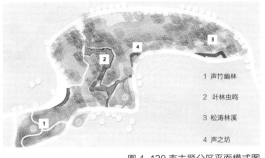

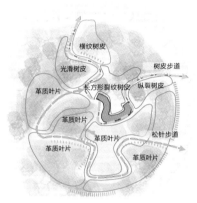

4.5 森林康养模式下的郊野设计研究

4.5.1 森林康养模式下的白家瞳郊野森林公园设计研究

设计场地位于海淀区西部，浅山森林屏北部与海淀新区交界处。在上位规划中属于森林康养型郊野公园，本设计将森林体验、森林康养作为森林旅游发展的重要方向应用于二道绿隔郊野森林公园建设中，地块面积为453.6hm²。

该设计通过对复愈性环境的研究，在以人工手段引导浅山区森林生态环境修复的同时，为城镇居民提供恢复素质、情绪、认知水平健康康养的森林环境，达成人与自然的双向正反馈（图4-124～图4-130、表4-10、表4-11）。

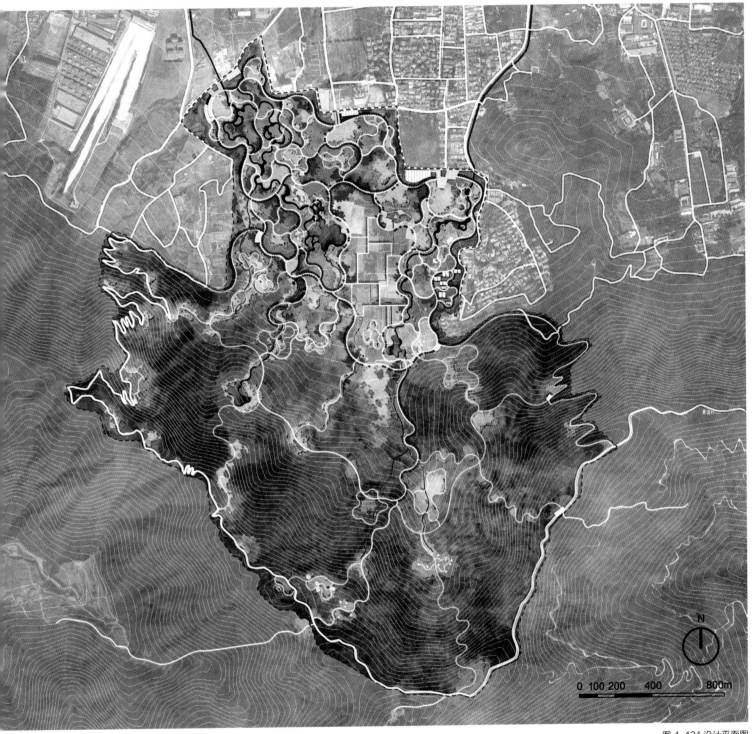

图 4-124 设计平面图

1 现状分析

（1）上位规划解读

场地在上位规划中属于森林康养型郊野公园。森林体验、森林康养为森林旅游发展的重要方向。

规划结构上，场地位于浅山森林屏北部与海淀新区交接处，大部分处于高保育区和低保育区，少量仍处于改造区；森林系统层面上，是规划森林康养型郊野公园中面积最大、地形变化最丰富的一个。

（2）区位概况

场地位于海淀区西部、大西山北麓，温泉镇白家疃村，六环以东，京密引水渠以北。总面积453.6hm²。南侧以小小五台山脊线上防火道为界，东西北三侧以白家疃村车行路为界，划定时保证红线内包含较为完整的山林和农田，以及连续的冲沟和河道，利于生态系统的完整和景观风貌统一。

（3）现状特征

1）植被类型：平原区地以经济林（樱桃、苹果）为主；山体部分以针阔混交林（油松、元宝枫）及针叶林为主，基本为人工林。

2）康养产业：场地步行0.5h范围内有老年医院、森林学校、温泉度假酒店等康养产业。

3）自然与人文资源：大西山北麓的"U"形山麓空间及山地步道的制高点，与香山、横山衔接良好；南有曹雪芹小径，接海淀北部文化中心。

2 设计理念

（1）设计目标

通过基于森林康养与森林体验的郊野森林公园设计，引导浅山森林生态系统的修复与提升，为城镇居民提供能够颐养身心的复愈性环境，实现人与自然共同的健康发展。

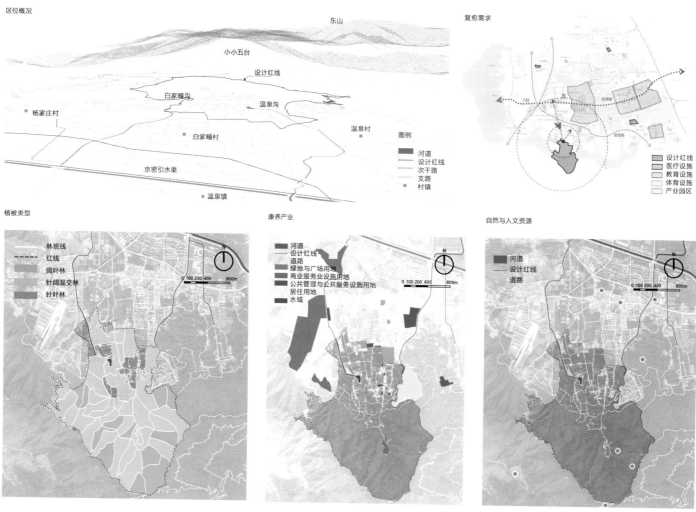

图4-125 前期分析

（2）设计原则

复愈性环境的特征要素为距离感（Being Away）、丰富性（Extent）、吸引力（Fascination）及兼容性（Compatibility）。复愈性环境的条件为有适当的深度与复杂性、一定的总体结构和特定聚集点；包括足够的植物、水体等自然元素；没有危险物存在。

3 森林康养模式营建策略

（1）基本策略

1）针对现状建设用地对山体破坏的区域，增加植被，恢复小小五台和横山的连接。

根据不同复愈目标和场地现状，调整森林结构，针对性提升森林生态系统服务功能，形成降噪滞尘带、保健养生林区和固碳释氧岛。

2）将果园的复林过程部分规划为供游客认领的种植岛，在果园周边增加手工作坊、园艺花园、药草园、动物花园等节点，在非采摘季提供复愈性体验活动。

3）对硬化的冲沟驳岸进行改造，使其与山间汇水相连接，在洼地设置蓄水区，收集季节性雨水用于果园灌溉。

在温泉沟处通过微地形和水坝引导水流，局部形成叠水声景及体验、观赏性区段，形成情绪复愈廊道；在白家瞳沟冲沟底部和两侧增加乡土灌草，蓄水区域塑造滨水生境，形成认知复愈廊道。

4）顺应浅山区肌理，按照观景视线及活动类型规划穿越线和环线；山下路网相对密集，山上稀疏。根据每一类复愈需求的特征和时长，设置情绪、认知和素质复愈的特色线路；并为儿童、老年人和残障人士进行专门选线。

连接断裂山体＋根据不同复愈目标调整森林结构，针对性提升森林生态系统服务功能

恢复部分果园为林地＋增加非采摘季的复愈性体验活动

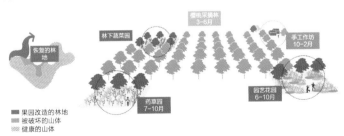

山前冲沟驳岸自然化，洼地设置蓄水区＋依托季节性水系形成情绪复愈廊道和认知复愈廊道

图 4-126 设计策略

森林生态系统复愈能力评价标准　　　　表 4-10

指标类别	分值	评价指标	分值	评分标准	
组织结构指标	30	森林群落结构	10	乔灌草复层林	10
				乔灌草单层林	8
				只有乔木	6
				只有灌草	4
				只有草本	2
		林分郁闭度	10	[0.5,0.7]	10
				[0.3,0.5)或(0.7,0.8]	8
				[0.2,0.3)或(0.8,0.9]	6
				[0.1,0.2)或(0.9,0.95]	4
				[0,0.1)或(0.95,1.0]	2
		土层厚度（cm）	5	≥60	5
				[20,60)	3
				[0,20)	1
		近自然度	5	I级	5
				II级	4
				III级	3
				IV级	2
				V级	0
活力指标	20	物种多样性	10	≥2.5	10
				[2.0,2.5)	8
				[1.5,2.0)	6
				[0.5,1.5)	4
				[0,0.5)	2
		林木可更新能力株/（hm²）	10	成熟林或近成熟林以以当地乡土树种为主的人工林，林下有大量的天然更新幼苗幼树，且多数为该群落的优势种的实生苗或萌蘖苗，每公顷更新株数大于300株/hm²	10
				成熟或近成熟天然林或以当地乡土树种为主的人工林，有更新，幼树幼苗不是优势种，或者天然更新较少，或者人工林的树种为当地乡土树种，每公顷更新株数200~300株/hm²	8
				幼龄天然林，密度大，多幼苗幼树，每公顷更新株数100~200株/hm²	6
				以外来树种为主的人工林，林下有天然更新幼苗，每公顷更新株数50~100株/hm²	4
				以外来树种为主的人工林，无更新情况	0
抵抗力指标	20	森林火险等级	10	森林火险等级分数为森林群落主要树种燃烧类型分数和林下枯落物厚度（单位：cm）分数的和。难燃类树种为5分；可燃类树种为3分；易燃类树种为1分；发生火灾为0分。枯落物厚度[0,1)为5分；[1,5)为3分；≥5为1分	—
		土壤侵蚀等级	10	无明显侵蚀	10
				轻度侵蚀	8
				中度侵蚀	6
				强度侵蚀	4
				剧烈侵蚀	2
功能性指标	30	复愈性功能	30	I级	30
				II级	25
				III级	20
				IV级	15
				V级	10

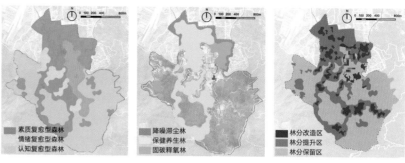

图 4-127 评价结果

（2）森林复愈能力评价

1）评价依据

根据卫星图判读、现场踏勘及 GIS 分析分别计算森林生态系统复愈能力评价标准中的各项指标得分，相加得到红线范围内森林生态系统的健康等级，进而进行森林生态系统复愈能力评价与提升。

2）评价过程

样点选取原则：山区根据不同高差、群落类型进行样点选择，共选取 10 个样点；平原地区由于经济林作物类型较少，只选取 2 个样点进行测量，样点共计 12 个。

3）评价结果

根据森林生态系统复愈能力评价得出现状红线范围内山区森林的复愈能力基本处于较高及以上等级，平原地区森林生态系统大多处于中、低等级，同时存在极少部分复愈能力低的森林生态系统。针对该评价结果得出自然环境基底的待提升范围及提升策略：

根据山区森林生态系统的复愈能力可明显看出西侧优于东侧，规划阶段应在东侧适当提升森林生态系统复愈能力，西侧在生态保育同时利用现有植物及水文资源，于森林生态系较好处设置情绪型疗愈区；平原地区复愈能力等级低的区域用于营造活跃的复愈性空间，北部少量复愈能力高的森林用于专业性的身体素质复愈。

素质复愈

（3）复愈性空间谱系

素质型复愈空间：以提高体验者身体以及心理素质为主要功能的空间类型，通过公共交往活动以及复健拓展活动达到身心层面的复愈；影响因素主要包括与主路及建设用地的距离、地形平坦程度、近自然程度等。

情绪型复愈空间：以引导体验者情绪为主要功能的空间类型，空间体验由平静到活跃；影响因素主要包括与主路及建设用地的距离、地形平坦程度、植被郁闭度、视线开敞程度等。

认知型复愈空间：以自然与文化认知为主要功能的空间类型，通过体验者对自然认知程度的提高达到对自然以及人精神层面的复愈；影响因素主要包括文化与自然吸引物、近自然程度等。

情绪复愈

认知复愈

图 4-128 复愈性空间谱系

素质复愈型森林类型相关参数表　　　　　表 4-11

复愈型森林类型	生态服务功能类型	主要植物种类	主要植物类型				建议指标
			群落规模	乔灌草比例	郁闭度	群落多样性	
降噪滞尘林	降噪滞尘	银杏、桧柏、红皮云杉、雪松、圆柏、国槐、鹅掌楸、毛白杨、金银木、榆叶梅、红瑞木、天目琼花	林带宽度≥30m	1:5:22	0.7	0.6	空气质量指属AQI达到优;噪声等级达到30~40dB
保健养生林	释放负离子、杀菌素	松、柏、桧、杨、榉、槐、悬铃木、刺槐、栾树、蔷薇属植物等	–	1:6:21	0.85	0.8	保健浓度>1000个/cm³
固碳释氧林	固碳释氧	柿树、刺槐、栾树、泡桐、紫薇、元宝枫、黄栌、金银木等	–	1:4:18	0.8	0.5	在游客体育活动区附近不少于0.2hm²,可提供200人左右1天的需氧量

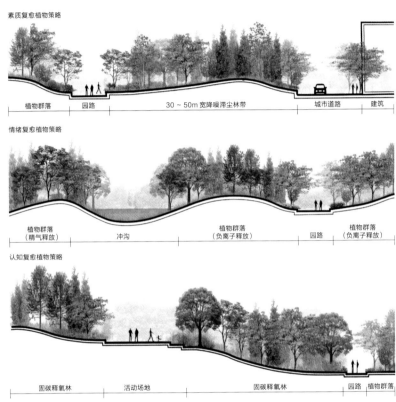

图 4-129 复愈性森林环境构建

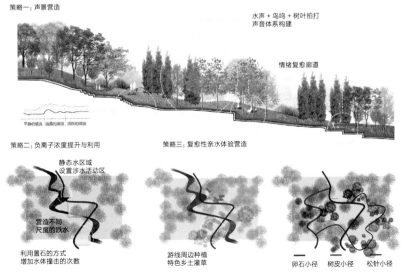

图 4-130 复愈性水环境构建

4 专项解读线

(1)复愈性森林环境构建

按照情绪、素质、认知三大复愈类型分别提出相对应的植物策略。

基于素质复愈的植物策略为面状提升植物群落的生态服务功能,包括固碳释氧、滞尘降噪、释放负离子与植物杀菌素;基于情绪复愈的植物策略为依托五感廊道改造林分,调整树种组成,种植模式与植物种类呼应五感主题;基于认知复愈的植物策略为依托山谷、白家疃沟,丰富沿线的乡土植物类型,改造山谷部分林相形成彩叶景观,提升观赏价值。

(2)复愈性水环境构建

林分保留区域面积为 252.4hm²,保留区域对于现状林基本不做变动。林分提升区域面积为 150.2hm²,包括针对复愈目标提升的区域,以及修复森林生态的区域。林分改造的区域面积为 55.4hm²,对这部分林分进行全部改造,基本拔除现状植被,针对不同复愈目标进行种植。

田园风貌区路网相对较密,按规范分级,其中最大的软质铺装环路(一日游径)延伸至浅山高程 300m 附近;森林风貌区仅有森林浴小环路(半日游径),其他路径直接与防火路相接,最低等级的道路仅对现状旅游走出的压实土路作必要维护。

(3)复愈性游憩体验构建

在主入口处设置康养综合服务中心(包括康养咨询、基础服务设施、餐饮以及医疗救护点);在游客周末度假点、康复训练区设置保健/复健住宿点;在山间设森林教育服务设施。

根据康养需求设置穿越线和环线,注重自然历史认知和多感官体验。同时为儿童、老年人和残障人士设置多功能专线,增加游览专线的多元性。

4.5.2 森林康养模式下的环小西山森林康养廊道网络设计研究

康养廊道网络规划位于环小西山风景游憩带，主要位于小西山的东部及北部，面积为 62km²。

规划引入康养廊道概念，通过构建强调康养功能的游憩网络体系，加强森林资源的保育与营建，从而解决一系列现状问题，打造集康养疗愈、健身运动、生态科普于一体的森林康养综合体（图 4-131～图 4-137）。

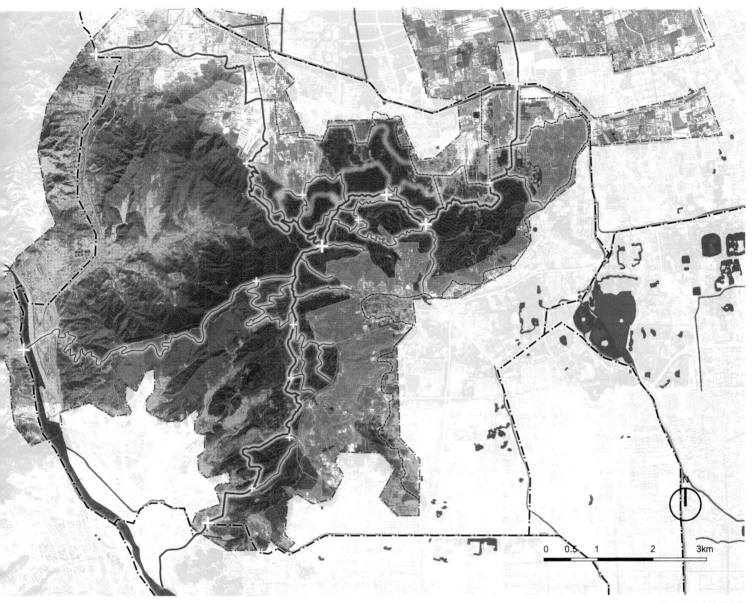

图 4-131 设计平面图

1 前期分析

（1）区位分析

康养廊道网络规划位于环小西山风景游憩带，主要在小西山的东部及北部，面积为 62km²。

（2）场地现状分析

从地貌上看，小西山有五大山脊、六大山谷，高差 650m，空间丰富；对于用地与资源来说，场地周边村庄散布，存在少量基本农田与建设用地，风景游憩绿地以及生态保育绿地较多，现状优势树种资源为康养营建提供了最关键的条件。从连接性看，东部交通与绿道体系较为完善，浅山区与城市的联系较弱；同样，现状北部的文保、公园、旅游资源核密度较低，但具有一处承接西北处阳台山鹫峰的国家级文保单位大觉寺。

（3）森林康养与国家政策

国家林业局于 2017 年 12 月颁布的《林业发展"十三五"规划》，目标为构建以森林公园为主体，推进森林康养和体验，做大做强森林等自然资源旅游，发展集森林康养、休闲旅游、教育、文化于一体的林业综合服务。

2016 年颁布的《中国生态文化发展纲要（2016—2020年）》（林规发〔2016〕44 号）中表示，要推动森林文化、生态旅游、休闲养生等生态文化产业建设，推进多种类型、各具特色的森林公园、湿地公园、沙漠公园、美丽乡村和民族生态文化原生地等生态旅游业，以及健康疗养、假日休闲等生态服务业的发展。

2016 年国务院办公厅《关于完善集体林权制度的意见》（国办发〔2016〕83 号）中要求，大力发展森林旅游休闲康养等绿色产业，大力发展新技术新材料、森林生物质能源、森林生物制药、森林新资源开发利用、森林旅游休闲康养等绿色新兴产业。

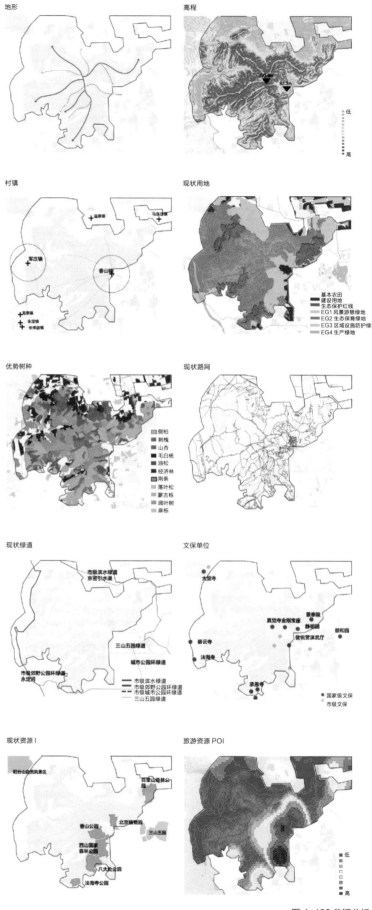

图 4-132 前期分析

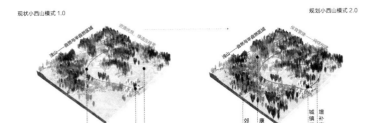

现状小西山模式 1.0　　　　　　　　　　　　规划小西山模式 2.0

图 4-133 规划目标

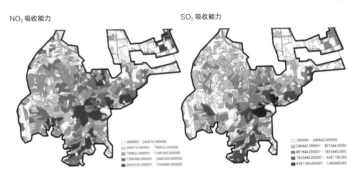

NO₂ 吸收能力　　　　　　　　　SO₂ 吸收能力

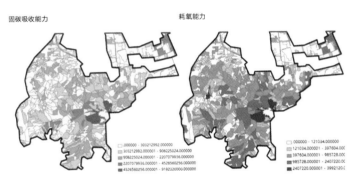

固碳吸收能力　　　　　　　　　耗氧能力

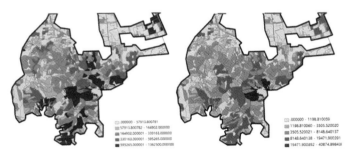

PM2.5 降低能力　　　　　　　　降温能力

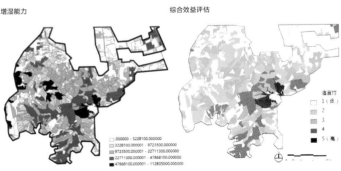

增湿能力　　　　　　　　　　　综合效益评估

图 4-134 森林康养适宜性评价

2 设计理念

(1)引入概念

　　传统绿道强调连接性,主要体现游憩、社会和景观价值,而康养廊道以高森林覆盖率与多植被种类为基底,强调其康养功效,同时具有影响生物、物质和能量的循环流动作用。

　　规划引入康养廊道的概念,以线性空间串联公园,在其线性宽度内设置不同类型的康养细胞片段。

(2)规划目标

　　加强森林资源的保育与营建以解决现状问题。以人为本提升居民福祉;青山为基,开展康体活动;林田为底,塑造康养特色;步道为脉,链接风景资源;园林为珠,促进旅游效益——充分利用森林资源为人类提供健康效益,打造集康复保健、健身运动、生态旅游、科普教育、文化求知功能为一体的近郊森林康养综合体。

3 森林康养模式营建策略

(1)森林康养适宜性评价依据

　　第一步,森林康养效益评估,利用美国林务局量化树木生态系统的软件 itree,针对场地优势树种数据采集我们在 itree 选取同纬度气候相近地区的同一树种,根据文献查阅与研究,进行康养适宜性的指标权重赋值,其中释氧能力权重最高,其次为 PM2.5 降低能力。将以上指标叠加重分类为 5 个级别的适宜区域。

　　第二步,活动适宜性与安全性,主要根据步道活动类型的相关要求,大于 30° 则对于营建条件不利。

　　然后,考虑生态红线与 3 级以上的森林综合健康效益区域,确定康养适宜性优先区域。

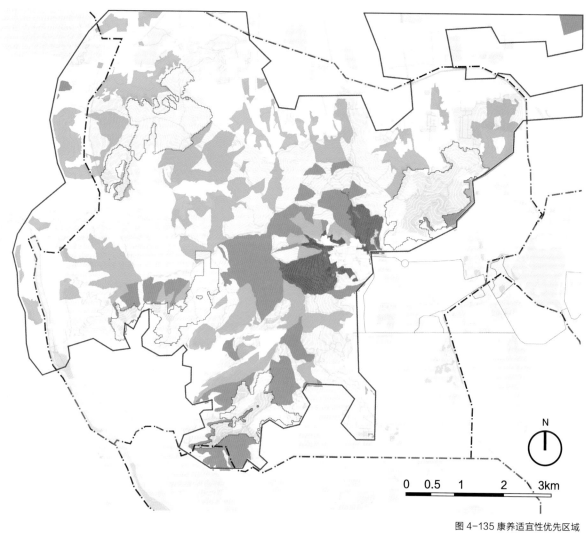

图4-135 康养适宜性优先区域

景观资源能力 连接度 选线总图

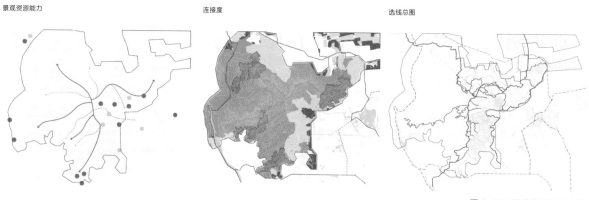

图4-136 遴选康养网络路线

芳香治愈型廊道片段

森林疗养型廊道片段

药膳养生型廊道片段

自然认知型廊道片段

图 4-137 片段效果图

（2）遴选康养网络

综合地貌与文保等景观丰富度、外部绿道、现状公园出入口、城镇组团、现状道路等条件确定连接度，逐步建立城区与浅山之间三种类型的绿道以及三种康养步道，最终确立了整个康养廊道网络线路与宽度，串联起现状与规划公园，从植物提供负氧离子角度对康养廊道进行生态基底与景观的提升。

（3）廊道片段规划类型

依据森林多重健康效益，提出六类康养廊道类型。

1）园艺疗法型

进行以植物栽培管理为主的园艺活动，实现保健身心、释放压力的健康功效。根据慢性疲劳综合征的四个康复阶段，设置多种空间以及活动类型。

2）芳香治愈型

开发芳香植物和森林的保健功能，芳香植物发挥出的芳香物质，例如萜（Tie）类化合物、芳香族化合物等，有助于抑制细菌生长，调节情绪。

3）森林疗养型

在高释氧的林间进行相对静态的活动，享受芬多精和负氧离子带来的精神上放松。根据由文献研究得出的游客对森林浴保健四大功能的需求分析，进一步进行空间和活动规划设计。

4）感官体验型

以花园为主体，关注弱势群体，重点打造感官益康花园，为其提供不同的体验方式，利用植被花卉促进人的健康，增强人的幸福感。

5）药膳养生型

以药用、保健、食用植物的展示和科普为主，结合药材识别、中医知识、植物药理、药用植物的应用知识丰富了人们的游览体验，对改善城市的生态多样性也具有重要意义。

6）自然认知型

通过环境课程、户外拓展、主题研习等活动，促进幼儿、青少年的早期发展，引导提升其自然感知能力，以促进日后的身心健康发育。

根据以上六类片段细胞类型，串联现状以及规划公园，形成两大主线、五大组团的空间布局模式，从而构建完整连续的康养廊道网络。

4.5.3 森林康养模式下的丰台郊野森林公园设计研究

　　场地位于北京市丰台区北京农产品中央批发市场西南侧,北至六圈路,东与京沪高铁接壤,面积为 253.58hm²。

　　本设计聚焦森林对城市的康养作用,旨在根据场地及周边的土地特征,构造复合自然和历史地域文化的花乡植物生境与山水骨架,打造可游可赏、以康养保健为主导、兼顾生态效益及美学特征的城市森林(图 4-138 ~图 4-151、表 4-12)。

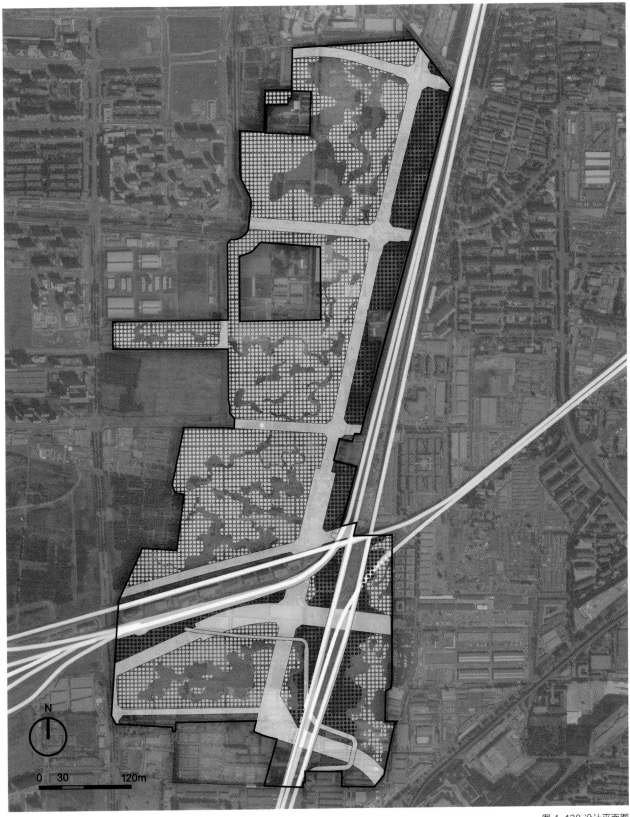

图 4-138 设计平面图

1 前期分析

（1）现状梳理

场地内交通状况较复杂，铁路高架对场地影响极大。通过层析法对现状绿地、铁路、城市道路、河流湖泊和地形地貌进行分层梳理。

（2）自然型地域景观特征

场地位于自山麓向滨海延伸的山前平原地带，存在低洼池泊、平原水田、河洪冲积扇和下凹沼泽等多种地貌。

（3）文化型地域景观特征

场地有着700多年的花卉产业历史，有"花乡十八村"之称。现存在自然林地、果蔬专类园和花圃产业区等多种用地类型，花圃景观为其突出的特色文化景观。

2 设计理念

城市森林的康养功能体现在多个方面，其中降低空气颗粒物含量、降低噪声、改善负氧离子含量和提供休闲服务是研究重点关注的四大功能。如何立足于空间塑造，为城市居民提供放心呼吸、健康活动的绿色空间是康养型城市森林的根本所在。

研究首先通过前期分析对场地现状、自然景观和人文景观进行梳理，整体上确定以康养森林斑块和防护林斑块为主的双层次空间结构，再将负氧离子主导功能斑块、BOVC主导功能斑块等重点功能斑块进行落位，叠合地域特征要素，形成整体景观风貌，最终形成一个包括康养主题活动空间和康养主题游线在内的游览体系。

3 森林康养视角下的森林公园营建模式研究

（1）森林斑块布局

1）防护林斑块

防护林斑块占地126hm²，以滞尘降噪、减弱铁路影响为目标，以300～400株/hm²的种植密度和150～200m宽的林带为主，其乔灌草比例约为6：3：1，主要树种有毛白杨、国槐、白蜡、悬铃木、栾树、臭椿等。

2）康养森林斑块

康养森林斑块占地127hm²，包含了本次设计的各类重点功能斑块，可打造以康养保健为主，兼备生态效益及美学感受的城市森林。

康养森林斑块的营建主要考虑基底选址、林分质量、设施建设、物理环境四个方面的空间指标要求。在基址选择方面，森林面积不应小于

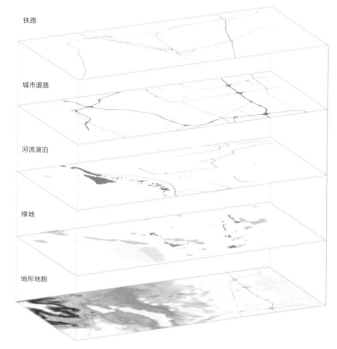

图 4-139 前期分析图

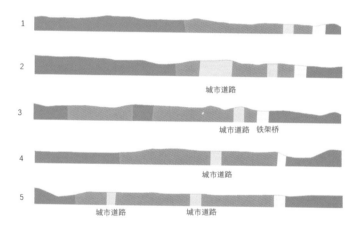

图 4-140 场地道路断面图

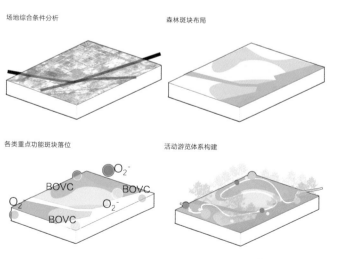

图 4-141 规划框架图

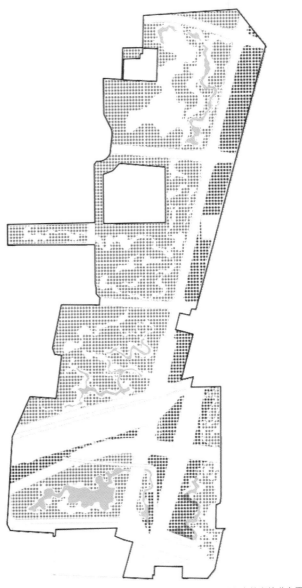

图 4-142 森林斑块分布图

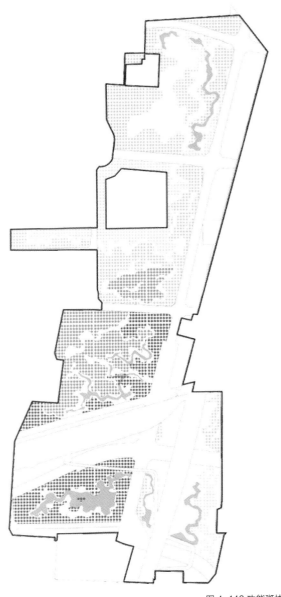

图 4-143 功能斑块分布图

100hm², 且远离机场、工业区等, 与城市主干道和居民区相距 1km 以上; 在林分质量方面, 森林类型应丰富多样, 且以具有康养功效的树种为主, 郁闭度在 0.5 ~ 0.7 之间; 在设施建设方面, 森林应具有多种类型康养功能场地, 活动强度多样; 在物理环境方面, 森林中 1.5m 高度空气负氧离子浓度不应低于 1000 个 /cm³, 空气中细菌含量平均值小于 100 个 /cm³。

(2) 重点功能斑块布局

本研究构建了以增加环境负氧离子、提高 BOVC (植物精气) 浓度为目标的两大康养森林斑块。依据目标浓度的高低, 对郁闭度及占地面积进行划分, 并结合季相细化每一类斑块的植物构成, 最终结合场地进行布局落位, 形成整体的序列变化基调。

(3) 活动游览体系构建

基于不同的地貌单元、林斑性质和活动功能对环境的要求, 组织康养森林游线和康养森林活动空间。

1) 康养森林游线

康养森林游线针对不同场所设计不同铺装、坡度和宽度。将森林游线根据活动强度划分为高、中、低三种游赏道, 其中花坡森林游赏道为高强度路线, 全程耗时 120min, 长度 3km, 路面坡面较多, 铺装具有挑战性; 花沼森林游赏道为中强度路线, 全程耗时 60min, 长度 1.5km, 路面偶有坡度, 铺装砾石较多; 花圃森林游赏道为低强度路线, 活动时间 45min, 长度 1km, 路面较平坦, 铺装较舒适。

三条游赏道又因地制宜叠加不同主题游线: 花圃森林游赏道叠加劳动

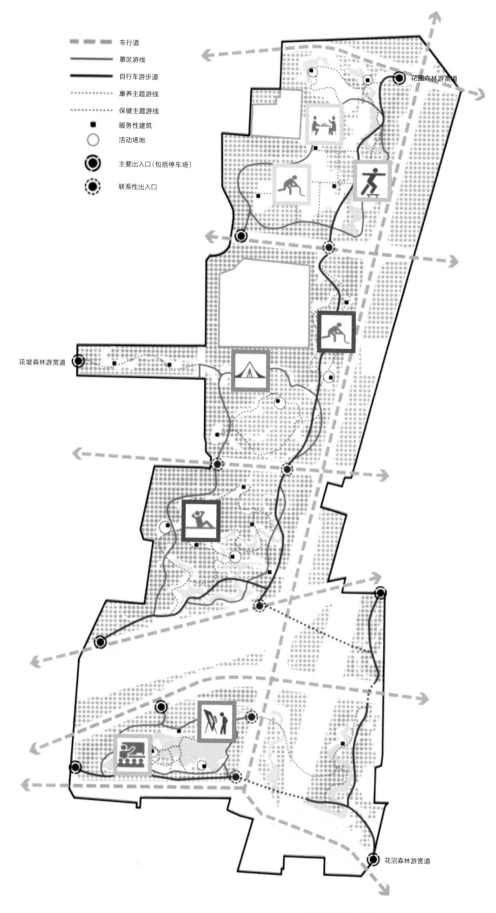

图 4-144 活动游览路线布置图

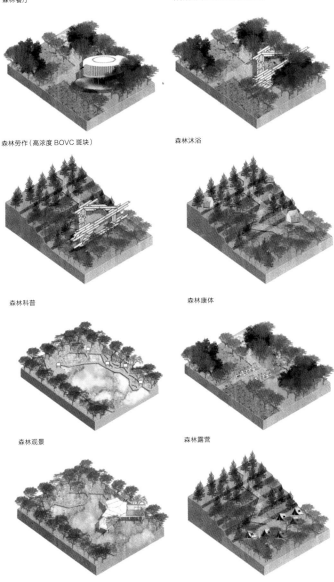

森林餐厅 　　　　　　　森林劳作（低浓度 BOVC 斑块）

森林劳作（高浓度 BOVC 斑块）　　　森林沐浴

森林科普 　　　　　　　森林康体

森林观景 　　　　　　　森林露营

图 4-145 各类活动空间模式图

功能斑块信息表　　　　　表 4-12

森林斑块整体	功能斑块	不同浓度功能斑块	指示性乔木
康养森林 面积：127hm² 郁闭度：65%	负氧离子森林斑块 面积：56hm² 郁闭度：61%	低浓度斑块 面积：28hm² 郁闭度：55%	元宝枫、刺槐、银杏、黄栌、碧桃
		高浓度斑块 面积：28hm² 郁闭度：67%	油松、侧柏、水杉、白皮松、落叶松
	BOVC森林斑块 面积：71hm² 郁闭度：70%	低浓度斑块 面积：44hm² 郁闭度：65%	雪松、龙柏、圆柏、臭椿、悬铃木
		高浓度斑块 面积：27hm² 郁闭度：75%	银杏、鸡爪槭、结香、丁香

体验步道和森林水溪散步道；花坡森林游赏道叠加森林浴体验道、森林花坡森林健身道和森林草坪游憩道；花沼森林游赏道叠加湿地科普体验道。

2）康养森林活动空间

康养森林活动空间应考虑室内、半室外空间及特色森林植物环境的结合，丰富"疗养驿站"类型，如茶房、餐厅、观景房、休憩亭等，丰富特色植物种植空间。

低浓度 BOVC 斑块空间可考虑森林餐厅和森林劳作等活动空间；高浓度 BOVC 斑块空间可考虑森林劳作和森林沐浴等活动空间；低浓度负氧离子斑块可考虑森林科普和森林康体等活动空间；高浓度负氧离子斑块可考虑森林观景和森林露营等活动空间。

森林餐厅空间位于平原花围地貌单元区，空间尺度为 6.25m²/ 人，拥有餐厅等建筑设施，可配置银杏、白蜡、绣线菊、珍珠梅、鼠尾草和薰衣草等植物，植物观赏特性以观秋色叶和观花为主。

森林劳作空间位于平原花围地貌单元区，空间尺度为 4.5m²/ 人，拥有设备间、劳作工具等，可配置梨、核桃、木槿、平枝枸子、观赏高粱、观赏番薯等植物，植物观赏特性以观花、观果为主。

森林沐浴空间位于山岭花坡地貌单元区，空间尺度为 6.5m²/ 人，拥有休息设施，可配置油松、雪松、山杏、蜡梅、天目琼花、苔草和自生草本等植物，植物观赏特性为观常绿、秋色叶和芳香等。

森林科普空间位于低洼花沼地貌单元区，空间尺度为 3000m²/ 人，配备指示牌、休息设施等。可配置水杉、雪松、玉簪、薄荷、留兰香、菖蒲等植物。植物观赏特性以芳香为主。

森林康体空间位于平原花围地貌单元区，空间尺度为 5m²/ 人，配备各类活动设施等。可配置水杉、雪松、绣线菊、八仙花、马蔺、旱伞草、菖蒲和再力花等，植物观赏特性以常绿和秋色叶为主。

森林观景空间位于低洼花沼和平原花围地貌单元区，空间尺度为 6.5m²/ 人，配备休息设施。可配置水杉、白蜡、千屈菜、芦苇、鸢尾等植物，植物观赏特性以观常绿、秋色叶，观花和观果为主。

森林露营区位于山岭花坡地貌单元区，空间尺度为 7m²/ 人，配备露营设施。可种植松类、杉类、山杏、天目琼花、珍珠梅、苔草和自生草本等植物。植物观赏特性以观常绿、秋色叶，观花和观果为主。

图 4-146 花圃森林游赏道效果图

图 4-147 劳作体验步道效果图

4 方案设计

（1）花圃森林游赏道

花圃森林游赏道位于平原花圃地貌单元区，空间尺度为 5m²/人。种植以水杉、雪松为主的乔木和以绣线菊八仙花为主的灌木和以马蔺、旱伞草、菖蒲、再力花为主的地被植物，植物观赏特性以观常绿、秋色叶为主。

（2）森林水溪散步道

森林水溪散步道位于低洼花沼和平原花圃地貌单元区，空间尺度为 6.5m²/人。种植以水杉、白蜡为主的乔木和以千屈菜、芦苇、鸢尾为主的地被植物，植物观赏特性以观常绿、秋色叶，观花、观果为主。

（3）劳作体验步道

劳作体验步道位于平原花圃和山岭花坡地貌单元区，空间尺度为 4.5m²/人，配备设备间、劳作设施等设施小品，植物观赏特性以观花、观果为主。

图 4-148 森林浴体验道效果图

图 4-149 森林水溪散步道效果图

图 4-150 森林草坪游憩道效果图

（4）森林草坪游憩道

森林草坪游憩道位于山岭花坡地貌单元区，空间尺度为 7m²/ 人，配备露营设施。种植以松类、杉类为主的乔木，以山杏、天目琼花、珍珠梅为主的灌木，以及以苔草、自生草本为主的地被植物，植物观赏特性以观常绿、秋色叶，观花，观果为主。

（5）森林浴体验道

森林浴体验道位于山岭花坡地貌单元区，空间尺度为 5.5m²/ 人，配备休憩设施。种植以油松、雪松为主的乔木，以山杏、蜡梅、天目琼花为主的灌木，以及以苔草、自生草本为主的地被植物，植物观赏特性以观常绿、秋色叶、观花、观果为主。

（6）湿地科普体验道

湿地科普体验道位于低洼花沼地貌单元区，空间尺度为 100m²/ 人，配备指示牌和休憩设施。种植以水杉、雪松为主的乔木和以玉簪、薄荷、留兰香、菖蒲为主的地被植物，植物观赏特性以芳香为主。

图 4-151 湿地科普体验道效果图

4.6 近自然营造模式下的郊野公园设计研究

4.6.1 近自然营造模式下的百望山山脚城市森林设计研究

场地位于北京西山余脉百望山北侧，京密引水渠南侧，隔水渠与百旺公园相望，面积为 86.38hm²。

研究构建了一个风景园林学视角下的城市森林近自然度指标评价体系，并据此从物种多样性、水平结构、垂直结构、林分状态和美学特征五个方面进行策略营建，将百望山脚城市森林打造成一个近自然度高于 0.8 的城市森林（图 4-152 ~图 4-163、表 4-13、表 4-14）。

1　主入口广场
2　植物园入口广场
3　次入口广场
4　林冠栈道
5　山溪幽径
6　秋色野林
7　森林氧吧
8　绿林野趣
9　湖光山色
10　育苗森林

N

0　30　　　120m

图 4-152 设计平面图

1 前期分析

设计场地位于北京西山余脉百望山北侧，京密引水渠南侧，隔水渠与百旺公园相望，地势平缓，依山傍水，自然条件良好，周围分布较多居住区，交通发达，人流量较大。

通过 GIS 分析径流、坡度和坡向，深入了解场地现状。分析结果表明场地整体延续百望山山势，边界具有汇水点，可承接山体汇水。

2 设计理念

（1）总体定位

《北京城市总体规划（2016—2035 年）》提出，首都规划务必坚持以人为本，坚持可持续发展，坚持一切从实际出发，贯通历史现状未来，统筹人口资源环境，让历史文化与自然生态永续利用、与现代化建设交相辉映。因此，研究围绕近自然度进行探讨，以高近自然度为目标进行规划设计。

（2）近自然度评价研究

近自然度评价是通过一些依据来量化森林群落与自然群落差异的过程，是森林近自然经营的依据与前提。以近自然理念营造城市森林可以提高城市森林生态系统的稳定性，在有限的土地上获得最大的生态效益，并能减少森林营造后期的管护费用，是解决城市森林问题的最佳途径。

1）近自然度指标评价体系构建

研究初期搜集了大量应用广泛的近自然度评价指标。为全面客观地评价近自然度，从物种多样性、水平结构、垂直结构、林分状态和美学特征5个层面选取18个具有代表性的指标，并运用 YAAHP 软件进行权重计算，最终确立近自然度评价指标体系，并根据近自然度值对林分状况进行分级。

2）实地调研与指标验证

选取紧邻场地的百望山森林公园和百旺公园为调研对象，通过对其群落样方的统计和计算，确定百望山森林公园近自然程度为中（0.6），其郁闭度高，物种丰富，林层结构较好，但也存在林木缺乏抚育，单棵乔木体量小和景观效果差等缺点，定位为以造林效率优先的森林公园；百旺公园的近自然程度为低（0.4），其单棵乔木体量较大，景观效果较好，但也存在郁闭度低，物种丰富度低和乔灌草结合度低等问题，定位为以景观效果优先的城市公园。通过对两个公园的实地调研和指标计算，验证本研究建立的近自然指标评价体系。

3）研究结论

由于场地附近两个公园近自然程度均不理想，在此区域建立一个高近自然程度的城市森林十分必要。因此，百旺山脚城市森林确立了近自然程度至少达到 0.8 的目标，并以此为导向进行规划设计。

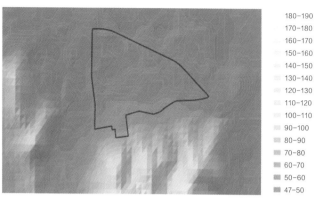

图 4-153 高程分析图

图 4-154 径流分析图

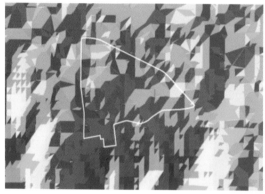

图 4-155 坡向分析图

林分状况分级表　　　　表 4-13

分级	近自然程度	林分状况
1	近自然高（0.8~1.0）	顶级群落森林，基本不受人为干扰，多层结构、存在不同生长阶段的森林。生态效益最大化，具有极大美学观赏价值
2	近自然较高（0.6~0.8）	演替中后期森林，人为干扰较小，群落结构完整，多层结构的同龄林或异龄林，生态效益突出
3	近自然中（0.4~0.6）	演替过渡森林，偶有先锋群落，具有多层结构的针叶林、针叶混交林，阔叶林，阔叶混交林等
4	近自然低（0.2~0.4）	以乡土树种为主的先锋群落森林，处于演替前期，单层结构的同龄林
5	近自然差（0~0.2）	以外来树种为主的不适应立地的森林群落，人工干扰大，单层结构的人工林及灌木林，生态效益低，缺乏景观美感

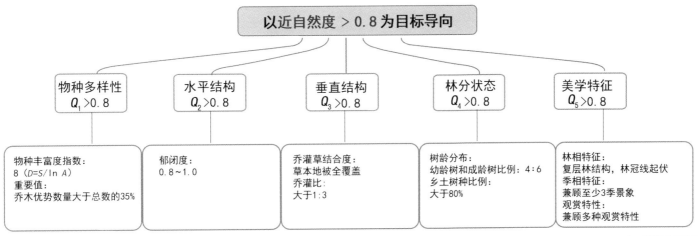

以近自然度 > 0.8 为目标导向

| 物种多样性 Q_1 >0.8 | 水平结构 Q_2 >0.8 | 垂直结构 Q_3 >0.8 | 林分状态 Q_4 >0.8 | 美学特征 Q_5 >0.8 |

物种丰富度指数：
8（$D=S/\ln A$）
重要值：
乔木优势数量大于总数的35%

郁闭度：
0.8～1.0

乔灌草结合度：
草本地被全覆盖
乔灌比：
大于1∶3

树龄分布：
幼龄树和成龄树比例：4∶6
乡土树种比例：
大于80%

林相特征：
复层林结构，林冠线起伏
季相特征：
兼顾至少3季景象
观赏特性：
兼顾多种观赏特性

图 4-156 各项指标建设目标

近自然城市森林指标评价表　　　　表 4-14

目标层 A	准则层 Q	A–B 权重 W_i	指标层 C_V	A–C 权重 λ_i
近自然 城市森林 A	物种多样性指标 Q_1	0.3291	物种丰富度 C_1	0.0952
			均匀度 C_2	0.0552
			香侬威尔指数 C_3	0.0406
			重要值 C_4	0.1381
	水平结构指标 Q_2	0.2128	乔木平均胸径 C_5	0.0172
			乔木平均冠幅 C_6	0.0368
			郁闭度 C_7	0.0741
			树木混交度 C_8	0.0848
	垂直结构指标 Q_3	0.2128	林层结构 C_9	0.0658
			乔木平均树高 C_{10}	0.0233
			乔灌草结合度 C_{11}	0.1238
	林分状态指标 Q_4	0.1228	树龄分布 C_{12}	0.0781
			乡土树种比例 C_{13}	0.0317
			健康状况 C_{14}	0.0128
	美学特征指标 Q_5	0.1226	林相特征 C_{15}	0.0102
			季相特征 C_{16}	0.0766
			观赏特性 C_{17}	0.025
			空间多样性 C_{18}	0.0108

3 高近自然度城市森林营建模式研究

根据本研究构建的近自然度指标评价体系，当近自然度大于 0.8 且各项指标均大于等于 0.8 时，城市森林能够在各方面取得较高效益。因此对百望山脚城市森林的规划设计以达到近自然度的 5 个评价指标均大于 0.8 为目标，并对乔木优势数量、郁闭度、乔灌草比例、树龄树种、林相特征、季相特征、观赏特性等多个层面制定了营建策略。

（1）物种多样性指标（Q_1）

在物种多样性层面，为达到 Q_1 > 0.8 的目标，要求植物种类应至少达到 284 种，乔木优势种数量大于总数的 35%。结合现状植被并对其进行合理优化后，最终确定规划种植乔木 102 种，灌木 98 种，地被植物 84 种，并根据不同群落对物种进行设计。例如，刺槐油松群落 Q_1=0.9，主要种植刺槐、油松、荆条、酸枣、白三叶和扶芳藤等植物；山杏圆柏群落 Q_1=0.8，主要种植山杏、圆柏、三桠绣线菊、胡枝子和苔草等植物；栾树群落 Q_1=0.9，主要种植栾树、柿树、大花溲疏、紫薇、二月兰和蒲公英等植物；臭椿群落 Q_1=0.8，主要种植臭椿、侧柏、红瑞木、丁香、玉簪和桔梗等植物；白蜡群落 Q_1=0.8，主要种植白蜡、青杆、珍珠梅、连翘、八宝景天和耧斗菜等植物。

（2）水平结构指标（Q_2）

在水平结构层面，为达到 Q_2 > 0.8 的目标，要求总体郁闭度至少达到 0.8。结合场地现状植被情况，将全园林地规划为密林、散林和疏林 3 种类型，其中密林郁闭度 > 0.8，在全园中占地面积最大；散林郁闭度为 0.6～0.8，占地面积仅次于密林；疏林郁闭度 < 0.6，占地面积最小。

（3）垂直结构指标（Q_3）

在垂直结构层面，为达到 Q_3 > 0.8 的目标，要求全园范围内草本地被全覆盖，且乔灌比例大于 1∶3。通过优化应着力减小单一林层在林地范围内的面积占比。

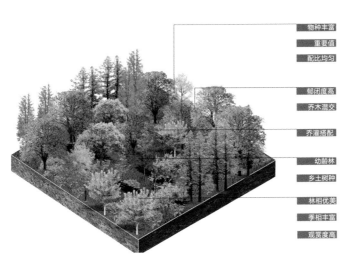

物种丰富
重要值
配比均匀
郁闭度高
乔木混交
乔灌搭配
幼龄林
乡土树种
林相优美
季相丰富
观赏度高

图 4-157 各项指标设计要求

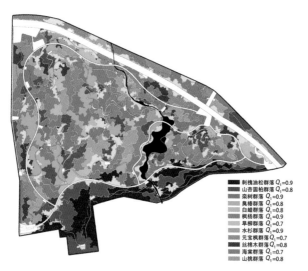

刺槐油松群落 Q_1=0.9
山杏圆柏群落 Q_1=0.8
栾树群落 Q_1=0.9
臭椿群落 Q_1=0.8
白蜡群落 Q_1=0.8
枫杨群落 Q_1=0.9
旱柳群落 Q_1=0.7
水杉群落 Q_1=0.9
元宝枫群落 Q_1=0.7
丝棉木群落 Q_1=0.8
海棠群落 Q_1=0.7
山桃群落 Q_1=0.8

图 4-158 物种多样性专项

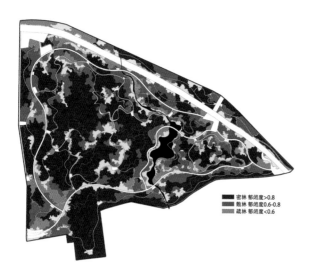

密林 郁闭度>0.8
散林 郁闭度0.6-0.8
疏林 郁闭度<0.6

图 4-159 水平结构专项

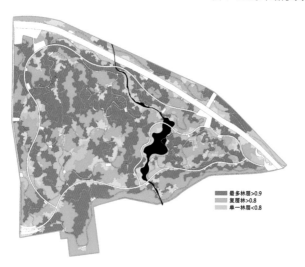

最多林层>0.9
复层林>0.8
单一林层<0.8

图 4-160 垂直结构专项

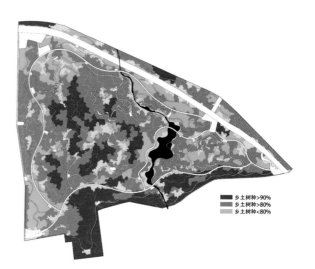

乡土树种>90%
乡土树种>80%
乡土树种<80%

图 4-161 林分活力专项

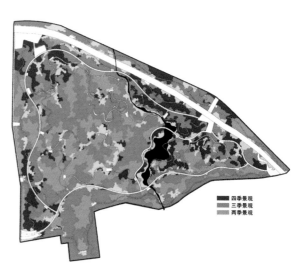

四季景观
三季景观
两季景观

图 4-162 美学特征专项

（4）林分状态指标（Q_4）

在林分状态层面，为达到 $Q_4 > 0.8$ 的目标，要求幼龄树与成龄树的比例接近 3 : 7，且全园范围内乡土树种不少于树种总数的 80%。

（5）美学特征指标（Q_5）

在美学特征层面，为达到 $Q_5 > 0.8$ 的目标，要求复层林林冠线起伏明显，错落有致，兼顾至少 3 季景象，且能兼顾观花、观叶、观果、观干等观赏特性。

4 方案设计

（1）科普展示区

在物种多样性丰富的区域，可利用其丰富的动植物资源，打造森林植物园、科普展廊等室外科普教育场所。

（2）森林氧吧区

在郁闭度较高的区域，可模仿自然山石、溪涧，种植释氧、精气能力强的林木，打造城市森林康养基地。

（3）立体游览区

在林层竖向层次丰富的区域，可增设森林栈道体系，使得林冠、林干、林下不同层次的植物空间可以得到全方位展示。

（4）生态缓冲区

在幼苗数量较多的区域，应尽可能减小人为干预，此区域是植物群落进行自然演替，营造自然野趣的重要空间。

（5）休闲观赏区

在观赏特性强的林地，植物季相特征明显，可承载多种多样的活动，是气氛最活跃的区域。

科普展示区

森林氧吧区

立体游览区

 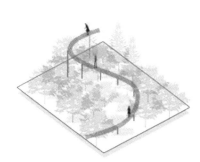

生态缓冲区

休闲观赏区

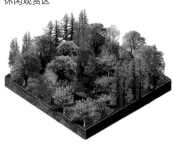 

图 4-163 分区设计模式图

5 北京市郊野公园使用后评价

　　游人使用后的评价可以指导分析郊野公园规划与建设中的优势和存在的问题，为今后郊野公园的规划建设以及后期的管理维护提供理论依据和经验，也能为我国郊野公园系统体制的建立提供指导意见和参考。优化科学的郊野公园使用评价系统，更新严谨的郊野公园类型体系模式，开拓成熟的郊野公园管理经营思路，对完善城市绿地系统、保护城市自然生态系统、优化城市建设空间格局、促进城市的可持续发展都具有重大的意义。

　　本章旨在对北京市郊野公园的使用进行评价，为未来北京市郊野公园体系的优化及全国郊野公园体系的建立提供支撑。

5.1 基于腾讯出行大数据的北京市郊野公园整体使用状况及影响因素研究

北京在 21 世纪初开始建设郊野公园，其建设在实现土地集约利用的同时，还对平原地区游憩体系实现补充。本研究选取北京 40 个典型的郊野公园，运用腾讯出行大数据结合现场调研，使用核密度、地理探测器等方法分析不同公园的使用差异，理清不同因素对郊野公园使用的影响。研究表明，郊野公园存在明显的时间差异，所有郊野公园周末的人流量都大于工作日人流量；郊野公园使用空间分布整体上呈现由单核聚集向双核聚集扩散；影响郊野公园游人空间分布的 3 个外部因素中，按影响强弱排序为商业设施＞人口密度＞交通便利度；郊野公园内部因素中，公园游憩设施、服务设施质量及道路总长度对其使用影响显著，但各因素对不同规模的公园影响程度不同。本研究为郊野公园规划和建设提供了如下重要建议：构建郊野公园绿色综合体；着力推动部分郊野公园的城市公园化建设提升；构建以提升游憩服务为目标的郊野公园分类建设标准。

1 北京市郊野公园发展综述

近年来随着城市化进程的加快，如何在城市的扩张和自然生态之间寻求平衡显得越来越重要。郊野公园作为城市边缘区开放空间的一部分，对保护自然风景资源和遏制城市无序蔓延具有重要意义。

国外对郊野公园的研究主要针对郊野公园的发展历程、使用及管理情况。其中在郊野公园的使用及影响因素方面，Andrew Maliphant 等分析了英国郊野公园的使用及管理状况。Brontherton 等研究了郊野公园在游憩需求方面的积极作用，并探讨了如何通过管理防止大众喜爱的景观恶化。在郊野公园游人时空分布方面，Bertuglia 等描述并校准了一个在公园不同区域内游客分布的数学模型，以期确立公园的最佳组织来实现与保护自然环境相适应的游客分布。在中国，香港最先启动郊野公园建设。北京市受到香港规划思

想的影响，在 21 世纪初开始建设郊野公园，并在 2007 年正式提出启动第一道绿化隔离地区"公园环"的建设，使城市以"分散集团式"布局。相比其他城市以生态保护为主的规划，北京的郊野公园更注重公园的可游性，内部常有各式的游憩设施。在 2017 年通过的最新版《北京市城市总体规划》中，一道绿隔已经被定位为"城市公园环"，郊野公园环的游憩服务将成为其重要功能。目前在风景园林规划设计领域，已有部分通过定位信息研究绿地使用情况，但其更多集中在绿地游憩使用的统计和制图，较少通过回归分析、建模分析等方式进一步分析其影响因素，以及分析各影响因素的强弱。

在公园使用情况方面，郝君等采用理论研究与实地观察、问卷调查与访谈相结合的方法对南海子公园规划与建设存在的问题进行探究。李方正等利用 2013 年北京市新浪微博签到数据对北京市中心城公园绿地的使用现状进行研究。郝新华等采用文本、LBS 等多源数据，对奥林匹克森林公园南园的使用情况及人群满意度进行评估。王鑫等以北京大型郊野公园为研究对象，基于多源大数据对北京大型郊野公园的实施进行评价。综上研究，多采用实地调研和问卷形式，少量研究对单个郊野公园采用大数据展开游憩使用研究，缺少多个研究对象的对比研究。

利用定位数据可以有效地记录居民的生活轨迹，更加直接地反映市民的空间分布规律。风景园林规划设计中可以通过不同数据挖掘手段和技术来弥补传统研究数据样本较少的局限。笔者为研究北京郊野公园的游憩使用情况，运用腾讯出行大数据来研究北京市 40 个郊野公园的游憩使用，分析不同郊野公园时间空间维度上的使用差异，理清其区位条件、交通条件、交通便利性等外部因素和面积、绿化覆盖、游憩设施等内部因素对其使用的影响，以期为郊野公园的选址和设计提供依据，提升郊野公园的使用效率。

2 研究数据

研究数据主要包含 3 类。

郊野公园分布数据：通过百度地图获取 2015 年北京市 40 个郊野公园的数据（图 5-1）。

郊野公园游人量数据：通过腾讯宜出行公众号终端网络爬虫爬取 2015 年夏季公园游人量相对较多的 5 天的游人分布数据，并通过数据清洗获得所研究郊野公园的游人量，用于分析城市郊野公园游人时空分布差异。网络爬虫是一个自动下载网页的计算机程序或自动化脚本，通过爬虫软件可以查询出一个范围内的所有信息点，将腾讯宜出行公众号数据在 ArcGIS 中进行空间矢量化录入和处理，然后在 ArcGIS 中录入研究区域范围，将郊野公园范围内的签到数据进行剪裁，用空间连接工具将签到图层数据与公园图层连接，得出公园签到次数。

影响因素数据：包括交通便利度、人口密度、商业设施（图 5-2 ~ 图 5-4）以及郊野公园内部设施相关数据（表 5-1）。

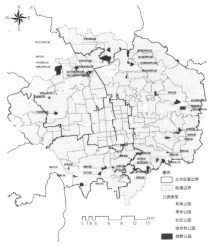

图 5-1 北京市郊野公园分布图

图 5-2 北京中心城道路分布图

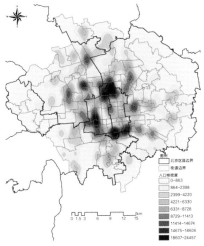

图 5-3 北京市城市公园缓冲区范围人口密度分布图

郊野公园签到次数与基本情况表

表 5-1

公园名称	覆盖面积（hm²）	工作日日均人流量	周末日均人流量	游憩空间	交通设施数量（公交车、地铁站及停车场）	立地条件	空间可游度	区位分布
常营公园	78.62	958.54	1 676.55	儿童娱乐广场,运动广场,游憩广场,银杏林步道	4	山体型	空间较为丰富绿化率较高,但设施不太完善	东郊
东升文体公园	4.33	67.86	105.29	篮球场,羽毛球场,游憩广场	3	其他	空间丰富度不高,有一些健身设备,可游性不强	西北郊
福海公园	3.86	1 035.98	1 753.26	游憩广场,儿童娱乐场所,泳池	12	水体型	空间较为丰富,绿化覆盖率较高,环境优美,有儿童娱乐设施	南郊
古塔公园	45.41	1 369.20	1 955.29	花园,广场,儿童游乐场,亭廊组合	3	水体型	空间丰富度较高,环境优美,文化娱乐气息浓厚,有文物,有儿童娱乐场所,可游性较强	西郊
和义公园	11.52	55.51	116.26	健身区域,文化娱乐区域	5	其他	空间丰富度比较低,绿化覆盖率比较低,可游性不强	南郊
槐新公园	47.75	769.59	1 308.17	游憩广场,儿童娱乐设施,健身区	7	其他	公园空间丰富度尚可,绿化覆盖率较高,有娱乐设施	南郊
黄草湾郊野公园	15.46	179.73	242.65	儿童乐园,老年人健身中心,有道观和清真寺	5	其他	公园空间丰富度不高,种植比较杂乱,设施比较丰富,有一定的文化气息	北郊
将府公园	28.42	178.83	309.43	球类活动区,文化休闲区域,游憩广场	5	水体型	公园空间丰富度不高,设施比较丰富,有一定的文化氛围	东北郊
金田公园	37.43	376.11	531.26	凉亭,健身区域,游憩广场	2	水体型	公园空间丰富度不高,环境优美,绿化覆盖率高,设备不是很齐全	东郊
看丹公园	13.35	198.61	510.29	游憩广场,儿童娱乐场所,健身场所	1	其他	公园丰富度不高,环境比较幽静	西南郊
平庄郊野公园	38.16	742.83	1 029.69	运动场,篮球场,廊架	6	其他	公园空间丰富度不高,环境优美,绿化覆盖率高,有较全的体育活动器材	西郊
清河营郊野公园	54.37	349.82	978.63	游憩广场,凉亭	3	水体型	文化氛围比较浓厚,公园空间丰富度不高	北郊
树村郊野公园	52.63	3 880.94	5 926.96	健身广场	4	水体型	公园丰富度不高,环境比较幽静,植物种类多	西北郊
旺兴湖公园	25.76	711.11	1 186.96	游船,广场,健身器材,儿童娱乐场地	8	水体型	公园空间丰富度较好,环境比较幽静,植物种类多,有体育活动器材和儿童娱乐设施	东南郊
勇士营郊野公园	20.71	601.58	1 190.01	篮球场,游憩广场所	5	其他	公园空间丰富度不高,环境优美,绿化覆盖率高,有球场	北郊
玉东郊野公园	5.14	117.89	219.77	网球场,篮球场,羽毛球场,乒乓球场,健身乐园,儿童乐园	2	山体型	公园空间丰富度不高,环境优美,绿化覆盖率高,有运动场所	西郊
御康公园	24.59	687.35	1 200.55	游憩广场,健身器材	7	其他	公园空间丰富度尚可,环境优美,绿化覆盖率高,有运动场所	西南郊
镇海寺郊野公园	1.75	53.95	73.03	游憩广场,水体边可垂钓	3	水体型	公园丰富度不高,环境比较幽静,可游性不强	东南郊

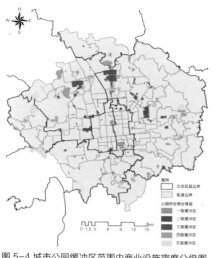

图 5-4 城市公园缓冲区范围内商业设施密度分级图

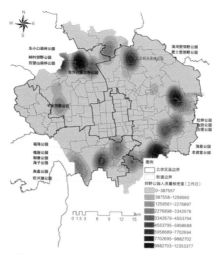

图 5-5 北京市郊野公园工作日游人核密度分布图

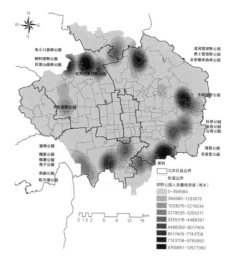

图 5-6 北京市郊野公园周末游人核密度分布图

3 研究方法

首先通过 ArcGIS 空间分析模块中的核密度分析表征郊野公园的游人空间分布,其次通过地理检测器探究外部影响因素对郊野公园游人分布的影响。

地理检测器最早由中科院地理所 Jinfeng Wang 提出,已被广泛用于测试地理现象与其潜在驱动因素之间的关系。作为空间统计方法,在研究中定量探究 40 个郊野公园中游人量与外部因素之间的关系,通过软件对交通条件、人口密度、商业设施、郊野公园中的游人量、样本数量进行赋值,地理探测器可计算样本的数量和方差,并通过运行计算其 p 值,其结果为 0 ~ 1 之间数值。数值越大,表明该因素对郊野公园游人量的影响越大。

4 北京郊野公园使用时空差异及其影响因素分析

(1)北京郊野公园现状条件及使用时间差异分析

通过对 40 个郊野公园的游人量和现状情况进行初步统计,发现大部分北京市郊野公园相对签到量整体上周末大于工作日。多数郊野公园具备游憩广场和健身设施,但仅有少数具有针对老人、儿童等人群专门设置的游憩场地。其中,福海公园、槐新公园和旺兴湖公园等有专为儿童设计的游憩设施;东坝郊野公园和黄草湾郊野公园有分别针对儿童和老人设计的活动场地。

(2)不同郊野公园使用空间分析

运用核密度分析法,对北京市郊野公园周末和工作日游人分布进行分析(图 5-5、图 5-6),无论工作日还是周末,游人的分布均集中在几个特定区域:西北郊树村郊野公园—百望山森林公园组团;北郊以朝来森林公园为中心的区域;东郊以东坝郊野公园为中心的区域;东南郊以老君堂公园为中心的区域。

(3)北京郊野公园使用差异外部影响因素分析

研究通过地理探测器探究了外部影响因素如交通便利度、人口密度和商业设施对郊野公园使用的影响。

研究表明,本研究所涉及的 3 个外部因素对郊野公园游人空间分布的影响强弱排序为商业设施>人口密度>交通便利度。从北京市郊野公园缓冲区范围内商业设施的密度分布(图 5-4)看,整体呈现出由城市内向外等级逐级递减的趋势,而郊野公园主要分布在五环外围的城市功能拓展区,因此其缓冲区范围内缺少商业设施,很大程度上限制了游客前往郊野公园的游憩潜力,商业设施的分布成为影响郊野公园使用的重要因素。人口密度对郊野公园使用的影响仅次于商业设施,交通便利度对其影响最小。游人量比较集中的双核聚集区和单核聚集区郊野公园主要位于城市的西北郊(海淀区)、北郊和东郊(朝阳区),也是北京市人口比较集中的位置。便利的交通对于公园的频繁使用有促进作用。郊野公园的位置比较偏远,主要依靠公交车、私家车等方式到达。通过相对客流量和交通的数据可以看出,工作日游客签到相对量和周末游客签到相对量在 3000 以上的郊野公园其附近的公交设施数均较高。

通过调研和资料查阅,对郊野公园内部影响因素进行统计,分析其对郊野公园使用的影响,具体包括面积、绿化覆盖率、有无水体、道路长度、服务设施和游憩设施。笔者通过大众点评选择"服务设施"相关标签,将分级分数结合相关评论来反映基础服务设施质量满意度。

在大众点评平台上,收集郊野公园所得分数并对其进行分级,以 5 分为满分,每 0.5 分划分为一级;

在"服务设施"标签下搜索对郊野公园的评论,常出现"设施好""公共卫生间条件较差""硬件设施不错""有免费停车场""垃圾桶少"等相关评论,将其结合作为郊野公园服务设施满意度的评定依据。

在选取的北京 40 个典型的郊野公园中,面积在 0 ~ 15hm² 的有 13 个、15 ~ 40hm² 的有 13 个、面积在 40hm² 以上的有 14 个,因此将郊野公园划分为 3 个规模类型。在 3 个规模范围中,根据郊野公园分布较多区位的南郊、东南郊、西北郊和北郊,分别选择覆盖面积近似的郊野公园,对公园使用现状内部因素进行比较(表5-2)。

通过对所选样本的内部因素进行分析,可以看出不同区位的同一规模范围内的郊野公园游人签到次数基本在一个量级内;未处于在建阶段或是有特殊规划需求的郊野公园绿化覆盖率普遍较高;通过分级对比发现郊野公园游人签到次数主要受到游憩服务设施、道路总长度和基础服务设施质量的影响,但对于规模范围不同的郊野公园,其签到次数受到不同内部因

素的不同程度影响,具体分析如下:

1)所选样本规模在15hm² 以内的郊野公园中,福海公园签到次数出现异常值,因为其公园范围内包括大红门会展中心,会有更多并非因公园游憩需求而来的人。除此之外,可以看出游人签到次数受到绿化覆盖率的影响最大,其次是基础服务设施满意度,有无水体及游憩服务设施并不是最主要的影响因素。服务设施层面,东升文体公园由于服务设施缺乏维护,在

部分公园使用现状及内部因素情况统计表 表5-2

公园名称	覆盖面积(hm²)	规模类型(hm²)	平面图	区位分布	有无水体	绿化覆盖率(%)	道路总长度(m)	服务设施满意度(满分5)	游憩设施	工作日签到次数/(次·d⁻¹)	周末签到次数/(次·d⁻¹)	备注
东升文体公园	4.33	0~15		西北郊	有	28	766	3.0	篮球场、羽毛球场、游憩广场、完备的锻炼器材	203.59	210.57	紧邻清河汇高尔夫球场,作为紧急避难所,有大面积广场留给直升机
福海公园	3.86	0~15		南郊	有	39	392	3.5	游憩广场、儿童游乐场、泳池、健身中心	3 107.95	3 506.53	公园内含大红门会展中心,无地产开发、在建设等情况
北郊公园	3.28	0~15		东南郊	有	23	718	3.0	水上游船、湖心岛、牡丹园、游憩广场	722.50	909.93	是北京市化工企业厂办公园,是北郊职工休息放松的去处,园内有幼儿园、狗训练基地
常营公园保利园	4.08	0~15		东郊	无	>50	836	4.0	儿童娱乐场所、游憩广场	1 493.21	1 722.69	有在建设等情况
东升八家郊野公园南区	22.51	15~40		西北郊	有	>50	2474	4.5	花圃、花园	681.52	873.95	整体突出生态环保的理念,无地产开发、在建设等情况
海子公园	31.65	15~40		南郊	有	>50	4 494	3.5	老年人活动站、游憩广场、文化古迹、游船、人工垂钓	3 532.51	4 401.19	无地产开发、在建设等情况
旺兴湖公园	25.76	15~40		东南郊	有	>50	3 387	4.0	假山、凉亭、游船、广场、健身、儿童娱乐场地	2 133.32	2 373.92	园内有在建设区域
勇士营郊野公园	20.71	15~40		北郊	无	>50	3 512	3.5	篮球场、游憩广场	1 804.75	2 380.02	无地产开发、在建设等情况
树村郊野公园	52.63	>40		西北郊	有	48	2 669	3.0	体育设施丰富	11 642.81	11 853.91	北侧近一半区域正在作为住宅进行建设,增加了房地产开发项目和入驻居民
槐新公园	47.75	>40		南郊	无	>50	3 576	3.5	游憩广场、儿童娱乐设施、健身区	2 308.78	2 616.35	园内有在建设区域,未来将建成体育综合体
老君堂公园	48.90	>40		东南郊	有	>50	5 472	3.0	健身活动场地、草坪、垂钓及野营设施、足球场	3 849.35	4 188.69	无地产开发、在建设等情况,公园内有幼儿园
太平郊野公园	48.59	>40		北郊	有	>50	8 484	3.5	足球场、健身器材、儿童娱乐设施	1 637.41	1 738.35	无地产开发、在建设等情况

一定程度上也导致公园的使用率较同区位类型的公园更低。

2) 所选样本规模在 15 ~ 40hm² 的郊野公园中，游人签到数据受游憩服务设施影响最大，道路长度影响比较大，而有无水体、服务设施满意度和绿化覆盖率影响相对较小。游憩服务设施对其空间可游性影响较大，道路总长度决定路径的丰富度和场地的可达性。从所选公园可看出，游憩内容丰富、道路总长度长的郊野公园，游人量较大；而东升八家郊野公园虽然是绿化覆盖率高的公园，但由于其游憩服务设施单调、道路体系不完善，不适宜人们展开活动、运动等，因此游人量较少。其中对公园使用具有影响的游憩服务设施为体育健身设施、儿童娱乐设施、老年人娱乐设施、游船项目设施及野营等特色活动设施。

3) 所选样本规模在 40hm² 以上的郊野公园中，树村郊野公园签到次数出现异常值，因为其场地内部分区域正在作为住宅进行建设。老君堂公园中有幼儿园，其签到数据会因此偏高。除此之外，游人签到数据受游憩设施影响最大，道路长度影响比较大，而有无水体和基础服务设施满意度有一定影响；绿化覆盖率整体较高，自然环境良好，因此对签到数据影响较少。

此外，从设施评价中发现，当前郊野公园普遍存在部分游乐设施及座椅等游憩服务设施老旧、缺乏维护更新的问题。有部分公园虽已按照设计要求修建园区公共厕所，但大多欠缺维护，甚至处于禁止使用状态，导致游人活动满意度不高，多在 3.5 分左右。

5 结论与启示

（1）结论

1) 北京市郊野公园的签到数据整体上周末大于工作日。游人分布整体上呈现出由单核聚集向双核聚集扩散、大致围绕北京市四环形成一个环状结构。无论工作日或周末，游人常集中于北郊、西北郊、东南郊和南郊。

2) 采用地理探测器的方法，得出商业设施的影响力最大，人口密度其次，交通便利度对其影响最小的结论。在探索内部影响因素时，发现15hm² 以上郊野公园游人签到次数主要受到游憩设施、道路总长度和基础服务设施质量的影响，15hm² 以下郊野公园游人量受绿化覆盖率影响较大。

（2）研究对北京市郊野公园规划建设的启示

1) 构建郊野公园绿色综合体。随着市民生活习惯的变化，公园游憩行为和商场购物等通常相互伴随，因此在城市规划中，应充分考虑郊野公园与商业用地关系。即在未来城市规划中，应首先考虑商业服务业设施用地、道路与交通设施用地和郊野公园的关系，将各类要素整合成一体进行规划发展，以此提升郊野公园所在的五环以外的城市功能拓展区的活力。

由于郊野公园是区域重要的景观、游憩和生态综合体，因此提出建设以郊野公园为核心，在一定服务半径内辐射规划商业用地、交通基础设施的绿色综合体，在促进其游憩使用同时，使郊野公园成为一定区域内的绿心，服务周边商业和交通基础设施，带动区域游憩服务活力的同时，提升其商业服务等功能。

2) 着力推动部分郊野公园的城市公园化建设提升。通过各项影响因素分析，在商业用地和人口密集区域的郊野公园游人量相对较大，而这些区域城市化水平相对较高，部分郊野公园日常使用相对较多，而内部影响因素表明游憩设施和道路长度影响其使用，因此，应该提升郊野公园服务设施质量和水平，在适宜区域推动郊野公园向城市公园的改造。

目前，北京市第一道绿化隔离带内的郊野公园正在逐步提升为城市公园。而在二道隔离地区，研究建议在部分基础设施完善，尤其是周边商业和交通基础设施密集的区域，在保证其生态保护功能基础上，选择部分郊野公园进行改造提升试点，完善其基础设施和游憩设施，推动其服务功能建设。

3) 构建以提升游憩服务为目标的郊野公园分类建设标准。目前，专门针对郊野公园建设的标准有所缺失。而英国在郊野公园建设中专门针对其面积、生态保护和游憩等方面进行立法保证其建设水准。中国应学习其立法经验，推动郊野公园建设标准的形成。而研究结论将会对中国相应标准建立提供依据。例如，在游憩服务提升方面以下结论可成为重要依据。对于面积在 15hm² 以内的郊野公园，应首先考虑对绿化覆盖率的建设控制；对于 15 ~ 40hm² 及 40hm² 以上的郊野公园应明确提升游憩服务设施的类别、分布和数量、游憩道路长度等指标要求。

（3）研究创新性

现有郊野公园使用研究多采用问卷调查的形式，存在数据样本量小、获取数据效率较低等问题，而大数据时代的到来能为规划设计提供大规模和高质量的个体时空分布数据，成为前期分析的重要基础[21]。已有部分研究将大数据应用在郊野公园评估中，但多集中在单一样本，相较前人研究，本研究在研究方法和内容层面具有一定创新：

· 将大数据抓取应用于多样本郊野公园使用进行对比分析；

· 地理探测器从空间层面解释了多影响因素对郊野公园使用的归因，理清不同影响因素的影响强弱。但也具有一定不足，大数据不是全数据，其签到人群具有一定局限，因此在未来研究中，可以考虑将腾讯宜出行大数据和传统调查问卷相结合的方式进行研究，在快速获得大量基础数据的同时，通过一定数量的调查问卷结果来反映郊野公园使用者的情况，来弥补数据爬取过程中无法证明各年龄段使用者与郊野公园使用情况之间的关系，以此提高各类人群的空间行为代表性和可信度，更全面地反映出区域人群总体的郊野公园使用情况。此外，还可以结合 Wi-Fi 探针的方式来获取某个或某类公园游人的分布特征，进而为郊野公园规划和使用率提升提供更具有针对性的建议。

5.2 基于类型体系构建的北京市郊野公园分类使用现状评价

1 郊野公园各类基础数据之间相互关系分析

在构建郊野公园类型体系之前，本研究首先通过对郊野公园项目验收报告及调研数据进行整理，进行数据相关性分析，以甄别在聚类分析中，影响类别的重要因素。

（1）皮尔森（PEARSON）相关性

在统计学中，皮尔森（Pearson）相关系数，也称为皮尔森（Pearson）积矩相关系数或双变量相关，是两者之间线性相关性的度量。皮尔森相关系数用 r 表示。

南一旦通过观察性研究或实验收集了样本数据，统计推断就可以让分析人员评估有利的证据，或者对抽取样本中的人群提出一些要求。用于基于样本数据支持或拒绝声明的推理方法被称为显著性检验。

在统计假设检验中，如果在零假设下不太可能发生，则结果具有统计学意义。更确切地说，研究的定义显著性水平 α 是研究拒绝零假设的概率，因为它是真的；假设零假设为真，则结果的 p 值是至少获得极端结果的概率。当 $p < \alpha$ 时，根据研究标准，结果具有统计学意义。在数据收集之前选择研究的显著性水平，并且通常设定为 5% 或更低，这取决于研究领域。在涉及从群体中抽取样本的任何实验或观察中，总是存在由于单独的抽样误差而发生观察到的效果的可能性。但是如果观察到的效应的 p 值小于显著性水平，研究者可以得出结论，该效应反映了整个群体的特征，从而拒绝了零假设。这种用于检验结果统计显著性的技术是在 20 世纪初开发的（郭芮、秦仲等，2016）。术语显著性在此并不重要，术语统计显著性与研究，理论或实际意义不同。例如，术语临床意义是指治疗效果的实际重要性。

显著性水平是指给定的假设发生的概率小于或等于的 p 值的概率。典型的显著性水平值为 0.1、0.05 和 0.01，这些值对应于偶然观察这种极值的概率。

统计显著性在统计假设检验中起着关键作用。它用于确定是否应拒绝或保留原假设。零假设是没有发生或改变的默认假设。对于要拒绝的零假设，观察结果必须具有统计显著性，即观察到的 p 值小于预先指定的显著性水平。为了确定结果是否具有统计显著性，研究人员计算 p 值，即在零假设为真的情况下观察相同幅度或更极端的影响的概率。如果 p 值，则拒绝零假设小于预定水平 α。α 被称为显著性水平，并且是在其假设为真的情况下拒绝零假设的概率（类型 I 错误）。通常设定为或低于 5%。例如，当 α 设定为 5% 时，假设零假设为真，则 I 类错误的条件概率为 5%，统计上显著的结果为观察到的 p 值小于 5% 的结果。当从样本中绘制数据时，这意味着拒绝区域占采样分布的 5%。这 5% 可以分配到采样分布的一侧，如单尾测试，或分区到两侧。在双尾测试中的分布，每个尾部（或拒绝区域）包含 2.5% 的分布。单尾测试的使用取决于研究问题或替代假设是否指定了一个方向，例如一组物体是否更重或者评估中学生的表现是否更好。仍然可以使用双尾测试，但它不如单尾测试强大，因为单尾测试的拒绝区域集中在空分布的一端，并且是每个拒绝区域的两倍大小。双尾测试。因此，如果使用单尾检验，则可以使用不太极端的结果拒绝零假设。如果备选假设的指定方向正确，则单尾检验仅比双尾检验更强大。但是，如果它是错误的，则单尾测试没有效果。

（2）郊野公园数据之间相互关系检验

研究收集了 48 个北京市郊野公园的面积、边界长度、景观分维数、距离城市中心距离、道路密度、支路、主要道路、垃圾桶密度、座位密度、座位周转率、建筑占地面积百分比、道路占地面积百分比、广场占地面积百分比、水体占地面积百分比、水体占地面积百分比、水体面积等 16 种相关数据，并对其进行相关性分析，并对其中具有代表性的相关数据进行分析。

经研究发现，郊野公园的占地面积与其距离城市中心的距离呈现明显的正相关性，其皮尔森相关系数为 0.513，在 0.01 级别具有显著的相关性（表 5-3）。这说明在进行公园分类时，按郊野公园不同的面积规模来分，其距离城市中心的距离存在明显差异，应进行分析，并总结特点。从城市发展的角度上来看，这是由于北京市在城市建设扩张过程中，越来越注重生态优先，在规划布局及建设实施的过程中，设置了更大面积的郊野公园。同时也与郊野公园的建设强度及原用地类型有关。

郊野公园的绿地面积占总面积百分比与公园中的座位密度具有明显的负相关性，统计计算发现，其皮尔森相关系数为 −0.405，在 0.01 级别具有显著的相关性（表 5-4）。说明绿地更多的郊野公园具有更少的座椅设施密度，这可能与郊野公园主导功能定位及原用地类型有关，本研究将在下面三节对相关内容进行分析。

郊野公园的座位密度与公园中的座位周转率呈现明显的负相关性，其皮尔森相关系数为 -0.567，在 0.01 级别具有显著的相关性（表5-5）。说明当座位密度增加时，座位使用的紧张程度降低，游客也倾向于在座位上停留更长的时间。这与游客在郊野公园中的心情有关。在郊野公园的建设过程中应适度增加座椅密度，使得游客在郊野公园中有放松、自在的心理状态，以达到在公园中停留更长时间、放松身心等作用。

郊野公园的边界长度与公园的景观分维数呈现明显的正相关性，其皮尔森相关系数为 0.664，在 0.01 级别具有显著的相关性（表5-6）。说明当公园的边界长度增加时，公园的景观分维数增大。这与公园的选址具有一定的关系。公园选择位置时更靠近用地性质复杂且距离城市中心较近的位置，其边界长度倾向于相对更长，而距离城市中心较近的郊野公园，其面积可能更低。

郊野公园的道路密度与公园中的垃圾桶密度具有明显的负相关性，其皮尔森相关系数为 -0.575，在 0.01 级别具有显著的相关性（表5-7）。说明当道路密度增加时，垃圾桶的密度倾向于更少。

郊野公园的座位周转率与公园中的绿地面积百分比呈现明显的正相关性，其皮尔森相关系数为 0.339，在 0.05 级别具有显著的相关性（表5-8）。说明当绿地面积占比增加时，一方面游客们倾向于在座位上停留更短的时间，增加行走的时间与绿地互动。另一方面，座位周转率的增加也可能与绿地面积占比增加导致的座位数减少有关。

郊野公园的水体绿地面积百分比与公园中的绿地面积百分比呈现明显的负相关性，其皮尔森相关系数为 -0.615，在 0.01 级别具有显著的相关性（表5-9）。说明在公园总面积一定的情况下，为满足游客的需求，绿地面积更多的公园，倾向于公园水体面积更少。

2 按主导功能定位分类

（1）郊野公园聚类分析

1）聚类方法

聚类是一种机器学习算法，聚类算法的作用是对数据点或对象按照特征进行分类。当给定一组数据点或具有多种属性的对象时，可以使用聚类算法将每个数据点或对象分类为特定的组。理论上来说，按照聚类算法分类的同一组中的元素（数据点或对象）应当具有相似的属性/特征，而不同组中的元素（数据点或对象）应当具有高度不同的属性/特征。聚类算法属于无监督学习算法，是许多数据分析领域中常用的技术。常用聚类模型有连通性模型、质心模型、分布模型、密度模型、子空间模型等。

面积与距离城市中心距离相关性　　表5-3

		面积（hm²）	距离城市中心距离（m）
面积（公顷）	Pearson相关性	1	.513**
	Sig.（双尾）		.000
	个案数	48	48
距离城市中心距离（m）	Pearson相关性	.513**	1
	Sig.（双尾）	.000	
	个案数	48	48

**. 在 0.01 级别（双尾），相关性显著

绿地面积占比与座位密度相关性　　表5-4

		绿地面积占比（%）	座位密度（pcs/km）
绿地面积占比（%）	Pearson相关性	1	-.405**
	Sig.（双尾）		.005
	个案数	48	48
座位密度（pcs/km）	Pearson相关性	-.405**	1
	Sig.（双尾）	.005	
	个案数	48	48

**. 在 0.01 级别（双尾），相关性显著

座位密度与座位周转率相关性　　表5-5

		座位密度（pcs/km）	座位周转率（人/个）
座位密度（pcs/km）	Pearson相关性	1	-.567**
	Sig.（双尾）		.000
	个案数	48	48
座位周转率（人/个）	Pearson相关性	-.567**	1
	Sig.（双尾）	.000	
	个案数	48	48

**. 在 0.01 级别（双尾），相关性显著

边界长度与景观分维数相关性　　表5-6

		边界长度（m）	景观分维数
边界长度（m）	Pearson相关性	1	.664**
	Sig.（双尾）		.000
	个案数	48	48
景观分维数	Pearson相关性	.664**	1
	Sig.（双尾）	.000	
	个案数	48	48

**. 在 0.01 级别（双尾），相关性显著

道路密度与垃圾桶密度相关性　表 5-7

		道路密度（m/hm²）	垃圾桶密度（个/100m）
道路密度（m/ha）	Pearson相关性	1	-.575**
	Sig.（双尾）		.000
	个案数	48	48
垃圾桶密度（个/100m）	Pearson相关性	-.575**	1
	Sig.（双尾）	.000	
	个案数	48	48

**. 在 0.01 级别（双尾），相关性显著

座位周转率与绿地面积百分比相关性　表 5-8

		座位周转率（人/个）	绿地面积占比（%）
座位周转率（人/个）	Pearson相关性	1	.339**
	Sig.（双尾）		.020
	个案数	48	48
绿地面积占比（%）	Pearson相关性	.339*	1
	Sig.（双尾）	.020	
	个案数	48	48

**. 在 0.01 级别（双尾），相关性显著

座位密度与座位周转率相关性　表 5-9

		绿地面积占比（%）	水体面积占比（%）
绿地面积占比（%）	Pearson相关性	1	-.615**
	Sig.（双尾）		.000
	个案数	48	48
水体面积占比（%）	Pearson相关性	-.615**	1
	Sig.（双尾）	.000	
	个案数	48	48

**. 在 0.01 级别（双尾），相关性显著

2）公园评分项目聚类分析

本节旨在对北京 48 个郊野公园按照主导功能定位进行分析。然而，"主导功能定位"是一个模糊的概念，而并非一个确定的指标。因此，本文采用基于质心的 k 均值聚类方法，以公园各项指标评分项为聚类依据进行聚类，再根据不同迭代次数下的聚类结果将公园合理分类。

经过不同的迭代次数，可以将 48 个郊野公园分为不同的种类数。表明迭代次数与聚类结果关系的图像称为谱系图，如图 5-7 所示。

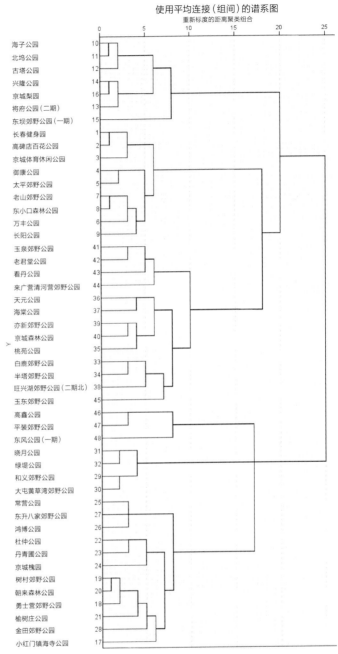

使用平均连接（组间）的谱系图

图 5-7 北京市郊野公园按照功能聚类谱系图

以第 15 次迭代的结果作为最终结果,可以将 48 个郊野公园分为六类:

第一类(历史文化型):海子公园、古塔公园、北坞公园、京城梨园、兴隆公园、将府公园(二期)、东坝郊野公园(一期)。

第二类(运动健身型):长春健身园、京城体育休闲公园、高碑店百花公园、御康公园、太平郊野公园、老山郊野公园、东小口森林公园、万丰公园、长阳公园、天元公园、海棠公园、亦新郊野公园。

第三类(休闲娱乐型):玉泉郊野公园、老君堂公园、看丹公园、来广营清河营郊野公园、白鹿郊野公园、京城森林公园、桃苑公园、半塔郊野公园、旺兴湖郊野公园(二期北)、玉东郊野公园。

第四类(科普园艺型):高鑫公园、平庄郊野公园、东风公园(一期)。

第五类(生态建设型):晓月公园、绿堤公园、和义郊野公园、大屯黄草湾郊野公园。

第六类(自然风光型):朝来森林公园、杜仲公园、树村郊野公园、榆树庄公园、勇士营郊野公园、金田郊野公园、常营公园、东升八家郊野公园、鸿博公园、京城槐园、丹青圃公园、小红门镇海寺公园。

针对六种不同公园功能分类,各类公园平均数据与全部公园平均数据的差异。当数据中出现极端值的情况下,选取数据的中位数进行补充分析。

(2)各类型特征分析

从面积上来看(表 5-10),本研究涉及的 48 个郊野公园的总面积均值为 63.51hm²。通过对聚类结果所得到的六类郊野公园进行分析,可知历史文化型的面积均值较高,为 86.3hm²,高于整体平均值 35.8%。对该类郊野公园进行具体分析。发现历史文化型郊野公园,包括海子公园、古塔公园、北坞公园、京城梨园、兴隆公园、将府公园(二期)、东坝郊野公园(一期),但除东坝郊野公园为 286.6hm² 外,其他公园均低于 70hm²。可知历史文化型郊野公园的面积平均值相对较低。休闲娱乐型的面积平均值较小,为 43.34hm²。这与各主导功能定位的性质有关。

以旺兴湖郊野公园为例,其郊野公园面积为 37.06hm²。公园内各类游憩活动丰富,有较好的游赏效果。全员以江南水乡为主要风格,设有流水、小桥以及亭台楼阁。公园面积相对较小,但在东部设有较多的健身设施,游人的活动有跳舞、太极拳、寒冰、篮球以及跑步等。

从郊野公园的设施密度的角度来看(表 5-11),主要从道路密度、支路长度与主路长度比,垃圾桶密度及座椅密度四个方面进行分析。可知,历史文化型的道路密度远高于平均值,这与历史文化型公园文化展示、游憩功能强度较高有关。其余运动健身型、休闲娱乐型、科普园艺型、生态建设型、自然风光型五类的各类型的道路密度基本持平。

从支路与主路长度比上来看,生态建设型郊野公园的最低,为 0.9,远低于全体均值,与最高值运动健身型郊野公园相差 0.37。生态建设型郊野

郊野公园面积特征	表 5-10
	面积(hm²)
全体均值	63.51
历史文化型	86.3
运动健身型	83.62
休闲娱乐型	43.34
科普园艺型	64.93
生态建设型	59.5
自然风光型	60.81

郊野公园设施密度特征　　　表 5-11

	道路密度(m/hm²)	支路(m)/主路(m)	垃圾桶密度(个/100m)	座位密度(pcs/km)
全体均值	150.58	1.11	1.25	33.81
历史文化型	193.72	1.24	0.98	33.98
运动健身型	149.96	1.27	1.1	24.95
休闲娱乐型	143.17	1.00	1.40	33.3
科普园艺型	148.03	1.33	1.3	46.96
生态建设型	150.75	0.9	1.42	26.9
自然风光型	141.05	1.04	1.10	41.19

郊野公园功能区域特征　　　表 5-12

	建筑面积占比(%)	道路面积占比(%)	广场面积占比(%)	水体面积占比(%)	绿地面积占比(%)
全体均值	0.49	4.42	3.23	0.88	91.01
历史文化型	1.02	5.94	3.77	2.42	86.82
运动健身型	0.34	4.13	3.36	0.5	92.03
休闲娱乐型	0.43	4.35	2.66	0.22	92.33
科普园艺型	0.36	4.76	2.7	0.5	91.66
生态建设型	0.375	3.95	3.12	0.05	92.5
自然风光型	0.41	4.26	3.25	1.425	90.63

公园以生态涵养为主，以改善生态环境、提高环境质量，实现可持续发展为主要建设目标，其基础设施建设强度较低。从垃圾桶密度上来看，历史文化型郊野公园的垃圾桶密度较低，其他公园基本持平。从座位密度上来看，生态建设型郊野公园座位密度相对较低，为26.9。

从各类型用地面积上来看（表5-12），历史文化型郊野公园的建筑用地占地面积百分比为1.02，高于全体均值，其余各项基本持平。历史文化型郊野公园主要以历史遗迹为核心，发展为郊野公园。以古塔公园为例，园内有始建于1538年的明代十方诸佛宝塔，藏在园区的最南端，被密林遮挡，塔身有些倾斜，碑文已模糊，该郊野公园的公园建筑用地占地面积比例较高。

从道路占地面积百分比来看，生态建设型郊野公园的占比为3.95%，相对较低，这反映了生态建设型郊野公园的建设强度较低。其他各类型的道路占地面积百分比相对持平。从广场占地面积百分比来看，各类型相对持平。从水体占地面积百分比来看，历史文化型相对较高，水体面积为2.42%，这与历史文化型郊野公园的营建风格有关。

按主导功能分类对各类型郊野公园的营建特点进行分析总结如下：

历史文化型公园具有历史遗迹及保护点，公园面积大的同时路网、建筑、广场、水体密度大，而绿地占地面积较低。

运动健身型公园具有较大的公园面积、较多的运动健身设施，并且主路与支路长度比、绿地占地面积大，但是垃圾桶、座位、建筑密度低。

休闲娱乐型公园面积较小，具有较多的活动场地，且垃圾桶密度、绿地占地面积高，但是广场、水体占地面积低。

科普园艺型公园具有较多的科普设施及园艺活动场地，垃圾桶密度、座位密度较高，但是支路主路长度比、建筑、广场占地面积低。

生态建设型公园占地面积较大，有相关雨水收集利用、植被保护措施，支路主路长度比、座位密度、道路密度、水体密度均低。

自然风光型公园具有较好的林田风光，座位密度、水体面积所占比例高，但是道路密度低。

研究郊野公园的功能评分以及相应主导功能之间的关系具有重要的意义。郊野公园的特色性与综合性具有辩证的关系，任何一个公园都不应仅发展特色项目而忽略公园的综合功能，也不能因为综合发展而失去自己的特色。在建设郊野公园时，既要保证公园具有标志性的主题特色，如体育、娱乐或园艺、风光等，避免"千篇一律"，也要注重公园的综合功能，使其符合各种人群的不同需求。如京城体育休闲公园以体育运动为主要特色，在体育运动方面进行了设备、设施的大力建设，吸引了很多热衷体育、爱好健身的人群。同时也在生态、园艺、风景建设等方面进行了一定的投入，使得周边以欣赏风景、休闲散心、亲子游乐为主要需求的居民也可以在公园中找到自己的一席之地。因此，郊野公园的特色性与综合性要协调发展，齐头并进，缺一不可。

3 按规模分类

（1）类型

本研究采用自然间断法对郊野公园面积数据进行自然分组。自然间断法会对分类的间隔进行识别，从而对相似的项目进行分组分类。该分组方法可以将每个类别之间的差异最大化。被分组的项目经过自然间断法划分形成多个类别，在数据的差异较大的位置间断形成边界。研究将郊野公园斑块规模进行划分，其面积分布呈现层次化及多样化特征。从8.4 ~ 303.4hm^2，已形成郊野公园的基本体系。按照大型（≥100hm^2）、较大型（≥75hm^2，<100hm^2）、中型（≥50hm^2，<75hm^2）、较小型（≥25hm^2，<50hm^2）、小型（<25hm^2）的标准对北京市郊野公园进行。这与相关文献中对于根据绿地面积的对公园进行的五类分级相一致。

按照规模面积来分，将公园分为：

小型（共4个）：小红门镇海寺公园、长春健身园、勇士营郊野公园、高碑店百花公园。

较小型（共21个）：海子公园、和义郊野公园、白鹿郊野公园、半塔郊野公园、桃苑公园、天元公园、海棠公园、高鑫公园、旺兴湖郊野公园（二期北）、树村郊野公园、京城体育休闲公园、大屯黄草湾郊野公园、御康公园、亦新郊野公园、朝来森林公园、京城森林公园、平庄郊野公园、玉泉郊野公园、北坞公园、老君堂公园、看丹公园。

中型（共12个）：榆树庄公园、古塔公园、来广营清河营郊野公园、将府公园（二期）、杜仲公园、京城梨园、晓月公园、兴隆公园、丹青圃公园、太平郊野公园、京城槐园、常营公园。

较大型（共5个）：万丰公园、老山郊野公园、鸿博公园、东风公园（一期）、玉东郊野公园。

大型（共6个）：东升八家郊野公园、绿堤公园、东小口森林公园、金田郊野公园、东坝郊野公园（一期）、长阳公园。

通过ArcGIS软件，计算郊野公园的不同规模的比重分布。其中，较小型郊野公园共21个，占比重最高，为43.7%。北京市郊野公园的面积最大值为303.4hm^2，最小值为8.4hm^2，均值为63.5hm^2。此外，小型郊野公园4个，占比8.3%，中型郊野公园共12个，占比2.5%，较大型郊野公园共5个，占比10.4%，大型郊野公园共6个，占比12.5%。由此可知，郊野公园中，占比最多的为较小型公园，其面积为25 ~ 50hm^2，这与郊野公园的选址、原用地类型及公园游憩的特征有关。这对今后的郊野公园建设有借鉴意义。

（2）特征

从景观分维数来看（表 5-13），小型公园明显具有更高的分维数，其平均值为 1.11，超过了全体公园的景观分维数平均值 1.02。而大型公园的形状复杂程度较低，其平均景观分维数只有 0.98。景观分维数描述斑块或景观镶嵌体的几何形状的复杂程度。景观分维数越高，说明形状越复杂。其中小型郊野公园的景观分维数高于平均值 8%，说明小型郊野公园的斑块形状较为复杂，这与周边用地性质有关。

以小红门镇海寺郊野公园公园为例，其景观分维数为 1.25，其周边为商业用地、居住用地，周边用地性质相对复杂，使其公园边界不仅受道路影响，同时受周边现状建筑影响。从公园内部来看，其边界处理主要运用植物遮挡，形成片状绿化隔离，从而形成郊野公园内部与城市的分界。

从距离城市中心的距离来看（表 5-14），郊野公园面积总体的分布趋势是随着距离城市中心距离增加而逐渐增大。小型公园距离城市中心距离的平均值为 12.37km，为五种类型中的最小值。而大型郊野公园据城市中心距离的平均距离达到了最大值 16.34km。除较大型郊野公园外，整体趋势为郊野公园面积越大，距离城市中心距离越远。

从公园内部基础设施建设的角度上来看（表 5-15），本研究分析了公园内部的路网密度。可知中型公园具有最高的平均道路密度，达到了 172.91m/hm²，大幅超过总体平均值为 150.125。同时，中型公园具有最小的支路—主路长度比，其值仅为 0.917，小于总体平均值 1.113。这说明中型公园在单位面积内具有更长的主路长度。同时，小型公园也具有类似的特征。而大型公园具有最低的平均道路密度，仅为 113.23。

这于公园的建设特点有关，大型郊野公园建设强度较低，大多以生态林、自然景观为主，以生态建设为主要目的，具有生态保育和修复的作用，所以其道路密度较低，这有利于生态保护，减少人为干扰。以长阳公园为例，其建设面积较大，主要以林地为主，建设强度较低，道路密度较低。房山区的长阳公园呈中心式布局，中心设有人工湖，供游人游乐和休闲，而周围则降低建设强度，建设林地为主的自然景观，道路密度相较于中心区域较低，多为通行及养护功能服务。因而也满足了整体的生态作用，具有较好的借鉴意义。

从座位及其使用情况来看（表 5-16），中型、大型、较大型公园的平均座位密度都超过了总体平均值，而小型和较小型公园的座位密度低于平均值。尤其是小型公园，其平均座位密度仅为 19.37，而其座位周转率则为五种公园类型中的最大值 54.57，这说明在小型公园中，游客更长的时间用来走动，而停留在座位上的时间较短。而较大型和大型公园中，平均座位周转率都达到了较低的水平。这意味着大面积的公园中，游客停留在座位上休息的时间越长，也应该设置更多的座位。

从各种类型用地占比方面分析（表 5-17），五种不同规模的公园显示

各类型（按规模分）景观分维数平均值　表 5-13

	景观分维数（描述形状复杂程度）
总体平均值	1.02
小型	1.11
较小型	1.01
中型	1.00
较大型	1.03
大型	0.98

各类型（按规模分）距离城市中心距离　表 5-14

	距离城市中心距离（km）
总体平均值	13.77
小型	12.37
较小型	13.12
中型	14.59
较大型	12.52
大型	16.34

各类型（按规模分）道路密度、支路－主路长度比　表 5-15

	道路密度（m/hm²）	支路（m）/主要道路（m）
总体平均值	150.12	1.11
小型	164.97	0.97
较小型	146.13	1.15
中型	172.91	0.91
较大型	144.56	1.58
大型	113.23	1.06

各类型（按规模分）座位密度、座位周转率　表 5-16

	座位密度（个/km）	座位周转率（人/个）
总体平均值	33.81	47.87
小型	19.37	54.57
较小型	32.60	50.01
中型	36.35	48.22
较大型	40.18	38.18
大型	37.31	43.28

各类型（按规模分）郊野公园各类用地面积占比　表 5-17

	建筑面积占比（%）	道路面积占比（%）	广场面积占比（%）	水体面积占比（%）	绿地面积占比（%）
总体平均值	0.49	4.42	3.21	0.88	90.97
小型	0.4	4.3	2.97	0	92.32
较小型	0.43	4.06	3.01	0.46	92.02
中型	0.73	5.44	3.70	1.8	88.31
较大型	0.4	4.74	2.88	1.54	90.44
大型	0.4	3.48	3.36	0.6	92.15

出较明显的特征。小型公园的建筑/道路面积占比与总体平均值基本持平，而具有较少的广场面积占比，并且在所有小型公园中，水体面积均为0。中型公园具有最高的建筑面积占比、道路面积占比以及水体面积占比，同时其绿地面积占比为最低。较大型公园具有最低的广场面积占比以及较高的水体面积占比。而大型公园除道路面积占比最低外，其他面积占比基本与总体平均值持平。

所有小型郊野公园的水体面积均为0，这是因为当公园面积较小时，受到规模的限制，郊野公园建筑中未设置水体，而更多的通过绿地和场地进行景观营造。以长春健身园为例，公园主要以健身场地及休闲体育设施为主，而引其面积较小，且位于京密引水渠的一侧，所以公园中未设置水体。

综上所述，本研究对按照规模分类，各类型郊野公园的特征进行总结，并对各类型的分布进行分析，形成如表5-18所示的综合结果。

北京市按面规模分类各类郊野公园特征 表5-18

	景观分维数	距离城市中心距离(m)	道路密度(m/hm²)	支路(m)/主要道路(m)	座位密度(个/km)	座位周转率(人/个)	建筑面积占比(%)	道路面积占比(%)	广场面积占比(%)	水体面积占比(%)	绿地面积占比(%)
小型	1.11	12374	164.97	0.97	19.37	54.57	0.4	4.3	2.97	0	92.32
较小型	1.01	13129	146.13	1.15	32.6	50.01	0.43	4.06	3.01	0.46	92.02
中型	1	14599	172.91	0.91	36.35	48.22	0.73	5.44	3.7	1.8	88.31
较大型	1.03	12526	144.56	1.58	40.18	38.18	0.4	4.74	2.88	1.54	90.44
大型	0.98	16342	113.23	1.06	37.31	43.28	0.4	3.48	3.36	0.6	92.15

4 按原用地类型分类

(1) 类型

北京市在2012~2015年开展第一轮平原造林，共造林105万亩。并于2017年提出新一轮百万亩平原造林工程。同年，北京市开展了留白增绿的建设，旨在对规划绿地之外的其他类型的用地中，城市规划尚未明确建设用途的地块以及拆违、腾退后的地块，在短时间内未确定或未实现长期规划的情况下，先行通过建设城市绿化，改善城市环境，疏解城市生态压力，同时为中长期建设预留发展空间。在这样的城市发展背景下，北京市进行疏解、腾退以及生态林的改造提升，多数第一道绿化隔离地区的郊野公园的建设由此而来。本研究通过对郊野公园的原用地类型进行调查及总结，根据绿化隔离地区的实际建设情况，确定按照原用地类型分类的各类型郊野公园。按照这种分类方法，可知郊野公园的原用地类型主要分为村落、公园、空地或荒地、历史文化遗址、绿化隔离带、苗圃或园圃、生态林及其他建设用地（表5-19）。

郊野公园原用地类型 表5-19

	座位密度（个/km）	座位周转率（人/个）
将府公园	村落	驼房营村
老君堂公园	村落	老君堂村
海棠公园	村落	海户屯，老君堂村
御康公园	村落	三个自然村落
看丹公园	村落	看丹村
榆树庄公园	村落	榆树庄村
东小口森林公园	村落	东小口村
太平郊野公园	村落	单村
半塔郊野公园	村落	半截塔村
北坞公园	村落	北坞村
长阳公园	村落	留庄村
朝来森林公园	公园	森林公园
小红门镇海寺公园	公园	乡办公园
高鑫公园	空地或荒地	腾退空地
旺兴湖郊野公园	空地或荒地	腾退空地
万丰公园	空地或荒地	腾退空地
来广营清河营郊野公园	空地或荒地	城市挖土工程的堆积处
高碑店百花公园	空地或荒地	腾退空地
京城体育休闲公园	空地或荒地	腾退空地
古塔公园	历史文化遗址	明代十方诸佛宝塔（市级文物）
鸿博公园	历史文化遗址	古代皇帝狩猎之处
海子公园	历史文化遗址	皇家御用的狩猎园
玉东郊野公园	历史文化遗址	玉泉山和颐和园
玉泉郊野公园	历史文化遗址	香山、玉泉山和颐和园
大屯黄草湾郊野公园	历史文化遗址	黄草湾太清观
金田郊野公园	绿化隔离带	绿化隔离带
东升八家郊野公园	绿化隔离带	绿化隔离带
晓月公园	绿化隔离带	绿化隔离带
京城梨园	苗圃或园圃	生态林性质的丰水梨果园和苗圃
丹青园公园	苗圃或园圃	苗圃
东坝郊野公园	苗圃或园圃	果园、生态林、苗圃
天元公园	苗圃或园圃	小清河，玉米地
老山郊野公园	其他建设用地	老山山地车赛道
绿堤公园	其他建设用地	砂石场
平庄郊野公园	其他建设用地	自然植被景观
兴隆公园	生态林	兴隆片林
京城槐园	生态林	生态林、鱼塘
东风公园	生态林	千亩生态林
常营公园	生态林	西北部绿化隔离地区的千亩银杏林
杜仲公园	生态林	千亩杜仲林
白鹿郊野公园	生态林	自然林地
长春健身园	生态林	自然林地
桃苑公园	生态林	桃树林
和义郊野公园	生态林	自然林地
亦新郊野公园	生态林	速生杨、鱼塘
树村郊野公园	生态林	自然林地
勇士营郊野公园	生态林	自然林地
京城森林公园	生态林	自然林地

根据统计结果，研究将各类型数量进行统计，可知原用地类型为生态林的郊野公园数量最多，为 13 个，占总数的 27%。这与生态林与郊野公园的建设性质有关。生态林在建设过程中，起到维护及提升生态环境，保护生物多样性，维持生态平衡的作用。而郊野公园的景观特点为生态野趣，同时具有生态建设的作用。在实际建设过程中，选取生态林，对其较为单一的植物种类进行丰富化，增强乔、灌、草的补植，同时增建道路和场地，实现郊野公园的游憩作用。在原用地类型中，园圃或苗圃以及绿化隔离带的向郊野公园的转化，与生态林较为类似。

原用地类型为村落的郊野公园占总数的 23%，数量为 11 个。这是由于在城市发展的过程中，随着城市化进程的不断发展，城市不断扩张，建设用地不断向外扩张，使得出现了很多"城中村"等。为保证城市生态系统的良性发展，在进行生态建设的过程中，将一些村落进行腾退，为中远期的城市发展留出余地，先行进行郊野公园建设，这也是"腾笼换鸟，留白增绿"政策的具体体现。另外，通过现状公园进行生态化建设及基础设施改造提升，转化为郊野公园。通过空地或荒地以及其他建设用地进行郊野公园建设，也有一定的比例。原用地类型为历史文化遗址的郊野公园共有 6 个，历史文化遗迹本身，就具有一定的缓冲范围，郊野公园的建设依据历史文化遗迹的缓冲范围进行建设，既起到保护历史文化遗迹的作用，又使得郊野公园的主题鲜明，提供游乐区位，吸引游人（表 5-20）。

（2）特征

从公园规模上来看（表 5-21），由原始公园改造而来的郊野公园普遍具有远低于平均值的面积，为 24.5hm²。这是由于原始公园的初始建设标准以城市公园为主，城市公园的面积相对郊野公园较小。由历史文化遗址、生态林、空地或荒地改造而来的公园也具有较小的面积。而由绿化隔离带和苗圃改造而来的公园普遍具有较大平均面积以丹青圃郊野公园为例其场地原为苗圃，丹青圃的名字由来也与苗圃有关，取绿树、红花相互掩映的丹青之意。另外，借用《介子园画谱》中"丹青谱"之意境，取名为丹青圃郊野公园。

从公园道路建设方面来看（表 5-22），由原始公园改造而来的郊野公园具有很高的道路密度，这是由于原始的公园遗留加上新的公园建设而成。由绿化隔离带改造而来的公园平均道路密度最低，这是由于绿化隔离带本身具有较大面积，并且植被面积大，大面积森林多，因此道路建设空间较小。

以东升八家郊野公园为例，其原用地性质为生态林。对其公园规划进行分析，其主要活动区域位于中心，中南部有小面积水体，而东北部主要是以生态林为主的林地。其建设由绿化隔离带转化而成，原场地部分区域有高压线及其他电力、通信设施，因而对其空间布局产生影响。部分区域只有主路，支路密度较低，整体来看，东升八家郊野公园的道路密度较低。

从座位密度来看（表 5-23），由村落、空地或荒地以及其他建设用地改

各类型（按原用地类型分）比例　　　　　表 5-20

	数量	占总数百分比
村落	11	23%
公园	2	4%
空地或荒地	6	13%
历史文化遗址	6	13%
绿化隔离带	3	6%
苗圃或园圃	4	8%
其他建设用地	3	6%
生态林	13	27%
总计	48	100%

各类型（按原用地类型分）面积　　　　　表 5-21

	面积（hm²）
总体平均值	63.51
公园	24.5
其他建设用地	75.96
历史文化遗址	55.95
村落	76.48
生态林	45.66
空地或荒地	44.76
绿化隔离带	93.81
苗圃或园圃	112.8

各类型（按原用地类型分）道路密度、支路与支路长度比　表 5-22

	道路密度（m/hm²）	支路与支路长度比（m）
总体平均值	150.12	1.11
公园	171.8	1
其他建设用地	160.83	1.83
历史文化遗址	144.61	1.18
村落	149.98	0.99
生态林	160.14	1.12
空地或荒地	137.95	1.08
绿化隔离带	117.5	0.63
苗圃或园圃	150.07	1.22

各类型（按原用地类型分）座位密度、座位周转率　　表 5-23

	座位密度（pcs/km）	座位周转率（人/个）
总体平均值	33.81	47.87
公园	41.6	65.75
其他建设用地	22.4	49.16
历史文化遗址	41.91	40.53
村落	29.5	42.46
生态林	35.74	54.81
空地或荒地	29.71	53.33
绿化隔离带	31.26	48.16
苗圃或园圃	40	32.87

造而来的公园具有较低的座位密度，而由公园、历史文化遗址以及苗圃或园圃改造而来的公园座位密度较高。从座位周转率来看，由原始公园改造而来的公园座位周转率极高，而由苗圃或园圃改造而来的公园座位周转率很低。

从各种类型用地占比方面分析（表5-24），五种不同原用地类型的公园显示出较明显的特征。由公园改造而成的公园的建筑/道路面积占比与总体平均值基本持平，而具有较少的广场面积占比和较大的水体面积占比。由其他建设用地改造而成的公园很少出现河流湖泊等，因此水体占地面积较小。由生态林改造而成的公园具有较高的建筑密度。由苗圃或园圃改造而成的公园具有很高的道路面积占比，而具有较少的水体。

5 按建设强度分类

（1）类型

建设强度是一个综合性指标，因此不能仅使用单项数据进行分类。在本研究统计的各项数据中，道路密度、支路/主要道路比值、垃圾桶密度以及座位密度可以体现公园建筑强度这一指标。因此，本节使用这四项数据对郊野公园进行聚类分析。

在48个郊野公园中，东风公园、小红门镇海寺公园、老山郊野公园以及兴隆公园在道路密度、支路/主要道路比值、垃圾桶密度和座位密度四项数据中都远远高于其他公园。为了聚类的准确性，研究暂将这四个公园归于建设强度最强的一类，对其他44个郊野公园以道路密度、支路/主要道路、垃圾桶密度、座位密度作为聚类依据进行聚类分析（图5-8）。

以第15次迭代的结果，将所有公园按照建设强度分为四类：

第一类（弱强度型）：勇士营郊野公园、榆树庄公园、京城体育休闲公园、长春健身园、海子公园、将府公园、半塔郊野公园、天元公园、旺兴湖郊野公园、京城槐园、绿堤公园、朝来森林公园、东坝郊野公园。

第二类（较弱强度型）：晓月公园、桃苑公园、高碑店百花公园、万丰公园、北坞公园、丹青圃公园、玉东郊野公园。

第三类（较高强度型）：杜仲公园、玉泉郊野公园、御康公园、白鹿郊野公园、金田郊野公园、来广营清河营郊野公园、老君堂公园、看丹公园、古塔公园、高鑫公园、鸿博公园、京城森林公园、亦新郊野公园、东升八家郊野公园、和义郊野公园、大屯黄草弯郊野公园、树村郊野公园、平庄郊野公园、太平郊野公园、长阳公园、京城梨园、东小口森林公园、海棠公园。

第四类（高强度型）：常营公园、东风公园、小红门镇海寺公园、老山郊野公园、兴隆公园。

根据聚类结果的公园特征，研究将东风公园、小红门镇海寺公园、老山郊野公园、兴隆公园与常营公园分到同一类别中，这一类别的特征是四项关于建设强度的指标均具有较高的值，与其他郊野公园相比，其建设强度更强。

各类型（按原用地类型分）各类用地占地面积百分比　表5-24

	建筑面积占比（%）	道路面积占比（%）	广场面积占比（%）	水体面积占比（%）	绿地面积占比（%）
总体平均值	0.49	4.42	3.21	0.88	90.97
公园	0.4	5	2.5	1.15	90.95
其他建设用地	0.4	4.93	2.56	0.16	91.93
历史文化遗址	0.4	4.43	2.95	1.55	90.66
村落	0.41	3.96	3.14	1.14	91.32
生态林	0.73	4.92	3.92	0.58/	89.83
空地或荒地	0.38	3.65	3.03	0.86	92.06
绿化隔离带	0.53	3.56	3.6	0.8	91.5
苗圃或园圃	0.35	5.22	2.32	0.67	91.42

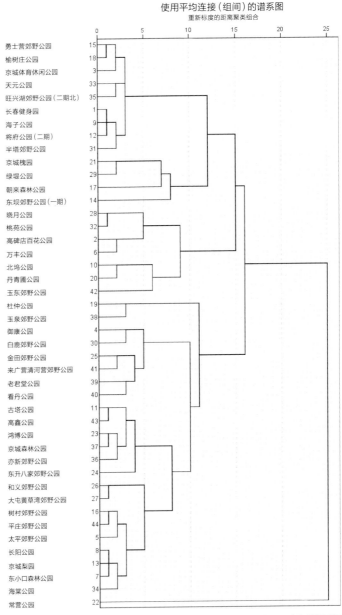

图 5-8 北京市郊野公园按照建设强度聚类谱系图

（2）特征

在面积形态方面（表5-25），建设强度最弱的一类公园具有略低于总体平均值的面积和略高于总体平均值的边界长度，说明这些公园具有较简单圆滑的边界形状；建设强度较弱的公园具有更低的面积和更短的边界长度。而建设强度最强的一类公园虽然面积低于总体平均值，却具有远高于总体平均值的边界长度，说明这些公园具有复杂的边界形状，或者在形状上分成了较多的区域，因此需要更高的建设强度。

在卫生间服务半径方面（表5-26），当公园的建设强度提高时，卫生间的数量自然相应提高，卫生间服务半径相应减小，研究统计的数据也反映了这一特征。

在不同功能用地占比方面（表5-27），不同建设强度的公园体现出不同的特征。建筑面积占比、道路面积占比以及广场面积占比三项数据都具有随着公园建筑强度增强而增加的趋势，这一特征与一般的认知相符。当公园建设强度增强时，必然意味着更多的建筑、道路以及广场等功能性建设面积的增加。相反的是，水体面积占比显示出与建设强度呈负相关的趋势。由于水体面积是先于公园建设存在的，因此导致这种趋势的原因是水体面积丰富的地区在公园建设时必然以水体自然风光为主，人工建设即相应减少。对于水体面积本来就不丰富的地区，在公园建设时必然会增加人工建设的强度，以吸引更多游客。

本节根据建设规模、原用地类型、主导功能定位和建设强度四项指标对48个郊野公园进行了分类，在每种分类方法中，对属于不同类别的公园进行了特征分析。按照建设规模，将公园分为小型、较小型、中型、较大型和大型五类，对每一类公园的距城市中心距离、道路建设、座位密度及周转率以及各类型用地所占比例进行了分析。按照原用地类型，将公园分为村落、公园、空地或荒地、历史文化遗址、绿化隔离带、苗圃或园圃、其他建设用地和生态林八类，分别对每一类公园的建设规模、道路建设、座位密度及周转率以及各类型用地所占比例进行了分析。按照主导功能定位，将公园分为历史文化型、运动健身型、休闲娱乐型、科普园艺型、生态建设型和自然风光型六类，分别对每一类公园的建设规模、设施密度以及各类型用地所占比例进行分析。按照建设强度，将公园分为弱强度型、较弱强度型、较高强度型、高强度型四类，分别对每一类公园的建设规模、基础设施建设以及各类型用地所占比例进行了分析。在不同的分类方法下，不同类别的郊野公园体现出较明显的特征，这些特征可以用来指导新建郊野公园的建设方向和建设重点（图5-9）。

郊野公园面积与边界强度特征（按建设强度分）　　表5-25

	面积（hm²）	边界长度（m）
总体平均值	63.51	3594.45
弱	62.24	3654.38
较弱	57.42	2675.28
较强	66.51	3610.70
强	60.35	4910.75

郊野公园卫生间服务半径和座位周转率特征　　表5-26

	卫生间服务半径（m）	座位周转率（人/个）
总体平均值	252.83	47.87
弱	258.5	49.06
较弱	259.77	36.24
较强	256.74	51.45
强	231.37	42.82

郊野公园功能用地占比特征（按建设强度分）　　表5-27

	建筑面积占比（%）	道路面积占比（%）	广场面积占比（%）	水体面积占比（%）	绿地面积占比（%）
总体平均值	0.49	4.42	3.21	0.88	90.97
弱	0.37	3.99	2.97	1.22	91.43
较弱	0.34	4.02	2.55	0.97	91.1
较强	0.60	4.41	3.37	0.81	90.79
强	0.5	4.87	4.17	0.12	90.325

图5-9 北京市郊野公园类型体系

6 郊野公园类型体系的总结与优化

根据分析结果,将北京市郊野公园按照规模面积划分,本研究 48 个郊野公园中,大型郊野公园(≥100hm²)6 个,较大型郊野公园(≥75hm²,<100hm²)5 个,中型郊野公园(≥50hm²,<75hm²)11 个,较小型郊野公园(≥25hm²,<50hm²)21 个,小型郊野公园 4 个(<25hm²),见图 5-10。

其中,较小型郊野公园较多,占整体公园数量的 45%,而大型郊野公园的和小型郊野公园的占地面积较少。在未来建设过程中,可从加强小型郊野公园的建设。2017 年,由中共中央国务院批准的《北京城市总体规划(2016—2035 年)》提出了对城市功能和布局的优化,进行疏解整治,拆除违建,同时对疏解、腾退的空间进行合理利用,腾笼换鸟,留白增绿。在这样的指导方针下,北京市预期将会腾退出更多的空间以供郊野公园及其他绿色空间发展,考虑到疏解整治工作的发展和时间,未来将会有更多小面积空间供郊野公园发展。所以,在未来的发展中应着力弥补数量的短缺,同时优化其功能结构,实现景观游憩、鸟类栖息以及生态康养等作用。

从大型郊野公园的数量上来看,其数量也相对较少,占比为 13%。大面积的郊野共对 PM2.5 有很好的阻挡过滤作用并能吸收二氧化硫等有害气体,同时具有消除噪声、防风固沙等作用。同时,随着城市的不断扩张,需要大面积郊野公园起到生态涵养的作用。因此,从面积和规模上来看,未来建设过程中应增加大型郊野公园及小型郊野公园的数量,以平衡整体结构体系。

北京市郊野公园按照规模面积来分,本研究的研究对象 48 个郊野公园中,原址为村落的郊野公园共 11 个,原址为公园的郊野公园共 2 个,原址为空地或荒地的郊野公园共 6 个,原址为历史文化遗址的郊野公园共 6 个,原址绿化隔离带为的郊野公园共 3 个,原址为苗圃或园圃的郊野公园共 4 个,原址为生态林的郊野公园共 13 个,原址为其他建设用地的郊野公园共 3 个(图 5-11)。

其中原址为生态林的郊野公园占比较高,为 27%。这说明原址为生态林的地块,其生态基底较易转化为郊野公园,这为今后的郊野公园建设提供了思路。研究所涉及的郊野公园多为生态防护林及 2012 ~ 2017 年的百万亩平原造林工程和平原地区重点区域绿化建设工程。2018 年,北京市发改委下发北京市新一轮百万亩造林绿化工程的任务,北京市将在平原地区进行森林、湿地建设,总绿化面积 9.95 万亩。这为今后的郊野公园建设提供了契机。

另外,旧村腾退用地转化为郊野公园占比也较多,为 23%,是"腾笼换鸟,留白增绿"政策的具体实践经验。2018 年北京市坚定不移地加快非首都功能的疏解,取得了一定的阶段性成效,这为郊野公园等绿色空间的发展预留了空间。2019 年,两会提出,纵深推进疏解整治促提升专项行动。郊野公园的建设应城市的总体规划与政策紧密联系,把握发展新契机。

按照主导功能定位来分,在本研究的研究对象 48 个郊野公园中,历史文化型郊野公园共 7 个,运动健身型郊野公园共 12 个,休闲娱乐型郊野公园共 10 个,科普园艺型郊野公园共 3 个,生态建设型郊野公园共 4 个,自然风光型郊野公园共 12 个(图 5-12)。

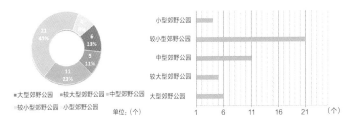

图 5-10 按规模分类各郊野公园数量及占总数比例

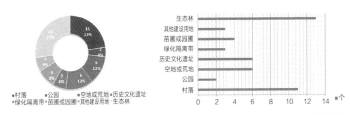

图 5-11 按原用地类型分类各郊野公园数量及占总数比例

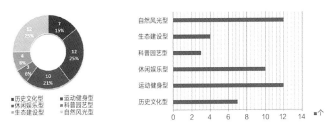

图 5-12 按主导功能定位分类各郊野公园数量及占总数比例

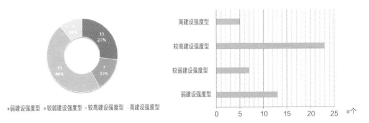

图 5-13 按建设强度分类各郊野公园数量及占总数比例

从数量上来看,科普园艺型及生态建设型郊野公园占比较少。在功能定位上,可融合生产、生活和生态为一体,进行都市园艺类郊野公园打造。同时,在紧张的都市压力下,园艺体验有助于体验者心态的平和,接触自然,放松身心。另外,在环境保护的同时,降低郊野公园的养护成本,这遵循了郊野公园低成本、低养护的特点。从发展的眼光来看,加强科普园艺型郊野公园的建设,符合可持续发展、高效节能发展的要求。

生态建设型郊野公园的建设也需要进一步增强,在具体实施的过程中,可根据城市的生态敏感性的辅助分析,选择生态较为敏感,需要生态保护建设的区域,设置为郊野公园,从而实现生态保育的目标。维护城市生态安全,这与总体规划中对郊野公园"维持生态环境"的定位契合。

按照建设强度来分,本研究的研究对象 48 个郊野公园中,弱建设强度型郊野公园共 13 个,较弱建设强度型郊野公园共 7 个,较高建设强度型郊野公园共 23 个,高建设强度型郊野公园共 5 个(图 5-13)。

较高建设强度型郊野公园数量较多,占整体的 48%。这与研究对象所在位置,大多位于北京市第一道绿化隔离地区有关,在第一道绿化隔离地区基本形成后,结合公园自然郊野区的景观特点,随着城市化进程的发展,郊野公园逐渐城市公园化。在今后的郊野公园建设中,应保持郊野公园生态优先的发展目标,同时在低成本、低养护的建设特色下,实现自然野趣的特色。

5.3 基于实地调研的北京市郊野公园典型案例使用状况研究
——以南海子郊野公园为例

1 南海子公园的规划建设情况

南海子公园一期于 2010 年初正式开工建设，于 2010 年 9 月 26 日落成开园。在 2004 年编制的《北京城市总体规划（2004—2020 年）》中，作为北京市重要的湿地保护区，南海子公园被确立为北京南苑生态公园的核心，属于北京四大郊野公园之一，也是城南地区最大的郊野公园。

南海子公园原名为三海子郊野公园，后在大兴区政协退休干部李丙鑫和大兴区政协副主席郭耕的建议下，经过研究后改名为南海子公园。

(1) 南海子地区的历史文化沿革

南海子，也称南苑，位于北京永定门外 10km 的地区。据历史考证，南海子曾是北京城南最大的湿地。受永定河故道的影响，在方圆数十里内汇集多处大小不一的泉眼，聚成湖泊。由于北方少数民族习惯将汇水之处的湖泊称为"海子"，故别名南海子。

南海子地区范围包括了今大兴县红星区的大部分地区，及其毗邻丰台区南苑镇、朝阳区等部分地区，东西长 17km，南北宽 12km，总面积约为 210km²，是北京旧城区面积的 3 倍多。这里一度是麋鹿等大量野生动物良好的繁衍生境，曾是辽、金、元、明、清五朝的狩猎场，也是元、明、清三代封建王朝著名的皇家苑囿，更是古代北京规模最大、最古老的皇家狩猎场所。

南海子的历史可以追溯至辽代。辽、金时期，帝王常在此进行渔猎活动。据《辽史》载："戊子，阅骑兵、步兵于南郊"。由此可见，南海子作为行围狩猎、练兵校武之地始于辽代。元代时期，蒙古族自古以来就重视骑射，他们更是把南苑一带作为狩猎和训练兵马的重要场所，并在此营建苑囿，称"下马飞放泊"，也称"飞放泊"。1414 年（明永乐十二年），

明成祖下令将"下马飞放泊"进行拓展建设，在四周筑起土墙，并设有北大红门、南大红门、东红门、西红门，称为"南海子"。经过历代明朝统治者的大规模修葺，南海子已经成为明代北京城南一座风光绮丽的皇家苑囿。苑中奇花异果，嘉树甘木，百草绿缛，群卉芳菲，禽兽鱼鳖，丰殖繁育，南海子也因此成为"燕京十景"之一——"南囿秋风"。然而到了明隆庆年间，南海子因年久失修而日渐衰落，永定河决口泛滥将其围墙冲溃坍塌，苑内的树木也被盗卖，不少麋鹿被灾民捕食，或因失去了栖身之所四散奔逃，南海子俨然呈现一派凄凉败落的景象。到了清朝，统治者对其进行重新修葺，在明朝围墙的基础上重新堆筑后新辟五门，连同明代的四座海子门一共九座。清朝乾隆年间，将原来的土墙改建成砖墙，并增设了十三座角门。顺治、康熙、乾隆年间统治者们先后在南海子修建数处行宫，有旧衙门行宫、新衙门行宫、南红门行宫、团河行宫；另外还建有寺庙和道观，有德寿寺、永慕寺、关帝庙、宁佑庙、元灵宫等。经过几十年的精心营建，南海子进入鼎盛时期，"苑中湖沼如镜，林木葱茏，鹿鸣双柳，虎啸鹰台，生机勃勃"，曾有"四宫五海"之说，与北京西北郊的"三山五园"遥相呼应。清光绪二十六年（1900 年），八国联军的入侵和烧杀掠夺，使得南海子这座拥有 600 多年历史的皇家苑囿毁于一旦，我国最后一群珍贵的麋鹿也从此在南海子销声匿迹，空留下"鹿圈"这一地名。

新中国成立后，南海子逐渐演变成南郊农场，主要发展农业。为了满足当时北京城区的建设需要，人们开始在此挖沙取土烧砖。1985 年之后，南海子地区原有的湿地逐渐消逝，非法挖沙活动日益猖獗，地表植被遭到严重破坏，现状坑塘被填满了各类垃圾，总量超过 2400 万 m³，当地的土壤、空气、地下水均受到了严重污染。近十几年来，南海子地区流动人口数量不断攀升，公园建设前地区人口超过 10 万人，催生了大量的违章建设及低端产业，也给社会治安和环境保护带来了巨大的压力。兴建南海子公园势在必行。

(2) 南海子公园的区位及项目概况

南海子地区位于北京市大兴区东北部，北京城南中轴延长线东侧的亦庄、旧宫和瀛海三镇交界处，总面积 11.65km²，其中南海子公园占地面积为 7.86km²（图 5-14）。

南海子公园规划范围北至南五环路，南至黄亦路，西至凉凤灌渠，东至规划的南海子东路，处于北京市中心城区、大兴新城和大兴新航城之间的核心位置，整个公园规划面积为 7.86km²，分两期建设，其中一期 159.64hm²，于 2010 年初开工建设，10 月正式开园；二期 626.36hm²，于 2010 年破土动工，预计 2012 年建成，建成后整个公园面积几近于 4 个颐和园大小（图 5-15）。

图 5-14 南海子公园区位图

图 5-15 南海子公园总平面图
（图片来源：北京创新景观设计公司）

（3）南海子公园的重要地位及意义

1）南海子公园是京城四大郊野公园的重要组成部分。南海子公园作为南郊生态公园的核心和起点，建成后将成为北京最大的郊野公园。作为南城行动计划的重点生态项目，大兴区政府特别设立了专门的公园建设指挥部。北京市委市政府也对南海子公园的建设高度重视，市领导在视察公园筹建现场时指出，公园的建设对推进本地区及周边地区的城乡一体化进程具有重要意义。

2）南海子公园是中心城区、南苑组团、大兴新城、亦庄新城之间的"绿肺"。根据《第二道绿化隔离地区规划（2002 年）》，南海子公园属于第二道绿化隔离地区的 6 号楔形绿地，位于中心城、亦庄新城与大兴新城之间的结合地带，地处大兴新城、亦庄新城和南苑组团中心，与大兴、亦庄、南苑组团均存在相当大的接触面积，是中心城、亦庄新城、大兴新城之间重要的生态隔离带，也是规划确定重点绿化生态功能区之一。

南海子地区是北京重要的湿地自然保护区，为提高南海子的生态调节、生态保育、生态服务等功能，加强自然生态系统的修复与恢复，公园将致力于重现京南最大的湿地，面积超过 8km^2，水域面积超过 1.6km^2。湿地内丰富的植物群落不仅可以净化空气，还可以过滤污水净化水体，改变周围区域小气候，增加空气湿度和降雨量，对干旱缺水的大兴乃至全北京都有着积极的意义。南海子公园是北京市"城南行动"计划的第一项重大生态工程，是中心城区、南苑组团、大兴新城、亦庄新城之间的"绿肺"，也是贯穿北京南北中轴线上的一颗生态明珠。

3）南海子公园是对南苑遗址和历史文化的保护与传承。北京中轴自古就是皇城文化的展示带，南海子皇家苑囿的毁灭导致了南中轴文化的中断。南海子公园的建设正是要弥补京城皇家文化展示带的缺失部分。南海子公园旨在通过挖掘南海子地区的文化内涵，打造一个承载地区传统历史文化和现代都市文明的平台，使其与北部奥运文化、中心城历史文化相得益彰，大放异彩。

南海子公园的建设不仅注重公园在生态恢复和自然休闲层面的作用，更致力于发掘南苑独特的历史文化价值。南海子自身有着深厚的历史文化积淀和皇家文化底蕴，然而历史原因导致南海子地区的毁灭和萧条，大量具有极高历史价值的宫阙消失殆尽。迄今为止，清朝年间帝王先后修建的数处行宫仅团河行宫保存相对完整。南海子公园计划重建新宫、旧宫和南宫这三座皇家苑囿，恢复南海子曾经"五海相连"宏伟盛大的景象。新建的"三宫"不仅作为人们休憩的场所，还将服务设施与产业发展相结合，承担公园的运行、管理、文化展示等多种功能。这对南苑遗址和历史文化的保护和传承具有极其重要的意义，也对大兴文化产业发展产生着积极的推动作用。

4）南海子公园是麋鹿等野生动物的保护教育基地。麋鹿又名"四不像"，是中国特有动物。我国野生的麋鹿早已灭绝，只有明清时期南苑地区有少量驯养。而后麋鹿流向西方，经过一百多年才几经周折回到其世代生息的故乡，放养在适合其栖息繁衍的原皇家猎苑——南海子，并在此地成立了北京南海子麋鹿苑和麋鹿生态试验中心，成为我国第一座以散养方式为主的麋鹿自然保护区。

南海子公园的建设，更进一步强化了麋鹿苑原本的湿地沼泽生态环境属性，并将麋鹿苑融合于整个公园的建设之中，不仅将麋鹿苑作为麋鹿的保护研究场所，更将整个公园赋予了濒危动物保护和科普的教育意义，丰富了公园的文化和科普功能，在科学史、博物学、科普科研、人文教育、环境教育、国际交流等方面发挥着重要的作用。

（4）南海子公园的建设条件分析

多年来，南海子地区的建设一直没有得到较好的控制和引导，违章建筑蔓延，基础设施缺乏，生态环境遭到严重破坏，原有的湿地特征逐渐消失，这一系列的问题已经引起了市委市政府的高度重视以及广大市民的强烈关注，南海子公园的建设，正是建立解决和改进对这些社会问题、环境问题、文化问题的基础之上。

1）历史文化条件：南海子同时蕴含着独特的皇家文化、湿地文化和鹿文化等多种文化底蕴，还承载了许多重要的清代礼仪文化以及保存较完整的满族文化。这些丰富的文化要素，成为南海子公园建设的有利条件和文化支撑，为公园的文化特色打下了丰厚的基础。

2）用地条件：南海子公园建设范围内主要的用地类型包括耕地、弃置地、工业用地、农村居住用地、特殊用地、绿地和水域几种类型，其中包括一座占地 $54hm^2$ 的麋鹿苑。耕地分为农田和设施农业，部分农田周围堆满垃圾，造成农作物生长环境恶劣；部分设施农业闲置无人管理；由于长期制砖取土、挖坑养鱼和采挖沙土，留下了大面积的弃置地，被不加分类、不加隔离防备的垃圾填平，造成极大的土壤、空气、地下水污染，改造难度大；另外公园用地内还包括一些需拆迁的建设用地，包括企业用地、农村居住用地和其他规划区内公共设施用地及仓储、特殊用地等少数用地。

由此可见，公园规划建设前，用地范围内自然基础条件差，生态环境恶化，垃圾污染严重，土地权属复杂，还涉及了大量的拆迁问题，公园建设难度大、压力大。

3）交通条件：南海子公园建设前，现状道路等级低、路况差、不成体系。内外联系不畅，紧邻五环，却没有出口。规划范围内东西向、南北向联通不够。

4）水文条件：南海子公园建设前的现状缺少大面积水面，水系构成主要是由东边界的凉水河、西侧凉凤灌渠、姜凤支流、部分鱼塘及麋鹿苑的湿地构成；亦庄和大兴新城也是严重缺水地区，超采导致地下水位逐年下降，这与水资源污染一同成为当地经济社会发展的严重制约因素。

（5）南海子公园的规划设计特色

南海子公园将以生态建设为切入点，以文脉传承为灵魂，以自然郊野为理念，以湿地特色为主题，以生态节能为亮点，适度体现休闲游憩功能，同时满足蓄滞洪要求的多功能、可持续发展，形成集"野、趣、谐、韵、承"为一体的特色郊野公园。具体地说，"野"展风情郊野、"趣"享怡然闲趣、"谐"融天人和谐、"韵"汇灵动神韵、"承"秉文化传承，形成"八大景区、三十六景点"，体现皇家园林的空间格局，"山水环抱、南北呼应"，创造良好的小气候环境，同时致力于打造"春有万枝花节、夏有湿地鹿鸣、秋有南囿秋风、冬有猎苑冬雪"、"九台环碧、南海欣荣"的生态特色与文化景致，实现全年赏花、四季有景的景象。

（6）南海子公园的规划设计定位

总而言之，南海子公园的规划设计定位为：一个以城市总体规划为依托，既承载了传统文化，又被赋予新时期时代特征，以恢复生态为基础，传承文脉为灵魂，适度体现休闲游憩功能，同时满足蓄水滞洪要求的多功能、可持续发展的文化型郊野公园。

（7）小结

南海子公园作为北京市郊野公园之一，有其代表性和典型性。选取南海子公园作为北京市郊野公园研究的入手点，更容易深入发掘郊野公园在规划与建设发展过程中存在的优势和问题。南海子公园因地制宜，变废为宝，建成后将成为京城南部最重要的园林景观。园中青山绿树，碧水连天，芦苇荡漾，野生动物自由栖息。南海子这座曾经的皇家苑囿，不久之前的"垃圾坑"，已然逐渐成为没有围墙的万亩郊野公园。南海子公园规划设计在生态保护与恢复、风景特色的营造、基础设施的完善和科普教育的推广等方面，均给予了足够的关注和重视。然而，从设计师的角度赋予公园的丰富度和完整度，能否得到公众的认可，还需要实践的检验。

南海子公园的落成并不是最终的结果，而是郊野公园建设和发展的新起点。南海子公园不只是一个传统意义上的郊野公园，它还承担着时代赋予的诸多使命，也面临着大量无法预见的问题，需要我们花费时间和精力关注其建设发展，总结其中的经验和教训，以期对其他郊野公园的规划与建设起到指导意义。

2 南海子公园的实地观察研究分析

南海子公园建成后，吸引了大量游客前来观赏游玩。据悉，迄今为止南海子公园已接待游客近300万人。然而，人们对公园的建设是否满意，又有何需求和期待，如何提升郊野公园的建设质量，如何更加科学地建设和管理郊野公园，这些均为目前北京市郊野公园建设中悬而未决的问题。为此，笔者对南海子公园进行了详尽的社会调查研究，并对其做出合理科学的评价，希望能在日后的郊野公园建设管理中加以完善。

（1）社会调查的概念和主要方法

所谓社会调查，就是指人们有目的地通过对社会事物和社会现象考察、了解和判断、分析、研究，来认识社会事物和社会现象的本质及其发展规律的一种自觉活动。

社会调查的方法包括有文献调查法、实地观察法、访问调查法、集体访谈法、问卷调查法等多种类型。针对此次调查研究的课题，笔者选择了实地观察、访问与问卷调查相结合两种研究方法，以期从游憩者需求的角度为南海子公园的建设管理提供一些参考。

（2）南海子公园的实地观察研究分析

笔者于2012年2～5月采用了实地观察的研究方法，对南海子公园展开社会调查，实地观察的时间为2月14日、2月25日、3月14日、3月25日、4月2日、4月13日、4月29日、5月13日、5月17日，涵盖工作日、双休日、小长假，也包括冬、春、夏不同的天气条件。调查时间为早10点～晚6点。调查内容涉及公园主要基础设施的基本特征、公园主要服务设施的基本特征、公园主要景观的基本特征、游憩者的基本特征和主要游憩内容等，并进行进一步的统计分析。

1）公园主要基础设施的基本特征

公园主要基础设施包括：垃圾桶、座椅、指示牌、厕所等（表5-28）。据统计，全园垃圾桶共226个，完好无损的220个，占垃圾桶总数的97.3%，个别垃圾桶的投放口被封闭无法使用；座椅数量为737个，完好无损的453个，占座椅总数的61.5%，其中某种木质座椅磨损较为严重。垃圾桶和座椅的数量在活动场地内分布较集中，可以满足游憩者在活动场地内的停留和使用，在游步道旁的数量和分布较为均衡，座椅为平均每20m分布1个，垃圾桶为平均每100m分布1个。

园内指示牌（图5-16）大致分为4种：路标指示标牌、警示语标牌、科普教育标牌和科普宣传栏。其中路标指示标牌20个，警示语标牌62个，植物标志标牌37个，科普宣传栏6个。路标指示牌完好率仅60%，损坏原因主要是其所在位置的标识缺失。警示语标牌完好率为96.8%，主要损坏原因是标识磨损和磕碰，或遭到涂写乱画。而科普教育标牌主要以植物标识牌为主，完好程度达86.5%，损坏主要原因同样是边角的磨损和磕碰，或遭到胡写乱画。科普宣传栏的保护比较成功，完好程度达100%。

公园内共有卫生间12个，为仿古式的建筑形式（图5-17），完好程度达100%，全部免费开放，平时的保洁和维护都得到十分到位，但到节假日时游人量激增，卫生间的保洁和维护就显得有些捉襟见肘了。

值得一提的是，公园内栈道的损坏较为严重，栈道路面存在多处破损，栏杆顶部的木块也大多遗失，长久未得到修复。还有一些景观小品遭到了破坏，例如，园内景点"昆石双柳"处的昆仑石碑被游人胡写乱画，景观效果受到了影响（图5-18）。

从公园南门进入，湖中设有气势磅礴的音乐喷泉，据悉节假日时会定时表演。然而据游客反映，表演的时间并不准时。

2）公园主要服务设施的基本特征

公园主要服务设施包括：游憩设施、公园服务中心、停车场、电话亭、游览车、直饮水源等。公园内游憩设施主要包括健身设施、儿童娱乐设施、游乐设施和体育设施。目前南海子公园内并没有设置健身设施、体育设施，只设有少量的游乐设施，如游船。儿童娱乐设施主要集中在原有的麋鹿苑内，此外在园区的东北角有一块新增的儿童活动场地。

公园内将餐饮、游船管理等均作为公园服务中心处理，其中餐饮服务位于公园南门附近，设计为木屋形式，与周围环境较和谐（图5-19）。笔者多次前往均不见其开门营业，询问管理人员并未得到答案，据公园游客和附近居民反映，由于长期效益不佳，餐厅早已处于停业状态。游船管理处位于公园水系边，亦在南门不远处，便于游憩者参与水上活动。除此之外，麋鹿苑内存在一处小型的餐饮服务及小卖部。

公园一期主要设置有6个停车场，停车位超过1000个；平时开放的停车场为1个，车位数为150个，由于平时游人较少，大多都是附近居民，停车位利用率比较低（图5-20），然而到双休日节假日时游人量骤增，

南海子公园基础设施统计情况表　　　　　　　　　表5-28

项目		总数量（个）	完好的数量（个）	完好度百分比（%）
垃圾桶		226	220	97.3%
座椅		737	453	61.5%
指示牌	路标指示标牌	20	12	60.0%
	警示语标牌	62	60	96.8%
	科普教育标牌	37	32	86.5%
	科普宣传栏	6	6	100.0%
厕所		12	12	100.0%

图 5-16 园内的指示牌

图 5-17 公园内的生态厕所

图 5-18 损坏的栈道和被胡写乱画的石碑

图 5-19 公园内的餐饮服务中心

图 5-20 公园停车场对比

图 5-21 驳岸上被人踩出的小路

大量自驾游游人的到来使得停车位常常供不应求。公园目前没有设置公用电话亭。由于公园面积较大，园内设有游览车服务，主要是方便游人到达麋鹿苑，价格为 10 元 / 位。公园共设有直饮水源 2 处，可惜的是这 2 处均已无法使用。

3）公园内主要景观的基本特征

公园内景观比较丰富，主要分为滨水景观、湿地景观、山林景观、花卉景观、疏林草地景观、建筑小品及道路等人造硬质景观。本次研究主要对不同类型的绿地景观进行景观影响要素评价，详见表 5-29。

南海子公园内水系面积较大，达 30hm²，占全园总面积的 20%。园内驳岸基本以自然草坡驳岸为主，结合少量山石、滩石驳岸，植物种植主要是灌草型搭配和乔草型搭配，观赏类型也以观花和观姿为主，树种组成较为简单，空间相对开敞，因此滨水景观略显单调，野趣程度一般，缺少丰富多变的林冠线和高低起伏的景观序列变化，景观的总体协调性较为一般。部分草坡驳岸由于种植量不够，且设置园路距水边较远，人们会在亲水途中，踩踏出一些小路，对驳岸景观和植物生长都造成了一些不利影响（图 5-21）。

公园水系部分采用了水生植物、湿生植物等多种类型相结合的植物配植，并设置木栈道形成细腻柔和、层次丰富的湿地水岸景观，对营造郊野气氛起到不错的效果。植物种类虽然比较简单，但草本植物大多为野生状态，呈现出较浓烈的乡土气息，形成比较好的景观效果，野趣十足，总体协调性较好。

山林景观是公园内的主要景观部分。南海子公园山林植物搭配比较丰富，单位区域内的树种组成数量变化较大，范围从 2 ~ 5 种皆有，大多以乔灌草型相结合的方式，部分地段是乔草型或灌草型，营造出具有不同视觉

南海子公园景观基本特征评价表　　表 5-29

景观基本特征	滨水景观	湿地景观	山林景观	花卉景观	疏林草地	人造硬质景观
野趣程度	一般	高	高	一般	一般	低
空间结构	稀疏型	水平郁闭型	垂直郁闭型	水平郁闭型	稀疏型	稀疏型
观赏类型	观姿 观花	观叶 观姿	观花 观叶 观姿	观花	观花 观姿	观花 观姿
植物配植构成	灌草 乔草	草	乔灌草 灌草 乔草	灌草	乔草	乔灌 灌草
植物栽植方式	列植 片植	丛植	片植	片植 丛植	孤植 丛植	孤植 列植
树种组成数量	2~3 种	1~2 种	2~5 种	2~3 种	1~3 种	2~3 种
总体协调性	一般	好	好	一般	好	一般

效果的景观，加之合理的乡土树种和野味十足的树种选择，公园内山林景观的野趣程度较高，与郊野公园形象更为契合。

南海子公园存在一个面积约 60hm² 的花卉展示区，其植物类型主要以花灌木、宿根花卉和一、二年生草本花卉为主，类别繁多，但多数以种类片植的形式，加以植物标识牌帮助游人观赏和识别植物，部分区域以丛植的形式，创造丰富的小群落景观，展示花卉特色，丰富植物配植，营造多色彩、多层次的小群落景观，还有部分花卉的展示与山石花台相结合，呈现一定的野趣，但乡土气息没有预期浓郁，景观总体协调性一般。

疏林草地在园区内设置的比例较小，用来调节园内景观的视觉感受，丰富景观种类，提升景观效果。主要以疏林草地为主，点缀少量开花小乔木或灌木，以展现树木个体美和开阔的疏林草地为特征。视觉上较为开阔，植物

数量不多，以1～3种植物为主，更讲求植物群落搭配，在景观效果的呈现上较为出彩，植物选择也恰到好处，整体郊野风格的营造比较成功。

还有一类重要的景观是以建筑小品及道路等为主的人造硬质景观。这类景观在园区内仅占9.8%，但其作用却不可小觑，是公园内游人参与度最大、利用率最高的部分。园内大部分场地选取以石材、生态透水砖等为主要材料，小品设计精雕细琢，景观效果较好，但野趣不足，浓郁的工艺味与郊野公园的风格并不相衬。园内建筑的选择多为仿古建筑和木屋，前者意在与公园文化相结合，展现皇家文化特色，后者与郊野公园的"野趣"风格相协调，形式较为古朴。在园内有一座与山体结合的建筑，为园内会议中心，外立面主体为石质，且位于地形高处，在公园内颇显突兀（图5-22）。经过与园内工作人员交流，笔者了解到此地有专人负责管理，游人不可随意进入，其占地面积大，利用率较低，且与公园免费对游人开放的初衷自相违背。相较之下，简易的木质观鸟屋和观鹿台更能体现出公园"郊野"特色，趣味十足，与环境颇为和谐（图5-23）。

人造硬质景观周边绿地属于硬质景观的一个重要组成部分，大多承载游憩功能，需具备较好的可达性和可进入性，并且还要保证较好的遮阴效果。合理的树种选择自然成为人造硬质景观周边绿地最为关键的问题之一。据笔者观察，在公园内硬质景观内部及周边绿地的设置比重较小，且植物配置以乔木孤植或列植为主，搭配少量绿篱或地被植物。由于公园建成时间较短，大多植物的规格仍然较小，遮阴效果并未真正体现，甚至部分场地的树池内尚未栽植本应栽植的遮阴树木，而变成垃圾池，导致场地的利用率和景观效果都大打折扣。

另一个关键因素即为园路。南海子公园主路采用自然石基露骨料透水混凝土作为主要铺装材料，二级路和三级路的铺装材料种类较丰富，青石板、卵石嵌砌、生态透水砖等均有涉及，却并未营造出郊野的气息，反而与城市公园风格更为相似。园路两旁的植物种植方面，行道树列植，并点缀少量以观花和观姿为主的花灌木或地被植物，以丰富园路植物景观，增添游赏趣味和美观性，但与此同时列植的栽植方式也容易造成活力不足和死板的感觉，对此可以将多种种植形式相结合，营造空间结构疏密有致、富有韵律的道旁景观。

4）游憩者的基本特征

表5-30为笔者对南海子公园不同日期游憩者数量统计，可以看出，南海子公园的游憩者出游人数与当日是否为节假日、当日的天气情况和气温均有着密切的关系，不同日期不同天气情况下，游憩者数量可能相差数十倍、数百倍甚至千倍之多。此外，节假日与否对公园游憩者数量的影响也极大，同等天气情况和气温下，工作日可以到公园出游的人数与双休日节假日出游的人数相差甚远，这与郊野公园的区位有着不可避免的关系，也正是郊野公园与城市公园最大的差异之一。

不同季节公园内游憩者的基本特征比较：由图5-24可知，南海子公园

图5-22 园内的会议中心

图5-23 观鸟屋和观鹿台

南海子公园游憩者数量统计表　　表5-30

调查日期	节假日类型	天气情况	当日气温（℃）	平均每2h游憩者数量（人）
2月14日	工作日	多云	-6～4	47
2月25日	双休日	晴	-5～4	89
3月14日	工作日	晴	0～13	62
3月25日	双休日	晴	0～13	196
4月2日	小长假	多云，大风	3～15	1580
4月13日	工作日	晴	11～26	611
4月29日	小长假	晴转多云	12～24	5200
5月13日	双休日	阴	15～26	1230
5月17日	工作日	晴	16～30	772

不同季节公园内游憩者特征统计表　　表5-31

特征	公园日平均游憩者数量（人）			公园日平均游憩者比例（%）		
	冬季	春季	夏季	冬季	春季	夏季
总人数	272	2449	9603	100%	100%	100%
男	130	1157	4609	47.8%	47.2%	48.0%
女	142	1292	4994	52.2%	52.8%	52.0%
儿童	36	344	1404	13.2%	14.0%	14.6%
青年	120	964	3917	44.1%	39.4%	40.8%
中年	80	761	2740	29.4%	31.1%	28.5%
老年	36	380	1541	13.2%	15.5%	16.1%

节假日与否公园内游憩者特征表　　表5-32

特征	特征描述	南海子公园游憩者日平均出游比例（%）		
		工作日	双休日	小长假
性别	男	41.8%	49.1%	48.8%
	女	58.2%	50.9%	51.2%
年龄层	儿童	19.1%	12.7%	14.7%
	青年	31.1%	52.9%	43.0%
	中年	25.0%	22.7%	31.1%
	老年	24.8%	11.7%	11.2%

内游憩者的数量随季节的不同，变化量很大。仅拿春季和冬季相比，游人量相差高达10倍多。夏季的游人量更是比冬季游人量高出40倍。由表5-31可以看出，男女比例与季节的关系并不明显，女性的出游人数略高于男性。然而不同年龄段的游憩者出游比例与季节有一定关联，儿童和老年人的出游人数和出游比例都随气温增加而增多（图5-25）。在实地观察中笔者发现，在工作日，绝大部分儿童的出游都有母亲或者祖父母陪伴，出行人数往往超过2人；而节假日期间，儿童的出游大多与父母相伴，有时全家三代人同行。这也可以解释公园内女性略多于男性，老年人数量始终较多的现象。从表5-32中可以得出，双休日和节假日对公园内游憩者数量的影响也较

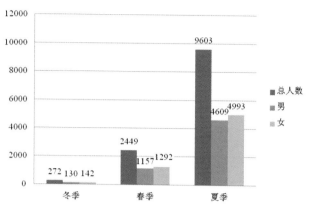

图 5-24 不同季节南海子公园总人数统计图

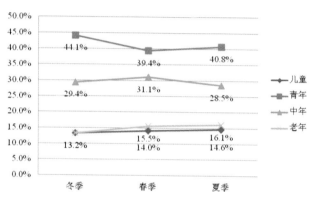

图 5-25 不同季节南海子公园不同年龄段游憩者数量比较

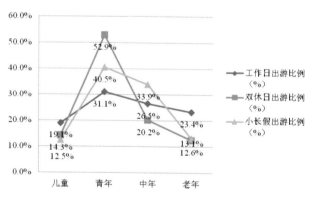

图 5-26 节假日与否公园不同年龄段游憩者数量比较

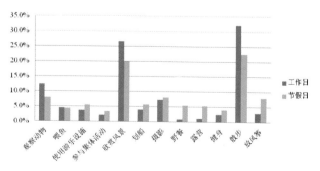

图 5-27 游憩者主要游憩内容统计图

大。工作日时游憩者数量明显较少，年龄层以老年人和儿童居多，游憩时间也相对短暂，平均为 2 ~ 4h，游憩内容主要以散步、休闲为主；而双休日和节假日的游憩者数量比平时的数量高出数倍至数十倍，游憩者主要年龄层以青年人和儿童为主，男性游客的比例也相对提高（图 5-26）。游人的游憩时间明显增加，达到 4 ~ 6h 甚至更久，游憩内容也更为广泛。

5）游憩者主要游憩内容

南海子公园一期目前游憩设施设置较少，且以生态恢复和湿地景观等景观展示为主。因此目前公园内游憩者主要的游憩内容相对简单，以散步、欣赏风景、动植物认知、摄影为主。到双休日和节假日期间，大量游客到此度过周末假期，此时游憩活动会相对增加，如露营、野餐、放风筝、滑板、儿童骑车、喂鱼、垂钓、游船等（图 5-27）。

（3）小结

通过对南海子公园的设施、景观、游憩者等几个方面的实地观察，可以客观地感受到游憩者对于公园的喜好和满意度。从笔者对南海子公园的实地观察的分析中，可以得知，南海子公园不同于传统意义的郊野公园和城市公园，它既承载着服务周边居民、满足其日常生活的休闲娱乐需求，同时还肩负着为北京市民周末假期提供自然野趣的郊野游憩场所的重任。

公园目前设施的配置和景观的营造比较完善，运营情况也较为乐观。但是节假日期间公园内人流如织，即使面积广阔，无法满足游憩者需求的情况仍时有发生。正因如此，大家也对南海子公园二期的建成满怀憧憬。但不得不承认，目前公园在建设和管理方面存在着一些问题以待解决，例如公园大部分区域不允许野营，给游客带来了诸多不便。存在许多游人并不了解公园规定或者会违反规定私自在草坪上野营的现象。公园内目前也不允许垂钓、遛狗、骑车等活动，而这些又是大量的游人期待能在公园内完成的游憩内容。游憩者的数量和活动受到公园建设和管理的影响，而造成这些影响的根本原因是什么，该从何处着手解决，需要做进一步的分析研究和探讨。

3 南海子公园的问卷调查研究分析

（1）调查问卷的设计

本研究采取实地问卷调查和访谈相结合的调查方式，参考大量国内外有关文献，依照研究目的和研究架构来设计"南海子公园游客问卷调查表"，内容主要包括游憩者基本资料、游憩者出游动机与阻碍、对公园景观的偏好与重视度、对公园各类设施的偏好、对公园的满意度与重视度、对公园的期待 6 个部分。其中游憩者基本资料部分包括 6 个问题，游憩者的出游动机与阻碍部分包括 10 个问题，均采用类别尺度来衡量；游憩者对公园景观的偏好包括 7 个问题，对公园各类设施的偏好包括 5 个问题，对公园的满意度和重视度部分包括 2 个问题，以上问题采用类别尺度与 Likert 五点评价尺度来衡量。而对公园的期待部分有 10 道题目，采用类别尺度来衡量。

调查时间为 2012 年 3 月。调查表在园内各个景点随机发放，并在调查时由笔者对一些问题进行了必要的口头说明。基于本研究人力、物力及财力限制，共发放问卷 200 份，实得有效问卷 188 份，有效回收率达 94%。无效问卷包括问卷未完成；所有问题答案均一致等情况。

（2）调查问卷数据整理与统计分析

1）游憩者的基本资料分析

由表 5-33 可以看出，本次调查中，调查对象中 43.1% 为男性，56.9% 为女性，男女比例基本为 1：1.3。

调查对象以 18～30 岁的青年居多，所占总调查人口比例为 45.7%，31～40 岁的中青年次之，占比 36.7%。18 岁以下的儿童和 50 岁以上的老年人较少，这是因为绝大多数的儿童和老年人受教育水平有限，且大多与中青年携伴而行，填写问卷的多为中青年人。参加调查的人群中，未婚与已婚人士的比例为 1：1.9，可知南海子公园对已婚人士的吸引力略高一点。通过调查发现，南海子公园的游憩者受教育程度相对较高，本科以上学历占 62.2%。这也与他们的择业和收入相关。上班族的比例占到 55.9%，学生的比例占到 16.5%，而无固定职业的人群比例则为 27.7%，无固定职业者其中大部分为家庭主妇或离退休人员。南海子公园游憩者的家庭人均月收入情况也与其受教育程度和从事的职业有关，76.6% 的家庭人均月收入在 3000 元以上，只有 23.4% 的家庭人均月收入在 3000 元以下。研究游憩者的基本特征可以反映出他们对于公园游憩的一些需求和期望，这与后期对公园满意度和重视度以及公园期待方面的调查息息相关，也可以从中分析和研究游憩者相关需求的缘由和公园对于相关问题的针对性解决方式。

游憩者基本资料统计表　　　　表 5-33

特征	特征描述	人数（人）	比例（%）
性别	男	81	43.1
	女	107	56.9
年龄	18岁以下	9	4.8
	18-30岁	86	45.7
	31-40岁	69	36.7
	41-50岁	16	8.5
	50岁以上	8	4.3
文化程度	初中以下	18	9.6
	高中	53	28.2
	本科	108	57.4
	研究生及以上	9	4.8
婚姻状况	未婚	65	34.6
	已婚	123	65.4
职业	政府或事业单位职员	9	4.8
	公司职员	56	29.8
	个人经营老板	35	18.6
	教师	5	2.7
	学生	31	16.5
	农民	12	6.4
	家庭主妇	18	9.6
	离退休人员	16	8.5
	其他	6	3.2
家庭人均月收入情况	1000元以下	8	4.3
	1001-3000元	36	19.1
	3001-5000元	69	36.7
	5001-10000元	59	31.4
	10000元以上	16	8.5

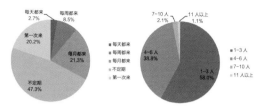

图 5-28 出游频率统计图　　　图 5-29 同伴人数统计图

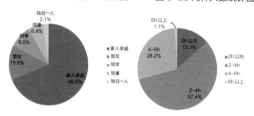

图 5-30 出游同伴统计图　　　图 5-33 游憩时长统计图

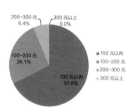 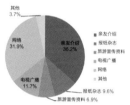

图 5-34 了解途径统计图　　　图 5-35 预计消费统计图

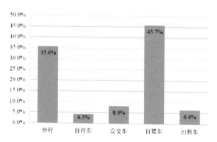

图 5-31 出游方式统计图

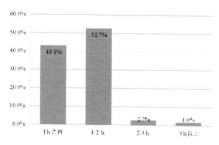

图 5-32 出游时长统计图

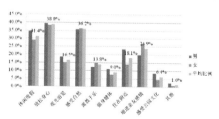

图 5-36 游览公园原因统计图

2）游憩者出游特性分析

由图 5-28 可以看出，游憩者对于南海子公园的出游频率并不高，每天都来的仅占调查总数的 2.7%，每周都来的比例也只有 8.5%，每月都来的比例为 21.3%，47.3% 的游人是不定期前来，更有 13.8% 的人群属于第一次前来。选择不定期前来的游憩者通常会选择小长假或者天气较好的双休日前来游玩，部分人表示愿意每周或每月都来，但大多由于工作或出行距离的原因不能实现。而每天都来的游憩者，主要是居住在附近的居民。

调查对象的出游同伴人数以 1 ～ 3 人居多，占调查总数的 58.0%，其次为 4 ～ 6 人，占 38.8%，同伴人数为 7 ～ 10 人和 10 人以上的游憩者数量较少，仅占 2.1% 和 1.1%（图 5-29）。

游客通常都结伴而行，其中与家人亲戚一同出行的占 68.6%，和朋友一起前来的为 13.8%，9.0% 与同学一同游览，6.4% 与同事一起出游，仅有 2.1% 独自游览（图 5-30）。

由数据统计分析可知，南海子公园主要吸引家庭前来游玩，其次为亲朋好友，多数为居住在附近的居民，而对于大型集体活动的人群没有较大的吸引力。这与公园位置较为偏远、公共交通不便，以及公园游憩设施缺乏有关。

根据图 5-31，45.7% 的游憩者选择自驾车到达，步行者次之，为 35.6%，8.0% 的游憩者乘坐公交车，6.4% 的游憩者乘坐出租车，仅有 4.3% 的游憩者骑自行车，这与南海子公园没有设置合适的自行车停放点有很大关系。调查也反映出公园对外公共交通并不便利，许多游憩者表示不知道有公交车到达，还有人表示乘坐出租车来此游玩花费太高，并且返程时往往打不到车。

此外，问卷调查统计显示（图 5-32），有 43.1% 的游憩者在路途中花费不到 1h，有 52.7% 的游憩者花费 1 ～ 2h，2.7% 的游憩者花费 2 ～ 3h，还有 1.6% 的人路途时间高达 3h 以上。可见南海子公园的吸引力范围并不大，服务半径也十分有限，主要为附近居住的居民，或是居住地不太远拥有私家车的人群。游人表示希望花费在路上的时间越短越好，最好在 1h 之内，这样可增加在公园中停留的时间。

57.4% 的游憩者预计在公园内停留 2 ～ 4h，逗留 2h 以内和 4 ～ 6h 的游憩者分别为 13.3% 和 28.2%，预计在公园内停留 6h 以上的游憩者为 1.1%（图 5-33）。这也从另一个侧面反映出公园缺乏能够持续吸引游客的游憩设施。通过访谈我们得知，由于大量时间花费在路途上，游憩者在公园的停留时间相对减少。闲暇时间长短是游憩活动的距离、类型、活动频率等方面的主要制约因素。

由图 5-34 可以看出，通常情况下游憩者在郊野公园休闲娱乐时，并不愿太多消费，67.6% 的游憩者表示预计会在公园花费 100 元以内，其中部分游客提到，在免费的郊野公园中就不希望有任何消费。而 26.1% 的游客愿意为其在公园的活动花费 100 ～ 200 元。愿意花费 200 ～ 300 元的游憩者仅 6.4%，并且他们表示愿意为更多有趣的游憩活动买单。目前游客预计会在公园内花费 300 元以上的比例为零。

调查研究表明，亲友的口碑效应仍是人们出游决策最重要的信息，经过亲友介绍前往南海子公园游玩的游憩者比例高达 36.2%，网络则成为市民认识和了解南海子公园的第二大途径，比例高达 31.9%，电视广播和报纸杂志这类传统媒体影响力已经屈居第三和第四，分别占 11.7% 和 9.6%。通过旅游宣传资料和其他途径了解和认知南海子公园的比例更少，仅有 6.9% 和 3.7%（图 5-35）。可见网络已经代替了传统的媒介方式，成为最具影响力的传播途径之一，所以对于公园的宣传，除了传统的口口相传之外，更应采用新型有效的宣传媒介，以得到良好的宣传效果。

游憩者选择前来南海子公园的原因主要是为了缓解疲劳放松身心，占 38.8%，其次依次为感受自然的占 36.2%，休闲度假的占 31.4%，增进亲友感情的占 23.9%，观光游览的占 16.5%，寓教于乐的占 13.8%，强身健体的占 9.0%，感受公园文化的占 6.4%，18.1% 的游憩者是因为住在附近，前来南海子公园比较方便，另有 1.6% 的游憩者选择了其他原因，访谈中他们提到因为公园环境安静，或是慕名而来等。不同性别的游憩者在游憩目的的选择方面并无显著差异（图 5-36）。

游憩者的活动内容对游憩者在公园的停留时长和重游率有直接影响。通过调查发现（图 5-37），游憩者在南海子公园中最主要的活动内容是欣赏风景和散步，分别占 78.7% 和 66.5%，58.0% 的游憩者选择摄影，这也体现了公园景色优美，38.3% 的游憩者选择划船，28.7% 的游憩者活动内容是亲近动物，22.3% 的游憩者在此参加集体活动如跳舞、练太极等，大多是夏天的傍晚时分。选择露营和野餐的游憩者数量并没有达到笔者的预想值，分别为 16.5% 和 19.1%。访谈中经笔者询问后，大部分游客提到由于公园多数区域不允许搭帐篷和踩踏草坪，所以开展这两项活动比较困难，往往是偷偷进行。这也是公园管理与游憩者需求之间一个急需解决的矛盾。9.0% 的游憩者在此健身锻炼，使用游乐设施的游人比例也很小，仅占 2.7%。主要原因是公园的健身设施和游乐设施很少，无法满足游憩者的需求。另有 8.5% 的游憩者选择其他活动内容，如球类运动、互动游戏、垂钓（未经公园允许）等等。一些游憩者反映，他们喜爱并期望的活动项目包括徒步远足、烧烤、野营、骑自行车、垂钓、攀岩等，但在目前公园中并未允许开发。

根据问卷设计，同时选择露营和欣赏风景或者亲近动物和欣赏风景、划船和欣赏风景的游憩者，在公园的停留时间要比只选择散步的游憩者长，因此，南海子公园在保持其安静优美的自然环境同时，还要兼顾丰富其游憩设施，才能加强对游憩者的吸引力。

3）游憩者对公园景观的喜好分析

对于设计师而言，一个公园的设计成功与否，不仅与其利用率、使用时长、设施配备等方面有关，更重要的是公园景观本身的设计是否具备吸引力。而游憩者对公园景观设计的意见正是其吸引力的直接证明。

经过调查，游憩者最喜欢的景观类型是湿地风景，占 42.0%，这也说明南海子公园对于南海子地区湿地恢复的工作得到了大众的认可和肯定，为一项成功之举。疏林草地是 19.7% 的游憩者最为喜欢的风景类型，其中也不乏人们喜欢在开阔的草地上休息活动的原因。滨水风景、山地风景和花卉展览对于游憩者的吸引力依次为 17.0%、11.2% 和 8.5%，仅有 1.6% 的游憩者喜欢园林内的构筑物，包括景观小品、亭廊建筑等（图 5-38）。游憩者在访谈中解释到，公园本身郊野的特色是吸引其游览的主要原因，而公园中的景观小品和亭廊建筑大多设计不佳，往往会破坏公园的野趣风格，影响整体景色。

对于公园内滨水景色类型，游憩者们也给出了不同意见。40.4% 的游憩者最喜欢水中栈道，而选择亲水平台、滨水广场和沿岸道路的游憩者数量较为均衡，分别占总数 19.7%、17.6% 和 21.8%，喜欢远离水边的游憩者仅为 0.5%（图 5-39）。可见将湿生、水生植物等多种植物合理配植，与木栈道相结合形成丰富的滨水湿地景观，在南海子这类郊野公园中效果良好，突出了公园的郊野特色，营造了很好的郊野氛围。

游憩者对南海子公园内的植物配植并无特别明显偏爱（图 5-40）。喜欢高大乔木和草坪结合配植的游憩者比较多，占 44.1%，26.1% 的游憩者喜欢开阔的草坪，这与游憩者喜欢在大草坪上活动有着密切的关系。游憩者对高大乔木、中小乔木、低矮灌木或者乔灌草搭配的喜好看法不一，分别占 31.9%、18.1%、19.7% 和 37.8%，这说明公园需要丰富多变的植物配植空间来满足游憩者的需求，同时不同游憩空间对于植物群落的搭配有着不同的要求，也说明公园游憩者对于高大乔木遮阴具有需求。有 54.3% 的游憩者更喜欢观花和观果类的树木，45.2% 的游憩者对彩色叶的树木更为喜欢，34.0% 的游憩者希望公园内有树冠浓密的大乔木，23.9% 的游憩者喜好散发香味的树种。不过也有不少游憩者在访谈中提到并不喜欢浓香气味的树木花卉，容易引起身体不适，希望公园可以慎重选用。

由图 5-41 可以看出，倾向于公园能够在林下设置较私密的空间，以便与同伴独处或独自游玩的

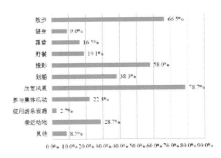

图 5-37 公园内游憩内容统计图

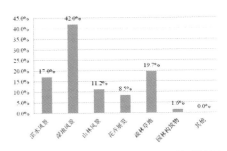

图 5-38 游憩者对公园景观喜好统计图

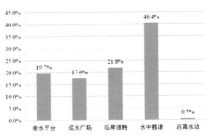

图 5-39 游憩者对公园滨水景观喜好统计图

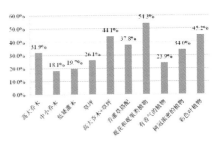

图 5-40 游憩者对公园植物配植喜好统计图

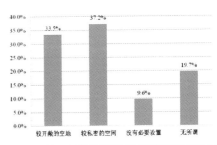

图 5-41 游憩者对公园空间设置喜好统计图

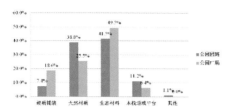

图 5-42 游憩者对公园场地铺装喜好统计图

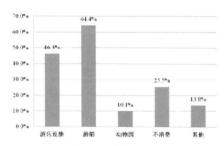

图 5-46 游憩者愿意消费项目统计图

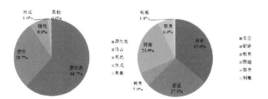

图 5-43 对构筑物喜好统计图　图 5-44 对设施要求统计图

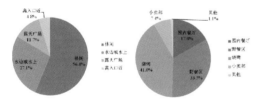

图 5-45 设施位置喜好统计图　图 5-47 对用餐点喜好统计图

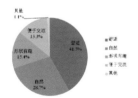

图 5-48 对休息设施喜好统计图

游憩者为 37.2%，希望林中能有较为开敞空地来健身休憩的游憩者为 33.5%，另有 9.6% 和 19.7% 的游憩者表示没必要设置林下空间或无所谓。这说明游憩者在公园活动时，更期待进入林间体验自然，充分与自然接触，从而达到全身心的放松。这就要求公园设计者和管理者通过各种措施来增加林内空间层次的多样性。

园内的道路和广场材料的选择很大程度上影响到整个公园的风格特色和设计水平。在南海子公园，道路和广场铺装的种类较多，对于不同材质，游憩者也持有不同意见。对园路而言，游憩者对天然材质（包括沙土、碎石、嵌草等）和生态材料（透水混凝土露骨料、透水砖、石板、卵石等）的选择看法不一，38.8% 的游憩者觉得天然材质的道路更为野趣更为自然，而 41.5% 的游憩者认为生态材料更为实用且更美观，另外 7.4% 的游人还是喜欢传统的硬质铺装，而 1.1% 的游憩者觉得无所谓。对于公园的活动广场，49.5% 的游憩者认为生态材料的应用较好，觉得天然材质较好的游憩者占 25.5%，18.6% 的游憩者选择传统硬质铺装，这要比选择硬质道路的人数多出一倍多，毕竟公园内一些开敞广阔的主要节点还是需要规整、平坦、耐用的硬质铺装，以保证人们开展活动的安全性和便利性。此外还有一部分游憩者偏爱木栈道（11.2%）和木平台（6.4%），他们更喜欢这种较野趣、古朴、自然、新颖的活动和流动空间（图 5-42）。

对南海子公园内的园林构筑物，如雕塑、小品、花架、亭廊、建筑等，游憩者的期待显而易见（图 5-43），喜欢原生态木质或石砌风格的游憩者占 61.7%，有 28.7% 的游憩者认为应做成仿古风格，以契合南海子的历史文化特色，8.0% 的人认为应设计为现代风格，体现现代公园的特点，而 1.6% 的人希望是欧式风格。可见游憩者对形态质地与郊野公园环境更为和谐相融的园林构筑物更为喜欢。

4）游憩者对公园设施的喜好

分析南海子公园内游憩设施要求得出，安全是最受游憩者重视的部分（35.6%），其次为舒适（27.1%）、野趣（23.9%）、健身（6.4%）和教育（5.9%），选择刺激的比例最小（1.1%）（图 5-44）。可见游憩设施安全性的保障，是游憩者最为关注也是游憩活动中最重要的部分。

在游憩设施位置设置方面（图 5-45），56.4% 的游憩者选择了林间，27.1% 的游憩者喜欢将其设在水边或水上，11.7% 的游憩者选择露天广场，4.8% 的游憩者希望设置在离公园入口近、方便到达的地方。然而，目前公园中很多设施都建设在露天广场上，这与人们热爱自然的心理以及在有树林遮阴的空间下活动的期望有所违背，是值得设计者和管理者关注之处。

对于公园内目前具备的消费活动，游憩者更愿意消费的是游船，占 64.4%，其次是游乐设施，占 46.3%，有 13.8% 的游憩者愿为其他项目买单，如公园的游览车、垂钓活动等等，也有 10.1% 的游憩者在参观麋鹿苑时进行了消费。还有 25.5% 的游憩者表示，公园是免费对外开放，因而其各项设施也应免费开放，不愿意为公园内的活动买单，游憩者对游乐设施的消费意愿并不强烈（图 5-46）。

调查结果显示（图 5-47），如果需要在公园内用餐的话，41.0% 的游憩者希望在烧烤区烧烤，33.5% 的游憩者愿意在公园野餐区进行野餐，17.0% 的游憩者选择公园餐厅，还有 7.4% 的游憩者在公园的茶室或小卖部就餐。可见，游憩者对餐饮设施也有较大的需求，尤其是像野餐、烧烤这类富有野趣的活动。1.1% 的游憩者认为不需要设置餐饮设施。

休息设施偏好方面，游憩者最看重的是舒适（41.5%），其次是贴近自然（28.7%），形状有趣也很受欢迎（15.4%）。一些游憩者也喜欢便于交流的休息设施（13.3%），可见游憩者希望在公园能够维持开放的人际关系。另有 1.1% 的游憩者选择其他，他们更喜欢较私密的休息设施，为其与游伴独处提供环境（图 5-48）。

5）游憩者对公园的满意度与重视度分析

满意度一直是各项研究中用来测量人们对产品质量、工作生活、小区或户外游憩质量等方面的看法的工具，是衡量行为的一项十分有用的指标。在很多研究满意度的文献中都发现，在不同文化影响下，游憩者对不同的社会经济特征会产生不同的态度、偏好和动机，并以不同的方式影响着其对满意度及质量的知觉（侯锦雄，1990）。因此从游憩者对南海子公园多方面的满意度来对南海子公园做评价分析，是游憩者对南海子公园游憩质量的直观反映。在游憩者对公园满意度方面，前五项分别为"风光景色（平均值 4.23）""生态保护（平均值 4.20）""科普教育（平均值 4.10）""信息索引（平均值 4.09）""植物配植（平均值 4.03）"；后三项分别为"健身设施（平均值 3.15）""游乐设施（平均值 3.19）""餐饮服务（平均值 3.35）"；公园整体满意度平均值为 3.85（表 5-34）。

在此次研究中提出的满意度和重视度项目共 15 项，以表 5-34 之各项重视度与满意度为基础绘制坐标图，如图 5-49、图 5-50。在南海子公园的机会分析方面，生态保护、植物配植、交通停靠、信息索引位于 A 象限（机会），这 4 项为南海子公园未来发展的机会点。在南海子公园的优势分析方面，风光景色、科普教育、卫生设施、休息设施位于 B 象限（优势），这 4 项为南海子公园发展的优势，公园管理者应当保持这 4 项。在南海子公园的弱点分析方面，硬质景观、活动空间、安全防护、公园管理、健身设施位于 C 象限（弱点），此 5 项为南海子公园发展的弱点，其中健身设施应当降至最低。在南海子公园的威胁分析方面，餐饮服务、游乐设施位于 D 象限（威胁），此 2 项为南海子公园发展的威胁，公园管理者应当不断地提升此 2 项，以提高游憩者的游憩体验。

游憩者满意度与重视度统计表　　　表 5-34

变项	满意度			重视度		
	平均值	标准差	排序	平均值	标准差	排序
整体建设	3.85	0.82		3.94	0.81	
一、生态保护	4.20	0.81	A/2	4.07	0.77	A/5
二、风景营造	3.86	0.80	C	3.82	0.84	F
风光景色	4.23	0.80	1	3.74	0.83	14
植物配植	4.03	0.74	5	3.95	0.83	6
硬质景观	3.58	0.86	11	3.78	0.83	12
活动空间	3.59	0.80	10	3.80	0.85	10
三、安全防护	3.74	0.80	D/9	3.93	0.73	C/7
四、科普教育	4.10	0.83	B/3	3.93	0.80	D/8
五、服务设施	3.75	0.83	E	3.97	0.82	B
餐饮服务	3.35	0.82	13	4.11	0.75	4
交通停靠	3.89	0.82	7	4.14	0.79	1
信息索引	4.09	0.79	4	4.12	0.76	2
公园管理	3.57	0.99	12	3.78	0.90	12
卫生设施	3.88	0.73	8	3.71	0.92	15
六、游憩设施	3.43	0.86	F	3.91	0.88	E
健身设施	3.15	0.93	15	3.79	0.82	11
游乐设施	3.19	0.81	14	4.12	0.83	3
休息设施	3.94	0.85	6	3.82	1.00	9

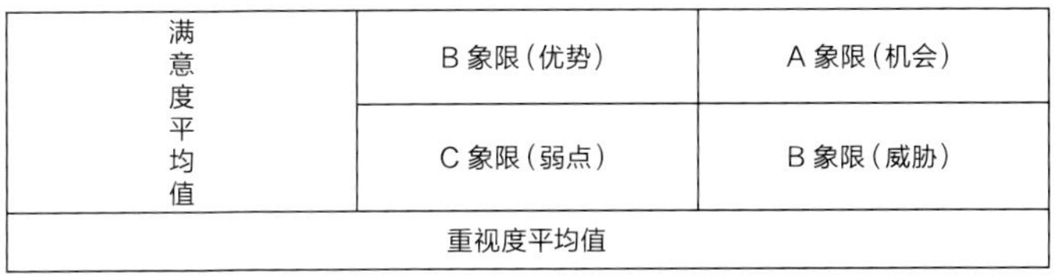

满意度平均值	B 象限（优势）	A 象限（机会）
	C 象限（弱点）	B 象限（威胁）
	重视度平均值	

图 5-49 重视度与满意度坐标图

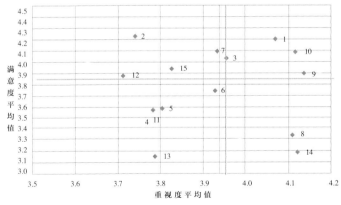

1. 生态保护 2. 风光景色 3. 植物配植 4. 硬质景观 5. 活动空间
6. 安全防护 7. 科普教育 8. 餐饮服务 9. 交通停靠 10. 信息索引 11. 公园管理
12. 卫生设施 13. 健身设施 14. 游乐设施 15. 休息设施

图 5-50 游憩者重视度－满意度坐标图

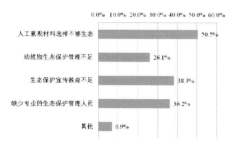

图 5-51 游憩者在公园生态保护方面的期待

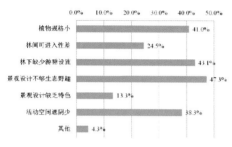

图 5-52 游憩者在公园风景营造方面的期待

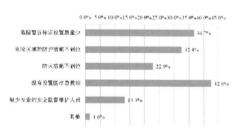

图 5-53 游憩者在公园安全防护方面的期待

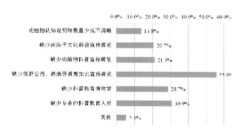

图 5-54 游憩者在公园科普教育方面的期待

6）游憩者对公园的期待分析

在南海子公园的生态保护方面，游憩者的总体满意度较高，但对于部分方面提出了意见，其中认为人工景观材料不够生态的比例较高，占50.5%，认为公园生态保护宣传教育工作不足的占38.3%，认为公园缺少专业的生态保护管理人员的占36.2%，认为公园内的动物和植物的生态保育管理工作不到位的占26.1%，认为公园存在其他生态保护方面的问题的游憩者占6.9%（图5-51）。这说明公园在生态保护方面，尽管游憩者满意度较高，但与此同时对其重视程度也较高，公园的生态保护工作还有很多细节和难点需要进一步完善。

在南海子公园的风景营造方面，游憩者总体满意度也维持在较高的水平。游憩者认为，在以下几方面公园仍存在一些遗留问题（图5-52），其中问题较大的是景观设计的生态性和野趣性较低（47.3%），其次是林下缺少游憩设施（43.1%），然后依次为植物规格较小、缺乏大规格树木（41.0%）、活动场地遮阴较少（38.3%）、林间可进入性较差（24.5%）、景观设计缺乏特色（13.3%）和其他（4.3%）。公园的风景营造为整个公园规划与建设的重要部分，游憩者的建议将是公园后期建设和维护最好的参考。

在安全防护方面，42.6%的游憩者提出公园没有设置医疗急救站，如果在游憩过程中游人突遇危险或发生紧急情况，很难得到及时的救护；32.4%的游憩者反映，在某些危险区域公园的防护措施并不到位，容易造成危险事故；22.9%的游憩者认为公园的防火措施不到位；19.1%的游憩者认为公园的危险警告标识设置数量较少，游憩者容易忽略一些危险行为。此外，13.3%的游憩者认为公园缺少专业的安全监督维护人员，1.6%的游憩者认为公园还存在其他安全隐患（图5-53）。

南海子公园的科普教育工作已深入人心（图5-54）。然而，由于游憩者对公园科普教育的重视度相当高，在良好的基础上完善和丰富公园的科普教育体系十分重要。就此，55.9%的游憩者认为南海子公园作为郊野公园的先驱和典范，应增加对郊野公园和湿地等知识的宣传和展览，引导公众认识和了解郊野公园，并参与郊野公园的建设和保护工作，也能够提高郊野公园的利用率和知名度；30.9%的游憩者觉得公园在科普教育方面缺乏专业工作人员指导和服务；28.7%的游憩者希望公园设置科普博物馆；21.3%和20.7%的游憩者认为公园缺少动植物和南海子文化的科普宣传展览；13.8%的游人提出公园内的动植物认知牌数量仍然不足或标注不够清晰；还有5.3%的游憩者提出其他意见，希望公园科普教育工作可以有更强的参与性和趣味性，以吸引公众注意，起到寓教于乐的效果。

郊野公园的服务设施是游憩者最为重视，也是公园能否得到大众好评的关键因素。对于南海子公园而言，游憩者对此类问题反映较为强烈。根据调查（图5-55），游憩者最不满意的部分是公园直达公共交通不方便，占75.5%；50.5%的游憩者抱怨由于公园外部交通指引缺乏或不明确，使得在途中走错方向或找不到公园；餐饮服务点少也是47.9%的游憩者的不满之处；36.7%的游憩者提出公园专门的自行车停靠点无人看护，骑车前来公园游玩时存放自行车没有保障；31.4%的游憩者说，节假日期间公园游人较多时，公园的环境卫生的维护就会显得顾此失彼；27.1%的游憩者觉得公园管理缺乏人性化；23.4%的游憩者认为公园餐饮服务价位偏高；22.9%的游憩者发现公园垃圾桶数量较少，且部分损坏严重；19.1%的游憩者认为公园管理人员在维护时态度不好；18.1%的游憩者觉得公园应当提供信息手册，以供游人了解公园各项事宜；16.5%的游憩者觉得公园餐饮服务点的食物种类单调；12.2%的游憩者抱怨由于公园内导向标识损坏严重，影响其在公园内的活动；11.2%的游憩者认为公园内卫生间数量太少；9.0%的游憩者指出公园停车不应该收费；8.0%的游憩者觉得公园内导向标识不够清晰，希望标识导向系统能为游客提供准确必要的引导信息，确保游客不走远路、弯路，更不会发生迷路的情况；6.4%的游憩者指明，公园内餐饮服务态度不好；6.4%的游憩者表示公园卫生间不够卫生，或设施损坏比较严重；另有5.3%的游憩者认为公园在服务设施方面还存在其他问题和现象。可见，游憩者对于公园服务设施的重视度和要求都比较高，公园仍需很大的提升才能达到游憩者的满意值。

游憩设施是游憩者最重视，但也是南海子公园目前最薄弱的一面。公园目前基本游憩设施缺乏引起了游憩者的不满（图5-56）。游客反映最多的是游乐和健身设施数量不足、种类单一，分别占76.6%和63.8%；37.8%的游憩者希望增设儿童活动场地设施，为孩子提供专业安全的环境；24.5%的游憩者提出公园游乐设施趣味性不够；20.7%的游憩者觉得游乐设施损坏严重，存在安全隐患；休息设施方面，58.0%的游憩者反映公园内休息环境缺少遮阴挡风；34.6%的游憩者认为休息设施舒适度不够；19.7%的游憩者提出园椅园凳、观景平台较少，部分损坏严重无法使用，影响到游憩者在公园内的休息；5.9%的游憩者表示公园在游憩设施部分还存在其他问题有待解决。

图5-57是南海子公园游客提出对公园游憩活动项目的期待。可以看出，游憩者对在公园散步和遛狗的期待值最高，希望在公园参与游乐活动的游客也较多。其次需求量较高的为野营、烧烤和野餐活动，尤其是青年人对露营地和烧烤点很感兴趣，认为这是郊野公园与城市公园所不同的游憩类型，很有吸引力。希望来公园大草坪上放风筝的游人数量也很多，紧随其后的是划船、垂钓、采摘和园艺体验，可见游人希望可以在郊野公园中完成一些郊野体验浓郁的活动。能在公园内骑自行车也是游憩者的期望活动，因为公园面积较大，骑自行车可以让游人更便捷轻松地游览公园。野生动物观察是引起游憩者兴致高涨的活动项目，这与南海子公园本身包含麋鹿苑

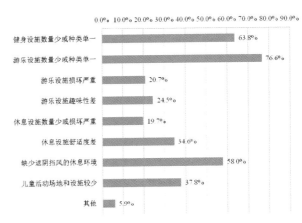

图5-56 游憩者在公园游憩设施方面的期待

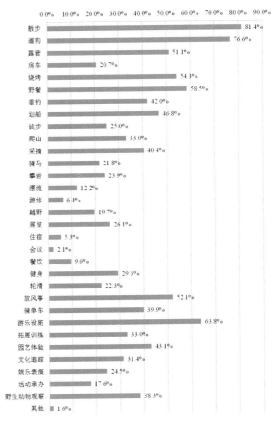

图5-57 游憩者在公园游憩活动项目方面的期待

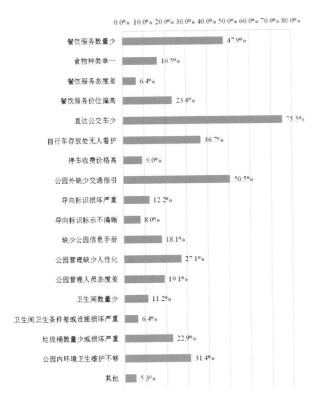

图5-55 游憩者在公园服务设施方面的期待

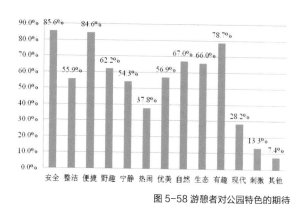

图 5-58 游憩者对公园特色的期待

这一北京重要的野生动物基地紧密相关。文化追踪和展览是游人为南海子公园提出的别致的科普类活动项目,希望能在趣味性和参与性较强的活动中了解学习南海子的历史文化、景观特色、动植物等多方面知识。爬山、骑马、徒步、攀岩、轮滑、健身、越野和拓展训练这类健身运动项目也是游憩者希望可以在公园优美自然的环境中完成的项目,也有人希望在公园中参加漂流和游泳等水上活动,反映了游人对健身运动的需求;还有部分游憩者提出公园可以利用其开敞空间承办一些大型活动或婚礼仪式,一方面为公众此类需求提供条件,另一方面以此增加公园收益,解决公园收支问题,还可以丰富公园的活动,吸引更多游人。另有少量游憩者认为公园可以提供会议住宿和餐饮服务。可见,游憩者对公园游憩活动的期待十分广泛,也是丰富多彩的。人们更愿意在郊野公园自然宜人的环境下进行有趣和热闹的郊野活动,体验与城市公园活动不同的精彩和愉悦。

由图 5-58 可知,在安全 (85.6%)、便捷 (84.6%) 的基础上游憩者对于郊野公园生态 (66.0%)、自然 (67.0%)、野趣 (62.2%) 的特点有着较高的期待,这也是他们心中的郊野公园所应当具备的条件。而另一个重要的条件为有趣 (78.7%),这也是公园除了优美 (56.9%)、宁静 (54.3%)、整洁 (55.9%) 之外更为吸引游憩者的重要因素。还有部分游憩者希望公园热闹 (37.8%)、现代 (28.2%)、刺激 (13.3%),此类游憩者主要以青年人为主。另有 7.4% 的游人对公园有其他方面的期许。带着对南海子公园这些希望和期待,绝大多数游憩者表示,还愿意再来南海子公园游玩 (94.7%),可见游憩者对公园未来发展和建设充满信心。

(3)小结

本章从游憩者的基本资料、出游特性、对公园景观的偏好、对公园设施的偏好以及对公园现状的满意度和重视度、对公园未来发展的期待六个方面对南海子公园进行问卷调查分析,基本掌握了南海子公园的现况。通过分析研究,我们初步对南海子公园目前的特色优势和存在问题有所了解。在公园的生态保护、植物配植、交通停靠、信息索引、风光景色、科普教育、

卫生设施、休息设施等方面,游憩者较为满意,但也对其提升和改善有所建议;硬质景观、活动空间、安全防护、公园管理、健身设施、餐饮服务、游乐设施则是南海子公园目前的软肋,游憩者的高重视度和低满意度要求公园对这些方面的不足加以改进,以提高游憩者的游憩体验;而究其根本原因,大多是由于缺失法律法规和管理制度,因此必须尽快对其进行弥补和完善,才能进一步对公园进行规范、科学的规划与建设。

南海子公园存在许多特色和亮点,给人们的生活增添了不少乐趣和色彩。公园自建成以来,越来越多的市民成为南海子公园的常客,这意味着人们对南海子公园的认可和喜爱,也代表着南海子公园一期建设的成功。然而,游人对于公园的建设和发展有共同的看法,亦有很多不同意见。调查过程中,常有受访者对增加设施、植树、垃圾回收、停车收费、禁烟及车辆管制等持相反或不同的意见。游人的增加使得更多市民要求提升郊野公园的设施,部分人群建议希望将市区的生活方式带到郊外。笔者认为,完善郊野公园设施是必然选择,但划定郊野公园的最初目的是为了保护自然景观,不希望把天然的土地建设成为人工的乐园。

南海子公园的建设并未结束,如何将市民对于南海子公园的建议和期待实现在公园的建设中,如何将南海子公园的优势和特色继续发扬光大,将其不足和缺失进行弥补和修正,使南海子公园深入人心,使郊野公园真正得其所用,是我们正在研究和探讨的课题。

4 南海子公园规划与建设探讨

通过调查研究,我们希望为南海子公园的进一步建设和发展做指引和导向。更进一步说,我们希望以南海子公园的规划与建设作为启示和借鉴,为北京市郊野公园的进一步规划与建设做出表率和引导。

英国和香港郊野公园的成功绝不仅仅关乎郊野公园的规划设计,而是与整个社会对郊野公园的重视,政府对郊野公园的大力扶持以及公众对郊野公园的认可都有着密切的联系。如今,北京的郊野公园建设虽说刚刚开始,但人们对郊野公园的迫切需求和期望值并不低于香港居民。但北京与香港在人口、地理、资源、城市体制等因素存在着多方面的差异,在遵循以资源保护为主,适度利用的建设宗旨和方向的前提下,不可完全照搬香港郊野公园的建设模式。在目前北京市大规模建设郊野公园的趋势中,南海子公园如何汲取英国和香港郊野公园建设经验,突出南海子公园现已具备的优势,修正和弥补在前期规划与建设中存在的遗漏和不足,寻求最适宜南海子公园的规划与建设模式,把握南海子公园建设正确的方向和适宜的力度,仍需探讨。

(1) 坚持特色，延续公园优势

1）将生态保护放在首位

南海子公园建设范围内主要用地类型包括耕地、弃置地、工业用地、农村居住用地、特殊用地、绿地和水域等几种类型，主要是对于城市废弃地的改造和利用，与国外和香港的郊野公园建设背景有所不同，它没有丰富的地形地貌和水系形态。但其建设旨在恢复和重现北京南城最大的湿地自然保护区，提高南海子的生态调节、生态保育、生态服务等功能品质，加强自然生态系统的修复与自我恢复，重建南海子地区的自然生态系统、生物多样性和生态资源。

南海子公园一期正是以恢复部分湿地，营造优美宜人的湿地景观为主，尽量以自然生态的方式为动植物营造适宜的生境，保护生物的自然演替和繁衍生息，通过生态恢复技术和保障设施对已遭到破坏的区域进行修复，创造良好的生物多样性发展空间，提高物种多样性，保护区域生态系统的稳定和平衡。在此方面，从调查结果中可以得知，游憩者的重视度和满意度都比较高，意味着公园在规划与建设中对于生态保护给予了足够的投入和关注，结果也颇见成效，达到了游憩者的期望值，也真正起到了郊野公园生态保护优先的目的。

公园在场地建设方面的生态意识略显不足，场地和建筑的增设及其利用率并未达到最佳效果，游人的满意度不高。郊野公园不适合大规模新建工作，应以生态保护为原则，对场地进行适当改造，增加必需的休憩场地和设施，为游人提供正常的游憩场所和内容。增设的建筑和设施应当尽量保证小投入高效果，建筑面积不超过总面积的 5%，形式也应简朴，和周边环境协调，且尽量集中在一个区域内有限开发。公园内的建筑和设施都应尽量选取当地的自然生态材料。例如在英国北约克郡的 Dalby Forest，其游客服务中心选用本土木材或自然可再生的材料，采用可存贮能量、循环使用方案和可再生能源系统，包括风力涡轮机和光电板，建筑的表面覆盖落叶松、杂草、碾碎的枝条，通过收集雨水提供给厕所冲水，减少对乡村风光的破坏。等建筑寿命终结后可以整体回收，给自然留下最小的痕迹。

2）明确"文化"定位，把握"野趣"特色

南海子公园在其总体规划中的定位为："一个以城市总体规划为依托，既承载了传统文化，又被赋予新时期时代特征，以恢复生态为基础，传承文脉为灵魂，适度体现休闲游憩功能，同时满足蓄水滞洪要求的多功能、可持续发展的文化型郊野公园。"

首先，南海子公园定位为"文化型"郊野公园，即公园要充分展示和体现南海子独有的皇家文化、湿地文化和鹿文化等多种文化底蕴，真正发挥其南中轴皇家文化展示带重要节点的作用，体现独特的历史文化价值。这部分内容在公园一期中我们略见端倪，主体部分将在公园二期真正展现。调查中发现，游客们尤其是附近土生土长的老居民们，对于南

海子的历史文化有着极深厚的感情，他们对于南海子湿地的恢复和"三宫"的重建抱有很大期待，也十分希望公园可以对于南海子的历史进行科普教育展示，帮助更多的人认识和了解南海子，真正将南海子的历史文脉传承下去。

另一方面，南海子公园最终定位为郊野公园，那就意味着在设计风格、建设内容、服务对象等方面，与城市公园的严谨工整存在较大差异。然而南海子公园目前存在最大的问题是"只郊不野"，几乎成为位于郊区的城市公园，周围的居民并未把其当成郊野公园来使用，反而觉得南海子的建设不够城市化；而前去郊游的市民却认为，南海子公园作为一个郊野公园而言，过度人工雕琢，失去了郊野的趣味。在规划建设中，应当准确把握南海子公园"文化型""郊野型"的定位，既能满足周边居民的日常活动，又能为北京市民提供有特色吸引力的郊游去处，既能展现其独有的文化特色，又不乏自然质朴野趣风情，在建设中为南海子公园博取众长，使其成为北京市郊野公园的典范。

3）全面推广科普教育

科普功能也是郊野公园的特色之一，如何利用公园的生物多样性和生态环境，开展生态旅游和生态教育，引导人们在公园的游憩内容从观光游览向科普体验的转变，增强人们的生态保护意识，促进人与自然的情感交流。南海子公园内与动植物相关的科普教育目前已有一定成效，游憩者均给予了较高评价和极高的关注度。公众对于知识的渴求，不仅仅停留在动植物的保护方面，他们更希望对郊野公园和湿地景观等知识继续深入了解，也希望进一步了解南海子地区的历史与文化。科普形式上人们不再满足于传统的宣传栏、标识牌展示，他们期待通过更加科学、更具趣味性、更吸引人的方式来接受教育，或者教育后辈，如增设科普教育博物馆，开展趣味的科普教育活动，为附近的中小学校提供科普教育基地，设置丰富的科普教育活动和科普教育宣传，不仅起到了向公众尤其是青少年普及和教育生态知识的作用，同时可以为公园积累更多的人气和知名度，提升郊野公园的综合价值。

(2) 改善不足，优化公园配置

1）统一规划标准，完善郊野公园体系

北京市于 2007 年编制完成了《北京市绿化隔离地区公园环总体规划》，规划中明确了北京市郊野公园的数量、空间布局、控制范围、土地利用强度等内容，提出了分期建设的目标和策略。这从城市总规层面上对北京市郊野公园的规划与建设进行全局掌控，确保了北京市"郊野公园环"建设的系统性和科学性，对绿化隔离地区"公园环"的整体建设水平和生态效益也起到了保障作用。

南海子公园是遵循了《北京市绿化隔离地区公园环总体规划》，在其指导下进行规划设计，并通过审批落实修建的。然而调查中发现，尽管在总体

规划的控制下，北京市的郊野公园规划建设仍然缺乏统一性。单从南海子公园或者任何一个郊野公园来看并无问题，但由于分属不同的区县，每个公园的规划设计也是由不同单位独立完成，部门和单位间缺乏相互沟通交流，使得郊野公园最终虽然建设数量多规模大，但建设水平参差不齐，重复建设和内容雷同的情况较多，导致北京郊野公园体系的规划最终失去了本应有的意义。

应当制订详细的郊野公园规划标准，对其规划设计中必需项目做出清晰、严格的要求，规划标准应具备高标准、适当超前、科学合理，且有可操作性，确保郊野公园基本项的完整性和统一性。

对于每个郊野公园的规划设计与建设，还应当编制独立的总体规划，针对具体情况确定各个公园主题和特色，内容应当包括土地利用控制、开发强度控制、生物多样性保护规划、绿化规划、景观规划、游憩设施规划、公共交通设施规划和消防规划等详细规划还应包括管理和分期建设规划，甚至周边土地的开发生产等规划控制，保证公园在长期开发运营中，以生态优先为前提，功能和景观更加多样和丰富，且不偏离郊野公园的本色，真正形成一个完整、优美、科学的北京市郊野公园体系，保证公园的健康持续发展，达到人与自然的和谐共处。

2）杜绝安全隐患，防患于未然

南海子公园位于郊区，较为偏僻的地段，对外交通并不便利，公园面积广阔，且分布有大量植被，这些都为公园埋下了安全隐患。游憩者们对公园安全防护问题重视度很高，满意度却并不理想。对人们而言，最在意的首先是在公园游玩时的安全问题。因此，在郊野公园的规划设计及管理维护中，游客安全标识必须无微不至，如适当的可视度、场地的可达性和活动的安全性等。

标识系统应当清晰标出返回服务中心的最短路线。在发生紧急事件时，受害者可以用最短的时间回到游客中心寻求帮助。但公园应当避免采用严格的规定来限制和剥夺游客自由体验环境的权利，而是对其适当提醒和告知，提示控制风险的方法和预防措施。此外，园内还应当建立完善的广播系统和视频设施来提供快速服务，部分区域应当设置报警急救系统，并增加公园保安力度和巡查力度，实行24h监控，以保证一旦发生犯罪、游人迷路和受伤等紧急情况，公园管理处可以及时应对。

火灾隐患也是公园不可忽视的安全隐患。随着南海子公园的开放，每逢周末和节假日，公园游客数量激增，大量游人存在不当的吸烟、烧烤行为，当遇到公园内大量易燃的树木植物和生态材料时，稍不留神就会引起火灾，给公园和游人造成严重的生命财产威胁。对此，公园内应当配置防火标识或火警危险的告示牌，提高游人警惕性，防止火灾的发生；制订周详的防火规划，减轻林木损失。公园的保安和巡查人员在监控游人安全情况的同时，应当对火灾隐患进行及时排查，杜绝公园火灾隐患，为游人创造安全、放心的游憩环境，保障游人在公园游憩期间的生命和财产安全不受损失。

3）完善设施，满足游人需求

在调查过程中，南海子公园的设施配置一直是游人关注度最高的焦点，也是最倍受争议的部分。一部分人认为，过多的服务设施使得公园显得不够"野趣"，而另一部分游客认为即使是郊野公园，也应保证完善的基础服务设施，以满足游人需求。在此方面，英国和香港的郊野公园的做法都可以给我们带来很大启发。

目前南海子公园在基础设施方面已有一定的建设基础。但由于建设条件和功能定位的限制，公园内基础服务设施并不十分完善，必要的座椅、垃圾桶、卫生间、避雨亭、展示牌、宣传栏、茶室、小卖部等服务设施的数量也相对不足。因此，在南海子公园的改造提升以及二期建设中，应增设相应服务设施的数量，并且及时弥补目前所缺项目，即补充必要的基础设施和服务设施。

4）转变观念，从"游赏"到"游憩"

在北京市郊野公园的建设中，包括南海子公园在内的诸多郊野公园目前均存在着一个普遍问题，就是公园只能逛，待不住。公园成为"游"的空间，"赏"的场所，却忽略了人们"憩"的需求。作为郊野公园，为游人提供的不仅仅是"游赏"的空间，更应提供多种"游憩"的空间，以动静交融的方式，来满足市民的多种游憩需求。这种游憩空间的营造并不需要明确的主题限定，而是为市民提供一个安全、多功能、自由、宜人的空间，令使用者真正成为创造者，让空间因市民自发的创造性使用而富有不一样的光彩，让我们的郊野公园具有更大的魅力，带给人们亲切感和归属感，拉近自然和人的距离，真正让人们享受到郊野的"游憩"乐趣。

（3）弥补缺失，提升公园品质

1）制定健全的法律法规与政策

无论是哪个城市的郊野公园，法律法规的保障都是公园建设与发展的第一步，也是最关键的一步。笔者认为，目前南海子公园以及北京市的郊野公园建设急需解决的首要问题，必须尽快出台相应法律法规，为建设和管理郊野公园提供法律依据。只有立法在先，将一切建立在法律法规保障的基础上，才能确保郊野公园的可持续发展。另外，相应法律法规政策的完善，不仅可以保障北京市郊野公园的建设，同时也可以推动北京绿化隔离地区的生态建设与文化建设。

2）建立科学的公园管理机制

郊野公园在建成之后能否健康稳定发展，以及广受青睐，不仅与公园的规划设计相关，更与公园后期管理维护和运营有着紧密的联系。香港郊野公园的成功，离不开其健全完善的管理体制。《郊野公园条例》规定，建立郊野公园及海岸公园委员会，创建渔农自然护理署，总体管理郊野公园和特别地区的一切管理事务。渔农自然护理署下设检验及检疫署、渔业分署、自然护理署、郊野公园及海岸公园分署和农业及行政分署。并成立专业的郊野公园与海岸公园管理局，郊野公园的日常管理由管理科和护理科两个机构完成；管理科负责策划郊野公园各项建设计划、管理建设及维修郊野公园内各项设施；护理科负责为游客提供信息及服务、推广自然护理保育的知识。

目前包括南海子公园在内的北京郊野公园均各自为政，管理所属单位和管理方法五花八门，收效甚微。因此，建立一个专业的郊野公园管理体制是郊野公园的发展运营必不可少的一步。可以借鉴香港郊野公园成功的管理经验，打破一个公园一个管理处的分散管理模式，成立北京市郊野公园管理中心，下设不同部门分管郊野公园的各项工作，包括前期的调查选址、规划组织和监督指导，制订北京郊野公园的建设计划，审批各公园的建设方案等工作；以及公园建设后的保护、管理和利用工作，分设各郊野公园管理站，负责各公园的具体工作，并定期对各公园管理工作进行检查，进一步总结成功的管理经验以供公园间交流学习。

3）开展丰富的园内活动

郊野公园不同于城市公园，依靠大量的游乐设施和精致的人工景观，吸引人们前来游赏。郊野公园是以生态保护为主，以质朴野趣为特色的公园，但如果仅仅凭此来吸引游客，缺少足够的说服力和吸引力。因此，郊野公园若希望人气永驻，并且使游人流连忘返，就必须结合其与城市公园不同的郊野特色，开展与城市公园不同的主题活动。例如在英国的郊野公园内，可以举行多种符合大众需求的活动，如森林音乐会、婚礼、家庭聚会等等，让游人参与其中，不仅能够享受到身心的愉悦，还可以增进亲友间的感情，让人们体会到郊野公园的独特新鲜，鼓励公众的再次游览。

4）增强宣传力度，多角度维护公园运营与发展

作为郊野公园，南海子公园的宣传和推广工作已较为成功，吸引很多游人慕名而来。公园从建设初期，就应当将宣传纳入议程广泛利用媒体和网络对郊野公园进行宣传，提高南海子公园以及北京其他郊野公园的知名度，让人们首先认识郊野公园，了解郊野公园，逐步对郊野公园产生兴趣和好奇，并前来游玩，最终成为众人皆知的公园，并能让人们在寻求休闲娱乐活动场地选择时，第一时间想到郊野公园，充分发挥郊野公园的社会效益。

在英国，郊野公园都有独立网站，其上包括郊野公园基础信息、对外交通、运营情况、目前正在举办的特色活动、公园调查问卷、公园管理办法等内容，公众可以通过网站了解每个郊野公园的详细情况、报名参加公园活动、申请在公园内举办活动、发表对公园建设运营的相关意见和建议。与公园的管理建设者进行互动交流，真正拉近了郊野公园同公众间的距离，使得人们成为郊野公园的建设参与者，而不仅仅是使用者。目前北京市郊野公园也尝试开设独立网站，但网站的设计与运营还不够成熟，需要进一步改进提升，将宣传与公园的管理运营相结合，真正为人所用。

众所周知，由于郊野公园免费对公众开放，其修建和运营都要依靠政府投资，但往往由于经费有限，公园的管理和维护工作受到影响，从而对整个公园的运营和发展产生负面效果。一方面我们倡导郊野公园实施低成本的维护方式，尽量做到资源循环利用，形成自我平衡和自我完善的生态系统。另一方面，我们也建议通过调动社会力量，在不影响公园资源环境的原则下，利用企业认养、企业捐助、低成本的场地租赁的方式积极开展社会活动和适宜大众参与的活动，开设部分营利性产业，引入多渠道的资金投入，来补贴公园运营费用，减少政府负担，同时也可以宣传企业健康形象，聚集人气，达到"三赢"的目的。

另外，高素质的管理人才和运营模式也是郊野公园是否发展成功的关键。郊野公园应当借鉴香港郊野公园的经验，培养和引进高素质管理人员，并对其进行郊野公园管理和维护的专业培训，建立统一的管理人员制度，使其熟悉公园的各项管理条例和技术规范，从多角度维护和保障公园的运营与发展，以步入健康稳定的运营发展轨道。

5 结语与展望

南海子公园与传统意义的郊野公园和城市公园都有所不同，它既承载着服务周边居民、满足其日常生活的休闲娱乐需求，同时肩负着为北京市民周末假期提供自然野趣的郊野游憩场所的重任，因此它的规划建设也要兼顾周边居民和北京市民的双重需求。南海子公园存在许多特色和亮点，为周边居民和北京市民的生活增添不少乐趣和色彩。自建成以来，越来越多的市民成为南海子公园的游客，尤其节假日期间公园常常人流如织，这代表着人们对南海子公园的认可和喜爱，也意味着南海子公园一期建设的成功。正因如此，大家也对南海子公园二期的建成满怀憧憬。

然而在公园规划建设中，由于缺乏经验和必要的法律法规制度的保障和约束，仍然存在很多不足和缺失以待解决，未来我们或许也面临着大量无法预见的问题，更需要我们花费时间和精力关注其建设发展，阶段性总结过程中的经验和教训，将南海子公园的优势和特色继续发扬光大，弥补和修正公园的不足和缺失，这将对其他郊野公园的规划与建设起到指导意义。

南海子公园的落成并不是最终的结果，而是郊野公园规划与建设的新起点。我们调查和分析研究南海子公园，是为了以此为例了解和认识北京市郊野公园，也希望从南海子公园的规划建设现状中，发掘目前北京郊野公园建设中存在的优势和特色，找出需要提升和改进之处，以探求北京市郊野公园体系科学合理的建设模式。

郊野公园的建设才刚起步，还有大量的课题和项目需要我们进一步探索、研究和实践。同样我们还面临着很多问题和困难，也许在探索过程中还有很多挫折和失败等待着我们。但郊野公园体系的构建是一项洪福子孙的浩大事业，无论再多的困难，再大的挫折，我们都应该责无旁贷地为其付出，坚定不移投身于这项事业，与全行业以及全社会共同努力，尽快完善与健全郊野公园体系，为公众和社会创造最好的郊野公园范本。

参考文献

[1]Damien, Mugavin. Adelaide's greenway: River Torrens Linear Park[J]. Landscape & Urban Planning, 2004.

[2]Erickson D L . The relationship of historic city form and contemporary greenway implementation: a comparison of Milwaukee, Wisconsin (USA) and Ottawa, Ontario (Canada)[J]. Landscape and Urban Planning, 2004.

[3]Jim C , Chen S . Comprehensive green space planning based on landscape ecology principles in compact Nanjing city, China[J]. Landscape & Urban Planning, 2003, 65(3):95-116.

[4]J.G. Fábos. Greenway planning in the United States: its origins and recent case studies[J]. Landscape & Urban Planning, 2004, 68(2-3):321-342.

[5]Cook E A . Landscape structure indices for assessing urban ecological networks[J]. Landscape & Urban Planning, 2002, 58(2-4):269-280.

[6]Linehan J , Gross M , Finn J . Greenway planning: developing a landscape ecological network approach[J]. Landscape & Urban Planning, 1995, 33(1):179-193.

[7]Benedict M , Mcmahon E , Fund T C , et al. Green Infrastructure: Linking Landscapes and Communities[J]. Natural Areas Journal, 2017, 22(3):282-283.

[8]Langevelde, F., van. Conceptual integration of landscape planning and landscape ecology: with a focus on the Netherlands.[J]. Landscape Planning & Ecological Networks, 1994.

[9]Moody, Walter D. Wacker's manual of the plan of Chicago : municipal economy[M]. W.D. Moody, 1915.

[10]Chung-Shing C , Kan Y S , Xialei D , et al. An analysis of push-pull motivations of visitors to Country Parks in Hong Kong[J]. World Leisure Journal, 2018:1-18.

[11]Hasani M , Sakieh Y , Khammar S . Measuring satisfaction: analyzing the relationships between sociocultural variables and functionality of urban recreational parks[J]. Environment Development & Sustainability, 2017.

[12]Qi T , Zhang G , Wang Y , et al. Research on Landscape Quality of Country Parks in Beijing As Based on Visual and Audible Senses[J]. Urban Forestry & Urban Greening, 2017:S1618866716301984.

[13]Gu X , Tao S , Dai B . Spatial Accessibility of Country Parks in Shanghai, China[J]. Urban Forestry & Urban Greening, 2017:S1618866716305556.

[14]Zhu C , Ji P , Li S . Effects of urban green belts on the air temperature, humidity and air quality[J]. Journal of Environmental Engineering & Landscape Management, 2017, 25(1):39-55.

[15]Callaghan, David. Country park taps vein of community history[J]. Planning, 2009.

[16]Longley P , Batty M , Shepherd J , et al. Do Green Belts Change the Shape of Urban Areas? A Preliminary Analysis of the Settlement Geography of South East England[J]. Regional Studies, 1992, 26(5):437-452.

[17]Bertuglia C S , Tadei R . A stochastic model for the use of a country park[J]. Ecological Modelling, 1982, 15(2):87-106.

[18]Brotherton D I . The development and management of country parks in England and Wales[J]. Biological Conservation, 1975, 7(3):171-184.

[19]Ju H , Zhang Z , Zuo L , et al. Driving forces and their interactions of built-up land expansion based on the geographical detector – a case study of Beijing, China[J]. International Journal of Geographical Information Science, 2016:1-20.

[20]Geddes P . . City in Evolution. 1915.

[21]Vester F,Von Hesler A . . Ecology and Planing in Metropolitan Areas Sensitivity Model. 1980.

[22]Thomas More. .Utopia. 1989.

[23]Treaty of Greenville. . 1795.

[24]Goodman Williams Group. ."Millennium Park:Economic Impact Study ". 2005.

[25]James Corner Field Operations. . Plan of Chicago Navy Pier. 2012.

[26]JJR,Studio Gang. .Northerly Island Framework Plan. 2011.

[27]Aklbanda M, Bulut Y. Analysis of terrains suitable for tourism and recreation by using geographic information system (GIS) [J]. Environ Monit Assess, 2014, 168(9): 5711-5719.

[28]Amati M. Urban Green Belts in the Twenty-first Century (Hardback) – Routledge[J]. Landscape Research, 2008, 36(6):706-708.

[29]Comber A, Brunsdon C, Green E. Using a GIS-based network analysis to determine urban greenspace accessibility for different ethnic and religious groups[J]. Landscape and Urban Planning, 2008, 86(1):103-114.

[30]David Lambert. The History of the Country Park,1966-2005:Towards a Renaissance [J].Landscape Research,2006,31(1):43-62.

[31]Duyckaerts C , Godefroy G . Voronoi tessellation to study the numerical density and the spatial distribution of neurones.[J]. Journal of Chemical Neuroanatomy, 2000, 20(1):83-92.

[32]Fischer M M, Getis Arthur. Handbook of Applied Spatial Analysis. Berlin: Springer Berlin Heidelberg, 2010.

[33]Fitzsimons J, Pearson C J, Lawson C, et al. Evaluation of land-use planning in greenbelts based on intrinsic characteristics and stakeholder values[J]. Landscape & Urban Planning, 2012, 106(1):23-34.

[34]Kimura H. Park and greenbelt for air defense[J]. City Plann, 1992 Rev.176:15-17.

[35]Kyushik, JEONG, Seunghyun. Assessing the spatial distribution of urban parks using GIS[J]. Landscape & Urban Planning, 2007, 82(1):25-32.

[36]Manfred Kühn. Regional Parks as Tools for Protecting the Landscape in the Suburban Development of Berlin[M]. Urban Ecology. Springer Berlin Heidelberg, 1998.

[37]Public Park Assessment. A survey of local authority owned parks focusing on parks of historic interest: final report [R]. Urban Parks Forum (United Kingdom), 2001.

[38]Searns R M. The evolution of greenways as an adaptive urban landscape form[J]. Landscape & Urban Planning, 1995, 33(1-3):0-80.

[39]Sheail J. Rural conservation in Inter- War Britain. Oxford[M], UK: Clarendon Press, 1981.

[40]Tang B, Wong S, Lee A K. Green belt in a compact city: A zone for conservation or transition?[J]. Landscape & Urban Planning, 2007, 79(3):358-373.

[41]Taylor J, Paine C, Fitzgibbon J. From greenbelt to greenways: four Canadian case studies[J]. Landscape & Urban Planning, 1995, 33(1-3):47-64.

[42]Yokohari M. Beyond greenbelts and zoning : a new planning concept for the environment of Asian mega-cities[J]. Landscape & Urban Planning, 2008, 47(3-4):159-171.

[43]Audrey N Clark. Longman Dictionary of Geography (human and physical) [M]. UK: Geographical publication limited, 1985.

[44]David Lambert. The History of the Country Park [J]. The Parks Agency, Wickwar, Gloucestershire, UK, Landscape Research, 2006,01.

[45]Susan Mayhew. Oxford Dictionary of Geography [M]. Oxford University Press, USA 1997.

[46]Zetter J A. The Evolution of Country Parks Policy [M]. London: CCP,1971.

[47]付喜娥, 吴人韦. 绿色基础设施评价(GIA)方法介述——以美国马里兰州为例[J]. 中国园林, 2009(09):41-45.

[48]杨锐. 景观城市主义在工业废弃地改造中的应用——以美国马萨诸塞州军事保护区的景观再生为例[J]. 现代城市研究, 2008(10):71-76.

[49]李哲, 曾坚, 肖蓉. 生态城市美学研究的系统建构[J]. 现代城市研究, 2007(10):80-89.

[50]干晓宇, 李建龙, 刘旭,等. 南京市绿地结构变化的遥感监测及驱动力分析[J]. 南京林业大学学报(自然科学版), 2007(03):73-77.

[51]潘岳. 论社会主义生态文明[J]. 绿叶, 2006, 000(010):10-18.

[52]黄平利, 王红扬. 大连市域景观生态格局优化发展研究[J]. 辽宁林业科技, 2006, 000(002):8-11.

[53]俞可平. 科学发展观与生态文明[J]. 马克思主义与现实, 2005(04):4-5.

[54]陈士银, 钟来元. 基于GIS的城市土地利用与景观格局优化研究——以湛江市为例[J]. 江西农业大学学报, 2004, 26(003):445-450.

[55]娄时. 北京规划第二道绿化隔离带[J]. 城市规划通讯, 2002(10):8.

[56]肖笃宁, 高峻, 石铁矛. 景观生态学在城市规划和管理中的应用[J]. 地球科学进展, 2001(06):813-820.

[57]俞孔坚. 生物保护的景观生态安全格局[J]. 生态学报, 1999, 19(001):8-15.

[58]金经元. 芒福德和他的学术思想(续一)[J]. 国外城市规划, 1995.

[59]刘仲健. 深圳市园林绿化的植物配置和树种选择的分析[J]. 中国园林, 1992(1):26-32.

[60]刘纯彬. 一个天方夜谭还是一个切实可行的方案:关于建立京津冀大行政区的设想[J]. 中国软科学, 1992, 000(003):29-32.

[61]蒋高明. 社会一经济一自然复合生态系统[J]. 绿色中国, 2018(12):52-55.

[62]孙逊. 基于绿地生态网络构建的北京市绿地体系发展战略研究[D]. 北京林业大学, 2014.

[63]白海花. 内蒙古乌审旗近20年的植被景观动态及预测[D]. 内蒙古农业大学, 2012.

[64]李伟. 北京市城市森林布局优化研究[D]. 中国林业科学研究院, 2008.

[65]孟彩红. 基于GIS的兰州城市景观研究[D]. 兰州大学, 2008.

[66]张晓佳. 城市规划区绿地系统规划研究[D]. 北京林业大学, 2006.

[67]刘纯青. 市域绿地系统规划研究[D]. 南京林业大学, 2008.

[68]杨盼盼. 基于RS和GIS技术的城市绿地综合评价及生态绿地系统构建[D]. 山东建筑大学, 2014.

[69]徐超. 南京市城市绿地结构动态变化的研究[D]. 南京林业大学, 2012.

[70]谢易明. 田园城市视角下的成都市温江区户外游憩地体系规划探究[D]. 四川农业大学, 2012.

[71]赵旖. 嘉定中心城区公园绿地格局优化的初步研究[D]. 上海交通大学, 2011.

[72]刘娟娟. 城市公园绿地布点的影响因素研究[D]. 安徽农业大学, 2010.

[73]王艳君. 城乡一体化的绿地系统规划与建设研究[D]. 北京林业大学, 2009.

[74]姚鸿文. 基于QuickBrid影像的深圳市绿地信息提取及其景观格局的动态分析[D]. 南京林业大学, 2008.

[75]孙青丽. 武汉经济技术开发区绿地景观格局分析及绿地景观生态规划研究[D]. 华中农业大学, 2005.

[76]李建伟. 城市滨水空间评价与规划研究[D]. 西北大学, 2005.

[77]李苗苗. 植被覆盖度的遥感估算方法研究[D]. 中国科学院研究生院（遥感应用研究所）, 2003.

[78]吴良镛. 中国人居史[M]. 北京: 中国建筑工业出版社, 2014.

[79]歌德. 植物变形记[M]. 重庆: 重庆大学出版社, 2014.

[80]宋金平, 赵西君, 于伟. 北京城市边缘区空间结构演化与重组[M]. 北京: 科学出版社, 2012.

[81]沈清基. 城市生态环境[M]. 北京: 中国建筑工业出版社, 2011.

[82]张曙光主笔, 张曙光. 博弈:地权的细分,实施和保护[M]// 博弈:地权的细分、实施和保护. 北京: 社会科学文献出版社, 2011.

[83]谢花林. 区域生态用地的演变机制与调控研究[M]. 北京: 中国环境科学出版社, 2011.

[84]理查德 瑞吉斯特. 生态城市:重建与自然平衡的城市[M]. 北京: 法律出版社, 2010.

[85]张浪. 特大型城市绿地系统布局结构及其构建研究[M]. 北京: 中国建筑工业出版社, 2007.

[86]周志翔. 景观生态学基础[M]. 北京: 中国农业出版社, 2007.

[87]科纳, 吴琨, 韩晓晔. 论当代景观建筑学的复兴[M]. 北京: 中国建筑工业出版

社, 2008.

[88]于长海. 昌平县志[M]. 北京：北京出版社, 2007.

[89]安德森, 乔江涛. 长尾理论[M]// 长尾理论. 北京：中信出版社, 2006.

[90]黄朝禧. 生态用地结构优化与湿地保护利用[M]. 北京：科学出版社, 2012.

[91]张利华. 我国城镇绿地发展及生态系统评价[M]. 北京：科学出版社, 2013.

[92]张京祥. 西方城市规划思想史纲[M]. 南京：东南大学出版社, 2005.

[93]北京市统计局. 北京统计年鉴[M]. 北京：中国统计出版社, 2015.

[94]刘健. 基于区域整体的郊区发展：巴黎的区域实践对北京的启示[M]. 南京：东南大学出版社, 2004.

[95]肖笃宁等编. 中国干旱区景观生态学研究进展[M]. 乌鲁木齐：新疆人民出版社, 2003.

[96]吴良镛. 京津冀地区城乡空间发展规划研究[M]. 北京：清华大学出版社, 2002.

[97]傅伯杰. 景观生态学原理及应用[M]. 北京：科学出版社, 2001.

[98]吴良镛. 人居环境科学导论[M]. 北京：中国建筑工业出版社, 2001.

[99]刘侗, 于奕正. 帝京景物略[M]. 上海：上海古籍出版社, 2001.

[100]杨士弘. 城市生态环境学[M]. 北京：科学出版社, 2003.

[101]徐化成. 景观生态学[M]. 北京：中国林业出版社, 1996.

[102]张淑君. 苏联建筑规范 СНиП Ⅱ-60-75《城市、村镇、农村居民点的规划与建筑》[M]// 苏联建筑规范, СНиП Ⅱ-60-75, 城市、村镇、农村居民点的规划与建筑. 哈尔滨：黑龙江人民出版社, 1988.

[103]普略兴. 莫斯科绿化地带的森林风景[M]. 北京：中国林业出版社, 1957.

[104]柏拉图. 理想国(全2册)[M]. 上海：上海三联出版社, 2009.

[105]肖笃宁. 景观生态学理论、方法及应用[M]. 北京：中国林业出版社, 1991.

[106]孙皓铭. 城市空间格局的动态分析——以珠海市主城区为例[D]. 2013.

[107]北京市绿地系统规划[EB/BOL]. 北京市园林绿化局. http://www.cityup.org/case/garden/20090401/46854.shtml .

[108]吴良镛. 京津冀地区城乡空间发展规划研究三期报告[M]. 北京：清华大学出版社, 2013.

[109]王炜. 城镇景观生态规划方法与实践研究——以焦作市域规划为例[D]. 2005.

[110]邬建国. 景观生态学——概念与理论[J]. 生态学杂志, 2000, 19(001):42-52.

[111]禹文豪, 艾廷华. 核密度估计法支持下的网络空间POI点可视化与分析[J]. 测绘学报, 2015, 000(001):82-90.

[112]蔡云南, 朱志军, 郭冠颂, 等. 生态城市规划的理念与实践——以广州海珠生态城为例[J]. 南方建筑, 2014(6期):88-94.

[113]杨锐. 景观都市主义:生态策略作为城市发展转型的"种子"[J]. 中国园林, 2011(09):47-51.

[114]中国园林. 增设风景园林学为一级学科论证报告[J]. 中国园林, 2011(05):14-18.

[115]吴良镛. 人居环境科学发展趋势论[J]. 城市与区域规划研究, 2010, 3(002):1-14.

[116]杨沛儒. 生态城市主义:5种设计维度[J]. 世界建筑, 2010, 000(001):22-27.

[117]杨锐. 景观都市主义的理论与实践探讨[J]. 中国园林, 2009(10):60-63.

[118]雷芸, 吴岩, 李孟颖. 城市交通对北京大型城市公园假日游憩出行利用的影响作用研究[J]. 中国园林, 2016, 32(3):47-51.

[119]黎新.巴黎地区环形绿带规划[J].国外城市划,1989(03):22-28.

[120]李玏,刘家明,宋涛,陶慧,张新.北京市绿带游憩空间分布特征及其成因[J].地理研究,2015,34(08):1507-1521.

[121]李玏,刘家明,宋涛,朱鹤,陶慧.城市绿带及其游憩利用研究进展[J].地理科学进展,2014,33(09):1252-1261.

[122]李敏.城市绿地系统与人居环境规划[M]. 北京:中国建筑工业出版社, 1999.

[123]李仁杰,郭风华,安颖.近十年北京环城游憩地类型与空间结构特征研究[J].人文地理,2011,26(01):118-122.

[124]李信仕,于静,张志伟,等. 基于港深郊野公园建设比较的城市郊野公园规划研究[J]. 城市发展研究, 2011, 18(12): 32-36.

[125]刘传安,齐童,李雪莹,张国庆.北京郊野公园游憩动机研究[J].首都师范大学学报(自然科学版),2016,37(01):83-88.

[126]刘家明,王润.城市郊区游憩用地配置影响因素分析[J].旅游学刊, 2007(12):18-22.

[127]刘健. 基于区域整体的郊区发展：巴黎的区域实践对北京的启示[M]. 南京：东南大学出版社, 2004.

[128]刘健.20世纪法国城市规划立法及其启发[J].国际城市规划, 2009, 24(S1):256-262.

[129]刘晓惠,李常华.郊野公园发展的模式与策略选择[J].中国园林, 2009(3):79-82.

[130]路易斯·保罗, 法利亚·里贝罗编. 郊野公园. 桂林：广西师范大学出版社, 2015.07.

[131]闵希莹,杨保军.北京第二道绿化隔离带与城市空间布局[J].城市规划, 2003(09):17-21+26.

[132]彭永东,庄荣.郊野公园总体规划探讨[J].风景园林,2007(4):120-121.

[133]清华大学营建系译.雅典宪章[J].建筑师, 1951,4:108-110.

[134]斯蒂芬 .L.J.史密斯著, 吴必虎等译 .游憩地理学 [M].北京: 高等教育出版社, 1992.

[135]苏平,党宁,吴必虎.北京环城游憩带旅游地类型与空间结构特征[J].地理研究,2004(03):403-410.

[136]孙奎利. 天津市绿道系统规划研究[D].天津大学,2012.

[137]唐志伟.浅论首都"分散集团式"布局与市区绿化隔离地区绿化——《北京城市总体规划》修订后的思考[J].城市问题,1995(01):39-43.

[138]汪昕梦.城市游憩绿地体系规划研究[D].北京林业大学,2010.

[139]王红兵,陈家宽.环城绿带格局与大城市规模的相关性[J].科学通报, 2014, 59(15):1429-1436.

[140]王晶慧, 丁绍刚, 舒应萍.郊野公园研究浅析[J].河北林果研究, 2009（03）:339-342.

[141]王蕊,胡浩,南颖.基于GIS的延边州环城游憩地空间分布研究[J].延边大学学报(自然科学版),2011,37(04):366-370.

[142]王润,刘家明,陈田,田大江.北京市郊区游憩空间分布规律[J].地理学报, 2010, 65(06):745-754.

[143]王思元. 城市边缘区绿色空间的景观生态规划设计研究[D].北京林业大学, 2012.

[144]王云才,郭焕成.略论大都市郊区游憩地的配置——以北京市为例[J].旅游学刊,2000(02):54-58.

[145]文萍,吕斌,赵鹏军.国外大城市绿带规划与实施效果——以伦敦、东京、首尔为例[J].国际城市规划,2015,30(S1):57-63.

[146]吴必虎. 区域旅游规划的理论与方法[R], 北京大学博士后研究出站报告,

1998, 74-80.

[147]吴必虎.大城市环城游憩带(ReBAM)研究——以上海市为例[J].地理科学,2001(04):354-359.

[148]吴承照. 游憩规划的定性、定位与定向[J].城市规划汇刊1997（06）:23-27,32.

[149]吴承照.西欧城市游憩规划的历史、理论和方法[J].城市规划汇刊, 1995(04):22-27,33-63.

[150]吴承忠,韩光辉.国外大都市郊区旅游空间模型研究[J].城市问题, 2003(06):68-71+45.

[151]吴思琦.基于ArcGIS平台的北京大型公园空间格局及演变机制研究[D].北方工业大学,2018.

[152]谢觉民.人文地理的演变和发展趋势[M].北京：科学出版社,1993.

[153]杨玲. 环境绿带游憩开发及游憩规划相关内容研究[D].北京林业大学,2010.

[154]杨鑫,张琦.巴黎地区风景园林规划发展的历程与启示(1)[J].中国园林, 2010,26(09):96-100.

[155]于长明,张天尧.世界城市游憩空间规划经验及对北京的启示[J].规划师,2015,31(08):5-11.

[156]俞晟 .城市旅游与城市游憩学 [M].上海：华东师范大学出版社,2003.

[157]张立明,赵黎明.城郊旅游开发的影响因素与空间格局[J].商业研究, 2006(06):181-184.

[158]张小飞,王仰麟,李正国.景观功能网络的等级与结构探讨[J].地理科学进展,2005(01):52-60.

[159]张汛翰 .游憩规划设计研究 [J].中国园林, 2001（02）： 6.

[160]朱华明. 游憩导向的荣昌县城公园绿地系统规划探讨[D].西南大学,2006.

[161]朱雯莉.城市旅游发展中的游憩绿地规划研究初探[J].技术与市场(园林工程),2007(07):16-18.

[162]保继刚 .旅游地理学 [M].北京：高等教育出版社,2002.

[163]北京市旅游事业管理局,北京市旅游发展总体规划2000—2010[M].北京：中国旅游出版社,2000,38-44.

[164]蔡琴. 可持续发展的城市边缘区环境景观规划研究[D].清华大学,2007.

[165]曾刚,王琛.巴黎地区的发展与规划[J].国外城市规划,2004(05):44-49.

[166]曾瑶. 郊野公园游憩者动机和偏好研究[D].首都师范大学,2012.

[167]陈美兰.北京市郊野公园建设发展研究[D].北京林业大学, 2008.

[168]陈爽,张皓.国外现代城市规划理论中的绿色思考[J].规划师,2003(04):71-74.

[169]陈渝.城市游憩规划的理论建构与策略研究[D].华南理工大学, 2012.

[170]陈云. 北京市郊野公园空间布局的特性与提升策略[D].北京林业大学,2014.

[171]丛艳国,冯志坚.郊野森林公园的综合旅游评价及旅游开发研究——以深圳塘朗山为例[J].林业经济问题,2004(05):296-299.

[172]丛艳国,魏立华,周素红.郊野公园对城市空间生长的作用机理研究[J].规划师,2005(09):88-91.

[173]何盛明. 财经大辞典[M].北京：中国财政经济出版社,1990.

[174]洪亮平,陶文铸.法国的大巴黎计划及启示[J].城市问题,2010(10):91-96.

[175]黄潇婷. 基于时间地理学的景区旅游者时空行为模式研究——以北京颐和园为例 [J].旅游学刊, 2009, 24（6）：82-87.

[176]黄羊山 .旅游规划原理 [M].南京：东南大学出版社, 2004：4-7.

[177]计成 (明) 著.陈植 注释.园冶注释[M].北京：中国建筑工业出版社,1988.

[178]贾俊,高晶.英国绿带政策的起源、发展和挑战[J].中国园林,2005(03):73-76.

[179]张秀, 熊瑶, 胡昕. 郊野公园游憩空间规划设计研究——以南京星甸湿地公园为例[J]. 大众文艺, 2018, 000(20):45-46.

[180]孙译远, 李成. 煤矿废弃地生态修复研究——以济南金星郊野公园为例[J]. 中国城市林业, 2018, 016(05):67-71.

[181]程丹阳, 李梦婷, 丁杨洋,等. 基于生态系统服务社会价值的城市滨水空间评估——以黄浦江为例[J]. 上海城市规划, 2018, 142(05):135-140.

[182]朱祥明, 张荣平. 上海市浦江郊野公园的探索实践[J]. 风景园林, 2018, 000(10):83-85.

[183]高永奇, 高继贤, 杨涛. 郊野公园现状及管理改进方法[J]. 旅游纵览(下半月), 2018, 281(10):135-136.

[184]蔺靖б, 张文慧, 姚朋. 英美郊野公园发展概况及对我国山水城市建设的启示[J]. 工业建筑, 2018(10).

[185]庄梅梅, 朱鹏, 王苏宁. 深圳市远足径线路规划研究[J]. 林业调查规划, 2018, 43(05):107-111+119.

[186]陈冬娱, 张贤杰, 陆滢滢. 河道绿化在河道景观中的作用——以闵行区郊野公园为例[J]. 城市道桥与防洪, 2018, 000(10):119-120,131.

[187]潘兰平, 刘利锋. 大数据支持下的上海郊野公园建设成效动态监测与评估[J]. 城乡规划, 2018, 000(05):47-56.

[188]阎凯, 沈清基. 香港郊野公园阶段特征与管制机制研究[J]. 国际城市规划, 2019(03).

[189]杨衡洲. 郊野公园规划设计中地域文化表达探究——以深圳大鹏新区坝光白沙湾公园为例[J]. 现代园艺, 2018, 366(18):87-90.

[190]孙芳旭, 张嘉琦, 赵丹阳,等. 北京市近郊区郊野公园外来植物特征[J]. 西北林学院学报, 2018, 033(05):278-284,296.

[191]张希波. 上海郊野公园景观设计标准化初探[J]. 中外建筑, 2018, 000(09):229-230.

[192]刘芸, 徐立飞. 城市公园景观提升设计问题的探讨[J]. 中国园林, 2018.

[193]杨佩佩. "海绵"，让城市活得更自然——走进"海绵样本"的生态世界[J]. 杭州(周刊), 2018, 000(32): 36-40.

[194]周伟. 大都市远郊农业小城镇围绕"三农"的积极探索——上海市金山区廊下镇郊野公园规划[J]. 城乡规划, 2018(04):99-109.

[195]苏功洲. 关于《上海市金山区廊下镇郊野公园规划》的评价意见[J]. 城乡规划, 2018(04):110.

[196]陆维佳. 上海浦江郊野公园工程建设前期管理创新研究[J]. 上海建设科技, 2018, 000(004):104-106.

[197]尚琴琴, 杨金娜, 张玉钧. 南海子郊野公园解说系统满意度研究[J]. 北京林业大学学报(社会科学版), 2018, 17(03):43-50.

[198]马唯为. 新型城镇化下郊野公园农田林网景观设计方法研究[J]. 中国城市林业, 2018, 016(003):17-20.

[199]魏霖霖, 蔡永立. 多目标多主体视角下的上海郊野公园规划建设思考[J]. 上海城市规划, 2018, 001(003):33-39.

[200]倪玉兰. 园林工程经济管理中园林造价的意义探讨——以上海临港工程为例[J]. 现代园艺, 2018, 000(012):176-177.

[201]於志华. 郊野公园河道景观改造探析—— 以顾村公园河道景观为例[J]. 上海建设科技, 2018, 000(003):77-79.

[202]张开文. 深圳梧桐山凤凰木景观[J]. 广东园林, 2018(3).

[203]杨阳, 王晶懋. 城乡统筹视角下西安城市公园系统构建[J]. 北方园艺, 2018,

No.414(15):114-120.

[204]杜文武, 吴伟, 李可欣. 日本自然公园的体系与历程研究[J]. 中国园林, 2018(5):76-82.

[205]董惠. 新时期北京绿色空间体系规划策略[J]. 北京规划建设, 2018.

[206]王海涛, 董雅, 张昊雁. 公园绿地降温效应及相关性分析——以天津市为例[J]. 干旱区资源与环境, 2017(06):83-89.

[207]张晨. 北京第一道绿化隔离地区城市化建设试点规划实施研究——以朝阳区将台乡为例[J]. 北京规划建设, 2017(3):122-126.

[208]张少伟, 刘迪. 郊野公园分类及发展对策研究——以北京市为例[J]. 建筑与文化, 2017(4):164-165.

[209]应求是, 钱江波, 张永龙. 杭州植物配置案例的综合评价与聚类分析[J]. 中国园林, 2016(12):21-25.

[210]郑文娟, 李想. 日本国家公园体制发展、规划、管理及启示[J]. 东北亚经济研究, 2018, 002(003):P.100-111.

[211]佚名. 北京园林绿地常见群落结构及其与绿量的相关性分析[J]. 河南农业科学(6期):116-120.

[212]王雅丽. 英国郊野公园传承与发展——以莫卡辛·希尔·伍德公园景观设计为例[J]. 现代园艺, 2015.

[213]李海琳. 北京第一道绿化隔离地区城市化建设试点新机制研究[J]. 北京规划建设, 2015(5):118-122.

[214]孙瑶, 马航, 宋聚生. 深圳、香港郊野公园开发策略比较研究[J]. 风景园林, 2015(07):118-124.

[215]方小山, 梁颖瑜. 英国郊野公园规划设计探析[J]. 中国园林, 2014(11):40-43.

[216]金山, 夏丽萍. 上海郊野公园服务设施规划的思考[J]. 上海城市规划, 2013(5):15-18.

[217]汤雨琴, 郭健康, 靳思佳,等. 郊野公园游憩度评价体系构建研究[J]. 上海交通大学学报(农业科学版), 2013(05):79-88.

[218]陈英轩.浅析成都郊野公园存在的问题及对策[J].中国农业信息, 2012(13):96-97.

[219]刘清丽, 顾娟, 白晓辉,等. 北京市绿化隔离地区绿地监测管理系统设计与开发[J]. 测绘与空间地理信息, 2012, 35(2):30-33.

[220]郭晓贝,齐童,李宏,曾瑶.基于模糊综合评价法的北京市郊野公园水环境质量评价[J].首都师范大学学报(自然科学版),2012,33(01):57-61.

[221]张良, 杨伯钢. 北京市绿化隔离地区信息化管理的研究[J]. 北京测绘, 2011, 000(004):22-24.

[222]章志都, 徐程扬, 龚岚,等. 基于SBE法的北京市郊野公园绿地结构质量评价技术[J]. 林业科学, 2011.

[223]荣玥芳, 郭思维, 张云峰. 城市边缘区研究综述[J]. 城市规划学刊, 2011(04):93-100.

[224]詹运洲, 李艳. 特大城市城乡生态空间规划方法及实施机制思考[J]. 城市规划学刊, 2011(02):53-61.

[225]李海防. 聚类分析法在绿地景观美学功能适宜度评价中的应用——以武钢工业区为例[J]. 安徽农业科学, 37(07):2927-2929.

[226]江俊浩, 邱建, 姜辉东. 成都十陵郊野公园规划设计[J]. 中国园林, 2007, 23(008):71-75.

[227]李伟. 城市形态转换中的生态配置优化——以成都十大环城郊野公园建设为例[J]. 城市发展研究, 2006(01):52-56.

[228]张骁鸣. 香港新市镇与郊野公园发展的空间关系[J]. 城市规划学刊, 2005(06):94-99.

[229]谭维宁. 快速城市化下城市绿地系统规划的思考和探索——以试点城市深圳为例[C]// 中国城市规划学会学术年会. CNKI; WanFang, 2004:52-56.

[230]胡卫华, 王庆. 深圳郊野公园的旅游开发与管理对策[J]. 现代城市研究, 2004(11):58-63.

[231]周婕, 李海军. 城市边缘区绿色空间体系架构及优化对策[J]. 武汉大学学报(工学版), 2004, 037(002):149-152.

[232]张建明, 许学强. 城乡边缘带研究的回顾与展望[J]. 人文地理, 1997(3).

[233]顾朝林, 熊江波. 简论城市边缘区研究[J]. 地理研究, 1989, 8(3):95-101.

[234]林炳耀, 臧淑英. 试论我国大城市边缘区的若干社会经济发展特征[J]. 城市规划汇刊, 1991, 000(006):7-12.

[235]黄广远. 北京市城区城市森林结构及景观美学评价研究[D]. 北京林业大学, 2012.

[236]王亚军, 郁珊珊. 生态园林城市规划理论研究[J]. 城市问题, 2007, 000(007):16-20.

[237]张恒玮. 集雨型绿地视角下浅山区郊野公园规划设计[D]. 内蒙古农业大学, 2018.

[238]樊诗雅. 穗港深郊野公园比较下的广州郊野公园规划研究[D]. 广州大学, 2018.

[239]梁心妍. 郊野公园规划设计研究[D]. 北京林业大学, 2016.

[240]卢进东. 武汉市"郊野公园+"规划体系构建与实施策略研究[C]// 2018中国城市规划年会, 2018.

[241]埃比尼泽 霍华德. 明日的田园城市[M]. 北京: 商务印书馆, 2009.

[242]关兴良, 张佳丽, 鲁莎莎. 基于街道尺度的北京市核心区人口增长时空特征分析[J]. 城市发展研究, 2019, 26(03):107-113+163.

[243]陈松. 张家界市郊野公园建设探讨[J]. 绿色科技, 2019, 000(003):69-70.

[244]史心怡, 陈超, 凌志常. 生态文明视角下城市绿道系统规划研究[J]. 山西建筑, 2019, 45(05):13-16.

[245]段皓严, 张沛, 薛立尧. 基于共词聚类分析的国内外街旁绿地研究前沿比较及创新思考[J]. 中国园林, 2019, 35(02):69-74.

[246]叶青煌. 基于自然地形的城市山地公园设计研究——以厦门市海沧大屏山郊野公园小山坳景观设计为例[J]. 福建建筑, 2019, 000(001):21-24.

[247]卢佳乐. 郊野公园交通规划策略研究——以上海市合庆郊野公园为例[J]. 交通与运输:学术版, 2018(02):6-8.

[248]韩叶. 浅谈城市郊野公园构建策略[J]. 现代园艺, 2018, 372(24):67.

[249]蔺靖远, 张文慧, 姚朋. 我国城市郊野公园建设现状及营建策略探究[J]. 中国城市林业, 2018, 16(06):53-57.

[250]陈敏,李婷婷. 上海郊野公园发展的几点思考[J]. 中国园林, 2009,06:10-13.

[251]陈乔之主编,《港澳大百科全书》编委会编. 港澳大百科全书[M]. 广州:花城出版社, 1993.

[252]陈永宏. 郊野公园景观规划设计研究[D]. 南京林业大学, 2007.

[253]丛艳国, 冯志坚. 郊野森林公园的综合旅游评价及旅游开发研究——以深圳塘朗山为例[J]. 林业经济问题, 2004,05;296-299.

[254]冯维波. 城市游憩空间分析与整合研究[D]. 重庆大学, 2007.

[255]官秀玲. 香港郊野公园管理及对大陆的启示[J]. 林业经济, 2007,07:66-68.

[256]郭耕,东海,李永晖. 昔年皇家苑囿地,今朝生态景观园[J]. 前线, 2010,10:59-60.

[257]郭竹梅,徐波,钟继涛: 对北京绿化隔离地区"公园环"规划建设的思考[J]. 北京园林, 2009,04:7-11.

[258]郝美彬. 山地型郊野公园景观规划设计研究[D].山东农业大学, 2010.

[259]洪崇恩. 对郊野公园的冷思考——从历史文化视野品评郊野公园建设之风[J]. 园林, 2009,05:13-14.

[260]侯科龙. 山地城市郊野公园规划设计初探[D]. 西南大学, 2011.

[261]胡卫华. 郊野公园生态环境评价与管理对策研究[D]. 中南林业科技大学, 2011.

[262]胡涌,张启翔. 森林公园一些基本理论问题的探讨[J]. 北京林业大学学报, 1998,20:3.

[263]蓝斌才. 公园环京城,绿色促发展——北京市城市绿化隔离地区郊野公园环建设[J]. 绿化与生活, 2009,03:10-12.

[264]李丙鑫. 北京皇家园囿——南海子[J]. 北京规划建设, 2000,06:63-65.

[265]李德根. 香港郊野公园建设与区域布局的研究[D]. 华南师范大学, 1999.

[266]李和平,李浩. 城市规划社会调查方法[M]. 北京:中国建筑工业出版社, 2004.

[267]李婷婷. 郊野公园评价指标体系的研究[D]. 上海交通大学, 2010.

[268]李永晖,杨勇. 大兴三海子郊野公园:打造"龙脉"明珠[A]. 中国现代企业报, 2010.

[269]林楚燕. 郊野公园的地域性研究[D]. 北京林业大学, 2006.

[270]刘海凌. 郊野公园基础性研究[D]. 同济大学, 2005.

[271]曼纽尔·博拉,弗雷德·劳森. 唐子颖,吴必虎等译. 旅游与游憩规划设计手册[M]. 北京:中国建筑出版社, 2004.

[272]潘婧. 基于生态美学思想的郊野公园规划设计研究[D]. 上海交通大学, 2009.

[273]齐童,曾瑶,张凡. 国内外郊野公园研究综述[J]. 城市问题, 2010,12:28-33.

[274]沈祖祥. 生态旅游[M]. 福州:福建人民出版社, 2002:129.

[275]首都之窗-北京市政务门户网站: http://zhengwu.beiji

[276]谭求. 北京市第一道绿化隔离地区规划反思和探索[D]. 清华大学, 2009.

[277]王恒. 郊野公园景观生态规划研究[D]. 长安大学, 2010.

[278]维基百科全书. http://www.wikipedia.org

[279]吴颖. 郊野公园规划研究[D]. 华中农业大学, 2008.

[280]香港政府新闻处设计. 香港郊野公园[M]. 香港:香港政府印务局, 1987.

[281]徐波,郭竹梅,钟继涛. 北京城市环境建设的新课题——北京市绿化隔离地区绿地总体规划研究[J]. 中国园林, 2001,04:67-69 .

[282]徐波,赵锋,郭竹梅. 城市总体规划修编中对绿地系统规划的基本思考——关于北京城市绿地系统规划的研究与实践[J]. 中国园林, 2007,06:75-77.

[283]徐晞,刘滨谊. 美国郊野公园的游憩活动策划及基础服务设施设计[J]. 中国园林, 2009,06:6-9.

[284]杨际明,谢良生,宋石坤. 深圳市塘朗山郊野公园总体规划[J]. 广东园林, 2006,04:9-11.

[285]杨家明. 郊野三十年[M]. 香港:郊野公园之友会,天地图书有限公司, 2007.

[286]杨肖. 展现自然野趣特征的郊野公园规划设计研究[D]. 北京林业大学, 2010.

[287]杨宇琼. 北京市郊野公园体系研究及发展策略探讨[D]. 华中农业大学, 2010.

[288]易澄. 浅议生态园林与郊野公园[J]. 中国林业, 2002,05:43.

[289]伊恩·伦诺克斯,麦克·哈格. 黄经纬译. 设计结合自然[M]. 天津:天津大学出版社, 2006.

[290]渔农自然护理署. http://www.afcd.gov.hk

[291]渔农自然护理署. 郊野新角度[M]. 香港:天地图书有限公司, 2002.

[292]张力圆. 郊野公园的演变与多元化发展[D]. 北京林业大学, 2010.

[293]张婷,车生泉. 郊野公园的研究与建设[J]. 上海交通大学学报(农业科学版), 2009,03:259-266.

[294]张婷. 郊野公园植物群落配置研究[D]. 上海交通大学, 2010.

[295]张骁鸣. 香港郊野公园的发展与管理[J]. 规划师, 2004,10:90-94.

[296]张英杰. 北京清代南苑研究[D]. 北京林业大学, 2011.

[297]朱江. 基于类型案例比较法探讨郊野公园的基本概念[C]. 2011中国城市规划年会论文集, 2011:2492-2502.

[298]朱江. 我国郊野公园规划研究[D]. 中国城市规划设计研究院, 2010.

[299]朱祥明,孙琴. 英国郊野公园的特点和设计要则[J]. 中国园林, 2009,06:1-5.

[300]朱奕. 聚焦北京绿化隔离带[J]. 城市开发, 2000,10:29-30.

[301]庄荣. 香港郊野公园模式初探[J]. 广东园林,2006.02:9-11,15.

[302]北京北林地景园林规划设计院有限责任公司. 城市绿地分类标准(CJJ/T85-2002)[M]. 北京:中国建筑工业出版社, 2002.

[303]蔡伟. 郊野公园的植物景观模式研究[D]. 上海交通大学, 2009.

[304]陈广绪. 基于生态安全的杭州郊野公园发展研究[D]. 浙江农林大学, 2011.

[305]陈美兰. 北京郊野公园建设发展研究[D]. 北京林业大学, 2008.

[306]戚荣昊, 杨航, 王思玲,等. 基于百度POI数据的城市公园绿地评估与规划研究[J]. 中国园林, 2018.

[307]李方正, 董莎莎, 李雄,等. 北京市中心城绿地使用空间分布研究——基于大数据的实证分析[J]. 中国园林, 2016(9):122-128.

[308]王鑫, 李雄. 基于多源大数据的北京大型郊野公园的影响可视化研究[J]. 风景园林, 2016, No.127(02):44-49.

[309]李方正, 李婉仪, 李雄. 基于公交刷卡大数据分析的城市绿道规划研究——以北京市为例[J]. 城市发展研究, 2015, 22(008):27-32.

[310]刘颂, 章舒雯. 数字景观教育及数字景观未来发展——国际数字景观大会的启示[J]. 中国园林, 2015(04):71-73.

[311]贾培义. 大数据时代的风景园林学[J]. 风景园林, 2013, 000(005):150-150.

[312]孙立伟, 何国辉, 吴礼发. 网络爬虫技术的研究[J]. 电脑知识与技术, 2010, 06(015):4112-4115.

[313]戴菲, 章俊华. 规划设计学中的调查方法(1)——问卷调查法(理论篇)[J]. 中国园林, 2008, 24(010):82-87.

[314]滕金慧. 北京郊野公园服务设施研究[D].中国林业科学研究院, 2016.

[315]郝君. 基于社会调查与统计分析的南海子公园规划与建设探讨[D]. 北京林业大学, 2012.

[316]杨芳. 北京郊野公园空间分布特征及优化策略分析[D]. 北京林业大学, 2012.

[317]董琦. SoLoMo公众参与——大数据时代新型城镇化建设背景下的风景园林[C]// 中国风景园林学会2014年会, 2014.

[318]何建勇.改革开放40周年首都园林绿化发展成就回顾(二) 一座崛起中绿色生态宜居之城的"进化史"[J].绿化与生活,2018(11):13-15.

[319]余凤生,孙姝.从城市公园到公园城市[J].园林,2018(11):13-17.

[320]许慧. 深圳外围地区空间演变研究[D].华南理工大学,2014.

后记

本书的研究内容主要基于北京林业大学园林学院开展的以北京市郊野公园体系构建为主题的一系列研究与教学活动及成果。

本书第1、2章对国外及国内郊野公园体系进行系统性的阐释与总结。内容包括郝君、王鑫、王思杰、王宇泓提供的《基于空间数据分析的北郊森林公园选址研究》《城市游憩视角下北京二道绿隔郊野公园布局优化研究》《基于社会调查与统计分析的南海子公园规划与建设探讨》《北京市郊野公园类型与特征研究》等论文研究成果。王宏达、马源、吴宜杭、顾越天、周子路、刘恋对论文内容进行文字梳理与图纸重绘工作。

本书第3、4章主要以北京林业大学园林学院研究生课程"北京市二道绿隔地区郊野公园体系研究性规划设计"教学成果为基础，归纳总结出北京市郊野公园体系构建策略及北京市郊野公园设计模式。北京林业大学园林学院2017级风景园林学专业部分硕士研究生提供了"北京市二道绿隔地区郊野公园体系研究性规划设计"课程研究成果，他们是解爽、李艺琳、宋云珊、高珊、时蕙、张梦迪、宇都宫清流、王婧、欧小杨、施瑶、林俏、刘阳、倪永薇、姚盈旭、于初初、王静煜、赵凯茜、胡月、赵鹏、陈为、庄杭、胡而思、赵茜瑶、于佳宁、樊柏青、孙越、高梦瑶、黄婷婷、韩若东、王钰、方茗、丁康、金宇星、张文海、王婉颖、廖菁菁、蔡春雨、严晗、李佳蕙、耿丽文、冯一凡、郭灿灿、彭睿怡、杨亦松、王子尧、方濒曦、邓佳楠、王思杰、蒋鑫、韩炜杰、宋怡、张希、姜雪琳、邢露露、于雪晶、王美琳、皇甫苏婧、赵人镜、王宇泓、牛思亚、刘峥、阎姝伊、胡凯富、刘喆、高敏、巴雅尔、刘煜彤、卓荻雅、霍曼菲、王念、贾子玉、曾筱雁、李城玺。李雄、朱建宁、李湛东、雷芸、尹豪、姚鹏、郝培尧、戈晓宇、王鑫、李方正作为指导教师对课程进行了详细指导；北京北部森林郊野公园选址研究内容引用了王鑫提供的博士论文《基于空间数据分析的北郊森林公园选址研究》。刘煜彤、李科慧、顾越天、卢紫薇、徐安琪、刘浩琳、王楚真、付鹏对课程研究成果进行了图文梳理、排版编辑工作。

本书第5章总结北京市郊野公园使用后评价，厘清不同因素对郊野公园使用的影响。内容引用了李方正的《基于腾讯出行大数据的北京市郊野公园游憩使用及影响因素研究》论文，郝君的《基于社会调查与统计分析的南海子公园规划与建设探讨》论文，以及王宇泓的《北京市郊野公园类型与特征研究》。王宏达对本章内容进行了图文梳理编辑工作。

在本书的编撰过程中，李雄、李方正对书稿内容进行整体把控，解爽、吴宜杭进行前期整理，王宏达、刘煜彤、李科慧、刘恋进行后期整合修改工作。

在此对本书的所有贡献者表示衷心的感谢！由于时间、水平等多方面限制，疏漏、错误和欠妥之处难免，敬请有识者不吝指教。